米中貿易戦争の裏側

東アジアの地殻変動を読み解く

遠藤誉

毎日新聞出版

はじめに

米中貿易戦争はいったいいつまで続くのか――？

多くの日本人あるいは世界中の関係者が関心を寄せ、気をもんでいる。一秒先が読めないトランプ大統領の気まぐれといった諦観が多い中、その回答を出すために最も適切と思われる資料を見つけた。

それは2019年4月3日に米国防総省の国防イノベーション委員会が出した報告書「5Gエコシステム：国防総省に対するリスクとチャンス」である。これほどすばらしい報告書は見たことがない。実に正確で客観的。非常に説得力のある解説がリポートされている。

なんと驚くべきことに本報告書では「アメリカは5Gにおいて中国に敗けている」ことを素直に認めているのだ。おまけにその原因は「中国にあるのではなく、実はアメリカ議会と政府にある」とまで書いてある。分析の深さに感動さえ覚えた。

私がこの報告書に行き着いたのは「なぜアメリカには基地局を製造する大手企業がないのか」という疑問からだった。基地局製造企業がなかったら、5Gでファーウェイに勝つことなどできないではないかと思ったのだ。ところがこの報告書では、もっと大きな根源的問題である「周波数の割り当て」に関して決定的な分析がなされていた。

これらの問題を解決してアメリカが中国を追い抜かない限り、米中貿易戦争は終わらないことが、この報告書を解読することにより明らかになってきた。

報告書は最後に「5G商品を販売する中国企業を規制せよ」や「貿易戦争を強化せよ」といったアドバイスまで与えている。

その結果、4月3日に報告書が発表されると、アメリカは劇的な動きを見せた。

まず5月15日にファーウェイをエンティティ・リスト（アメリカにとって貿易を行うには好ましくない相手と判断された、米国外の個人・団体などが登録されたリスト）に載せただけでなく、ポンペオ国務長官やハガティ（元）米大使がインタビューを受けてつぎつぎにファーウェイを批判。「ファーウェイ・リスク」という言葉が飛び交うようになる。トランプ大統領も訪英してエリザベス女王にまで会ったが、「ファーウェイを排除せよ」という波にイギリスは乗っていない。

なぜか――。イギリスには2G、3G、4Gと、ファーウェイが築いてきた基地局があり、それをゼロから他社に切り替えるにはコストがかかり過ぎるからだ。同様の状況は世界の多くの国・地域に見られる。となると、米中貿易戦争の裏側を解析する作業の一つとして、どうしても「ファーウェイの解剖」を避けて通ることはできない。そこで本書は国防報告書を読み解くとともに、「ファーウェイ・リスク」として警告を発せらたファーウェイの正体を徹底的に明らかにし、かつ米中の取材合戦から見えてくる真相の追及も試みた。

米中威嚇戦の中で中国を「金融操作国」に指定した裏側で動いていたものを見極めるのも重要な作業だ。

トランプがありとあらゆる角度から中国を攻め落としていこうとしている中、暗く浮かび上がってきたのが日韓問題である。本来なら徴用工問題という歴史認識と「国家間の条約を守りましょう」という問題であったはずの日韓問題が、突如「安全保障上信頼できないので、韓国をホワイト国から除外する」という措置へと移行し、中国を狂喜させてしまった。韓国にGSOMIA（ジーソミア General Secnrity of Military Information Agreement 軍事情報に関する包括的保全協定）まで放棄させるに至った背景には、「中露朝」3カ国の巧みなシナリオがある。

これまで何としても「日米韓」3カ国の安全保障上の連携を崩したいと思っていた中国は、日本の韓国に対するホワイト国除外により、東北アジアのパワーバランスにおいて、突如とてつもなく有利な立場に置かれるようになった。日本と離間したのであるならば、韓国はどちら側と同盟を結んでいれば、地政学的に見て、より危険が少ないかを考えるだろうし、それを自国の利益のために選ぶ権限を、韓国も持っている。

周り中、陸続きで「中国、ロシア、北朝鮮」によって囲まれ、この3カ国から威嚇されていれば、当然のことながら安全保障上の脅威を受けないで済む方を選ぶだろう。朴槿恵政権の時にTHAADを配備しただけでも、中国から激しい経済報復を受けるという経験をしたばかりだ。

一方トランプはロシアとの間に結ばれていたINF（中距離核戦力）全廃条約から離脱し、新しく自由に開発した中距離弾道ミサイルを中国を包囲する形で配備するための「国選び」をしていた。日本を始めオーストラリアや韓国がその候補に挙がっているが、そのようなアメリカの要求に韓国が応じようものなら、中韓国交断絶も辞さないほどの勢いで、中国は水面下で韓国を威嚇していた。もちろん韓国は中距離弾道ミサイルの配備を慌てて断っているが、GSOMIAという、北朝鮮や中国の軍事的動きを日本に通報する協定を延期することなど、この状況ではできない。

この歴史的地殻変動を起こす分岐点にあった韓国を「中露朝」側に追いやったのは日本である。正確には、もともとその傾向があった文在寅政権の背中を日本が押したと言えよう。

中韓外相会談が終わったばかりの8月22日、韓国はGSOMIA破棄を宣言した。

こういった裏側の事情がはっきりと見えたのは、実はこの春にシンクタンク「中国問題グローバル研究所」を創設したからだ。日夜、ワシントンや北京とだけでなく、何よりも大きかったのはモスクワとメール交換を絶やさなかったことにより、中露の関係が鮮明に浮かび上がってきたのである。

シンクタンクの研究員である中国代表の孫啓明教授の専門がたまたま人民元を中心とした経済学であったことから、中国側から見た米中金融戦争の裏側も分析することができた。彼は「中国が所有する米国債」を「金融核弾（道ミサイル）」と称して分析している。

中国は一方では国内において地方債務問題など多くの内憂を抱えており、香港や台湾問題に関しても中国共産党による一党支配体制を揺るがしかねない状況に追い込まれている。香港の逃亡犯条例改正案が提起された背景には、実は「香港最高裁判所の裁判官17人のうち15人は外国人である」という、驚くべき事態が厳然と横たわっているからだ。それは香港返還の時の基本法で認められているので、なかなか改正できない。そのため北京政府は香港政府に命じて香港の民主活動家を北京が裁けるような仕組みを作ろうとしたのである。だからデモが激しくなった。アメリカは「しめた!」とばかりに香港の民主活動や台湾を応援し、香港台湾は米中覇権争いの最前線となっているとさえ言えよう。だというのに日本は「日中関係は正常な軌道に戻った」として、香港台湾問題を含めて中国政府を肯定する側についている。こんなことでいいのか。

なお、今年に入り、ファーウェイ・ジャパンから何度も会いたいというオファーが来ていて、断り続けてきたのだが、6月になってむしろ積極的に取材をすることにした。その結果見えたファーウェイの正体には激しく失望したが、しかしこの手痛い経験により、現実を一歩深めて見ることができるようになったと思う。これに関しては「おわりに」に書いた。

本書が、米中貿易戦争がなぜ起きているか、そしてそれはいつまで続くのかを分析するための一助になれば望外の幸せだ。大きく地殻変動を起そうとしている東北アジアの中で、日本はどうすべきなのかという考察に関しても微力ながら貢献できればと思っている。読者とともに考えていきたい。

２０１９年10月
遠藤誉

目次

第二章 ファーウェイを「解剖」する

第三章 米中「ハイテク覇権争い」のゆくえ
――米国防報告書を読み解く

装　丁　秦浩司（hatagram）
DTP　明昌堂
図版作成　WADE
校　閲　小栗一夫

第一章

乱舞する「米中露朝」、陰湿な「日韓」

２０１９年10月１日、中国建国70周年記念の閲兵式とパレードが北京の天安門広場で盛大に行われた。スケールとしては建国以来、最大級のものだったということができよう。

その中で最も印象深かったのは、軍事パレードもさることながら、建国の父である毛沢東や改革開放の総設計師・鄧小平のみならず、元国家主席であった江沢民や胡錦涛の巨大な肖像画までが登場したことだ。各肖像画の周りを２０００人ほどの参列者が四角く囲み歓声を上げながら行進した。天安門の向かい側に備え付けてある巨大スクリーンに各指導者を讃える映像が流される。

江沢民の肖像画が現れると、中央テレビ局ＣＣＴＶは天安門の楼上に立つ江沢民の顔をクローズアップし、胡錦涛の肖像画のパレードに入ると、同じくＣＣＴＶは胡錦涛の顔にカメラを向けた。それぞれ、万感の思いを込めて、自分の肖像画が大歓声に包まれて力強い音楽の中を行進していくのを食い入るように眺めていた。

最後に現れたのは現役の国家主席である習近平の肖像画だ。建国60周年記念パレードの時もそうだったが、天安門事件前後のトップ指導者を除き、中国は決して前任者を否定しない。必ず礼賛し、その肖像画を掲げる。

この現象は次の厳然たる事実を指し示している。

すなわち、中国の目的は「中国共産党を如何にして讃え、如何にして維持していくか」という一点に絞られているということだ。天安門事件を始め、私が経験した革命戦争（国共内戦）時における中国共産党軍による食糧封鎖などの、悲惨にして冷酷な歴史の真実を隠蔽し、言論弾圧を続ける中国だが、中国の強さは、まさにそれらの隠蔽を含めた「一党支配体制」にあるのである。

日本のメディアは「習近平の権威を高めるため」という狭量な視点で統一されているが、そういった日本人的解釈は中国の強かさと恐ろしさを見逃す危険性を孕んでいる。

アメリカのトランプ大統領はオバマ前大統領の功績を全否定するためにＴＰＰ協定やパリ協定などから離脱し、大統領に再選されるために「本来なら国益にそぐわない言動」を繰り返しては物議をかもしている。日本の安倍首相とて大差ない。常に選挙の「票」を目的として、長い目で見れば必ずしも国益に適わないような選択肢でも、「人気取りのために」やっているではないか。

それに対して「民主的な普通選挙」のない中国では、前国家指導者をどんなに讃えても、自分の人気が落ちて選挙に負けるという心配もなく、「共産党による一党支配体制がどれだけ素晴らしいか」を国民に植え付ければいいだけなので、その意味では国益に適う戦略を長期的に立てやすいのである。どんなに国民を騙し、言論弾圧をしようとも、この点は否定できない。

その視点で中国を取り巻く国際関係、特に米中関係を中心に掘り下げると、表面的には見えて来ない、水面下の戦略や駆け引きが見えてくる。

本章で論じる内容は、現象的には一部既視感があるかもしれない。しかしその現象の裏側で何が起きていたかを知らないと、真の現状分析も未来予測もできないのではないかと思われるので、その視点から斬り込む。

なお、軍事パレードに関しては、あまりに思うところが多すぎるので、第七章で触れるが、1点だけここであらかじめご説明しておきたいことがある。それは国旗の順番に関してだ。

中国の「国旗法」第15条には、「隊列が国旗以外の他の旗を掲げながら行進する際には、国旗は他の旗の前に掲げられなければならない」とある。しかし、閲兵式や軍事パレードの時は別で、2017年7月30日の建軍90周年記念における閲兵式の時も、今般の国慶節（建国70周年記念）のパレード同様、「党旗、国旗、軍旗」の順番で掲げて行進した。「軍は党の軍隊である」から当然のことで、そういう場合、「国家」は「党」よりも一歩退いていなければならない。

建国70周年記念は閲兵式と軍事パレードを含んでいるので、党旗が国旗の前に掲げられた。

習近平は「強軍大国」を国家スローガンの一つにして軍事を重んじている。だからどの政権よりも閲兵式と軍事パレードが多い。習近平を軍事オタクと揶揄する人もいるが、「軍事力において勝っていなければ強国とは言えない」。これは本章だけではなく、本書全体に関しても言えるロジックであり、だからこそ東アジアの地殻変動が危険なのである。その観点があれば、中露朝接近の恐ろしさも、より強くご理解いただけると思うので、ここであえて、ご説明を加えさせていただいた。

一、ファーウェイ禁輸解除が前提条件だった——米中首脳会談の真実

トランプ「譲歩」の謎

2019年6月29日と30日に大阪で開催されたG20サミット（主要20カ国・地域首脳会談）における最大の見どころは、その間に開催されることになっていた米中首脳会談だったと言っていいだろう。

トランプが交渉次第では3000億ドル（約32兆円）分の輸入品に対する第4弾の対中追加関税を断行すると何度も言っていたからだ。世界中のメディアがその成り行きを見守っていた。第4弾を断行すれば、中国からの輸入品のほぼすべてに最大25％の関税がかかり、サプライチェーンで複雑に絡み合っている世界経済に計り知れない影響を与える。

しかし一方では、中国経済に壊滅的打撃を与えてくれることを願う気持ちも、中国以外の国の少なからぬ人の頭を、よぎっていたにちがいない。そうなれば、ひょっとしたら、中国共産党による一党支配体制が遂に崩壊する可能性もある。私もその一人だったかもしれない。

しかし、米中首脳会談後の記者会見でトランプの口から出た言葉は「対中追加関税第4弾の見送り」と中国通信機器大手「ファーウェイ（華為技術、HUAWEI）に対する禁輸緩和」だった。

対中追加関税に関しては、第4弾の厳しい関税制裁は見送って、通商交渉を再開していくこ

とになり、ファーウェイに関しては、「米企業は関連部品に関して、これまで通りファーウェイとの取引を継続していい」ということになったのである。つまり、ファーウェイがスマートフォン（スマホ）などの端末を製造するのに必要な半導体を米企業から輸入していいし、またソフトウェアなどのサービスも受けていいということになる。

但し、安全保障上問題がない部品に関してとか、エンティティ・リストからの排除は検討中だとか、口ごもりながら言ってはいたが、ファーウェイの製品はすべて安全保障上の問題があるからこそ、アメリカ政府はファーウェイをエンティティ・リストに載せていたのではなかったのか。それはトランプ一人の感情というか決断では動かせない法律で決まったはずだ。

それでもなぜ、トランプはここまでの譲歩をしたのか？

「先に声をかけた方が敗け」米中のチキンレース

G20大阪サミットにおける米中首脳会談を最初に呼びかけたのは、実はトランプの方だ。もし応じなければ、厳しい追加関税が待っていると、5月の時点から習近平国家主席に脅しを掛けている。

5月5日、トランプは日用品など2000億ドル（約21兆円）分の第3弾関税を25％に引き上げるとツイートしており、5月10日に第4回目の米中通商交渉が決裂すると、同日、制裁関税を25％に引き上げると決定（実行したのは6月15日）。

5月13日には3000億ドル分に最大25％の関税を上乗せする第4弾を発表したのだ。5月

15日にはファーウェイを含めた中国の関連69社をエンティティ・リストに登録し、事実上の禁輸制裁を表明している。

こうしておきながらトランプは、G20大阪サミットに出席するとツイートし、さらに大阪サミットで米中首脳会談を行うと発信したのだ。習近平がもし出てこなければ、第4弾を発動するぞと居丈高だった。

それに対して中国外交部側はしばらくの間、「出席するか否かに関しては、今のところ情報がない」と答えを濁していた。つまり、トランプの呼びかけに対して、老獪《ろうかい》な習近平はしばらくの間沈黙を続けていたのである。

6月18日になってトランプは習近平と電話会談をし、ようやくG20出席と米中首脳会談実施の同意を「一応」取り付けた。万一にも習近平が出席を断れば、トランプのメンツは潰れ、米大統領選に不利になる。だから、その前までは激しい脅しを掛けていたわけだ。

そのようなことになるくらいなら、米中首脳会談を行う可能性などをツイッターでつぶやかなければいいのにと思うが、これがトランプの「悪い癖」とでも言おうか、ほぼ反射的に発信してしまうのだろう。「先に言った者が敗ける」というルールを、あまりわきまえていないらしい。その後、中国外交部は習氏のG20出席と米中首脳会談実施を正式に表明し、米中通商交渉担当者同士の電話会談も行なわれた。

その間に何が起きたのか。

中国政府の元高官（長老）を取材した。

遠藤はなぜ中国政府の元高官となど直接連絡を取れるのかと疑問に思われる方もおられるかもしれない。また中国政府側の者と話ができるなんて、遠藤は中国政府のスパイにちがいない、などという心ない誹謗中傷を受けることもある。そこで一言ご説明しておきたいと思う。

私は1941年に中国の吉林省長春市で生まれた。生まれた時の市の名称は「満州国新京特別市」だ。1945年8月15日に日本が敗戦すると、中国（当時は中華民国）では国民党と共産党との間で「国共内戦」（解放戦争、革命戦争）が起き、長春市はやがて共産党軍による食料封鎖にあった。このとき数十万の餓死者を生んだが、私の家族からも餓死者が出て、私は餓死体の上で野宿しながら長春を脱出した経験を持つ（詳細は拙著『卡子《チャーズ》　中国建国の残火』朝日新聞出版刊）。

実はこの元政府高官の遠い親戚も長春の食料封鎖に遭っているため、私が書き残しているドキュメンタリーが、真実であることを彼は知っているのだ。中国（現在の中華人民共和国）が一党支配体制を維持するために、自らの汚点である「卡子」の事実を公表するのを許さないことも、彼は認識している。だから私が数少ない生存者としてこの事実を訴え続け、中国共産党の言論弾圧を非難している姿勢にも一定の理解を示している。

理解と言っても、それは「黙認」という形でしかない。私と元政府高官の間柄は、日常の交流において、決してその歴史的事実や政治姿勢に触れることなく、ただ、現在起きている事象に関して、ありのままの内部事情を、許せる範囲内で教えてくれる、という関係に過ぎない。

その彼は私の質問に対して、すかさず答えた。

――習近平はトランプに、「ファーウェイに対する禁輸を解除しないとG20大阪サミットにおける米中首脳会談には応じない」という前提条件を付けていました。交渉では、先に言った者が敗けますからね。その時点で、勝負はついていたのですよ。もう一つ、米議会公聴会に注目するといいでしょう。

6月18日の電話会談で「米中首脳会談に応じる」とは言っているが、「ファーウェイ禁輸制裁解除」という「前提条件」を突き付けたのだという。

一方、6月17日から25日にかけて、「第4弾対中関税制裁」と「ファーウェイに対する禁輸制裁」に関する公聴会が米議会で開かれた。320社ほどの米関連企業が意見を発表しているが、そのほとんどは対中制裁に反対していた。

特にファーウェイに対する禁輸に関しては、公聴会で意見を表明する前から、アメリカのいくつかの関連企業が、実際にファーウェイに対する禁輸を破っている。というのもファーウェイに対する禁輸措置は、米企業の製品や技術が25％以上含まれている場合は、どの国における製品でもファーウェイに出荷することができない。だが逆に言えば、その部品や技術が「米企業産の25％以下なら」、アメリカ以外の他の国に生産拠点を置いているアメリカ企業はファーウェイに輸出しても国内法を順守していることになる。

こういった法律の抜け穴を模索することに余念がない米企業には、半導体大手のマイクロン・テクノロジー、クァルコム、インテル、オン・セミコンダクターなど、枚挙にいとまがない。公聴会が進んでいる間にも、実際にファーウェイに対して一部出荷を再開し始めた企業が続出していた。

ファーウェイと取引をしている米企業はとてつもなく多い。そのサプライチェーンを切断されることは、米企業のビジネス生命にとって致命的であるというのが公聴会における主たる訴えだった。だからファーウェイに対する禁輸制裁を取り下げろと、圧倒的多数（中国メディアによれば98％）の米企業が主張したのである。

大統領選のために強気に出ていたトランプが、選挙に不利な結果をもたらす選択をすることはできない。公聴会における態勢不利をトランプが実感したタイミングを狙って、習近平は最後のダメ押しをしたのだという。

ということは、6月26日辺りにファーウェイへの禁輸解除の約束を最終的に取り付けたことになろうか。それを裏付ける類似の情報が、たとえば6月27日のウォール・ストリート・ジャーナル（WSJ）に載っている。題して、「ファーウェイ禁輸解除は貿易交渉の一部と中国が主張」。中国側は絶対にこのようなことは公表せず、秘密裏に動くので、私同様のインサイダー情報を、ホワイトハウスあるいはトランプ周辺から得る特別のルートを、WSJの誰かが持っているのかもしれない。

しかし、アメリカ国内ではG20大阪サミットにおけるトランプ発言に対する猛烈な反対が起き、政権与党でさえ早速意見表明をした。たとえば6月30日、クドロー国家経済会議委員長はFOXニュースのインタビューで「ファーウェイはエンティティ・リストに残り、厳しい輸出管理が適用される」と断言している。

国家防衛法における制約や、エンティティ・リストに載っている政府見解を、トランプの一存で覆すわけにはいかないのは当然だろう。7月半ばに入ると、トランプは突然、前言を翻すようなことを言い始めた。したがって大阪サミットにおけるトランプの言動は大統領選を意識した個人的な側面があったことを露呈しているが、その裏側には、複雑に絡み合った、動きが取れないような中国との関係、あるいはトランプ個人と米政府との思惑の乖離、そして第三章で述べる米国防総省の5Gに関する決定的な報告書などが作用している。それらを考察する前に、この時に何が起きたのかを、未来予測のために、もう少し詳細に考察する。

二、グローバル経済と「中華の知恵」を読み解く

「あなたの中に私がいて、私の中にあなたがいる」

私は1990年代から在米華僑華人たちを数多く取材してきたが、そのとき老華僑が言った言葉が忘れられない。「もう戦争はこりごりだ。中国共産党は嫌いだが、戦争はしてほしくない。そのためにアメリカが中国とのビジネス・チェーンを切ることができないようにしておく。そうすればアメリカは中国と戦争を起こすことはできない」「これこそが中華の知恵だ」と言ったのである。

「中国の知恵」と言わずに、敢えて「中華の知恵」と言ったのには、おそらく紀元前500年

ごろの「孫子の兵法」を指しているからだと推測する。『孫子　謀攻篇』では「故用兵之法、十即圍之、五即攻之、倍即分之」（用兵の原則は、味方の兵力が敵の10倍であるなら包囲し、5倍なら攻撃し、倍ならば敵を分断する）という一文がある。敵方を分断し、半分とまでは言わないにしても、主たる部分を自分の味方にしておけば、相手を崩しやすい。

敵の敵は味方など、いちいち言われなくとも分かっているという方は多いだろう。しかし習近平が今その手段で世界を制覇しようとしていることを理解しておくことは、今後米中関係がどのように展開していくかを分析するためには不可欠の視点である。

米中貿易摩擦が始まってから、習近平はよく「あなたの中に私がいて、私の中にあなたがいる」という言葉を使う。これは世界中（特にアメリカに）強固なサプライチェーンを形成して、何か衝突があった時には、相手がその「鎖の絡み」から抜け出せないようにしておくという、中国の戦略を指している。

グローバル経済は中国の強烈な武器なのである。

5月15日にエンティティ・リストに載せられたファーウェイの任正非CEOは、メディア嫌いで有名だった。だが、5月中旬以降、盛んにメディアに露出するようになり、国内外の集団取材を受けている。その取材でも任正非は同様のことを言っている。

2004年にファーウェイの研究開発部門から分離した半導体メーカー（設計を主とするファブレス）のハイシリコン（ファーウェイの子会社）は、実はアメリカ半導体メーカー大手クアルコム並みの半導体を製造する能力を持っているのだが、ファーウェイは敢えて自社製半導体で全てを賄わず、半分はアメリカを始めとする世界各国の半導体メーカーから輸入していた。それは「いざとなった時に孤立するのを避けるためだ」と任正非は説明している。

早晩、アメリカとは山頂で激しい競争に出くわすだろうことは分かっていたので、世界市場に深く複雑に溶け込んで、いざという時にはその「チェーン」を切ることができないようにしていたのだという。それが米議会での公聴会で力を発揮し、大阪サミットでのトランプ大統領の「ファーウェイ禁輸制裁緩和」発言へとつながったという側面も否めない。

清華大学に米大財閥のボスが居並ぶ「怪」

水面下で力を発揮しているのは、キッシンジャー元国務長官の斡旋で「中南海（中国共産党および中国政府の中枢）」とつながっている、アメリカ大財閥のボスたちの面々だ。

習近平の母校、清華大学経済管理学院には顧問委員会というのがある。

これは清華大学の出身である朱鎔基《しゅようき》元首相（国務院総理）が２０００年に設立させたもので、もともとは90年代後半に朱鎔基が強力に推進していたＷＴＯ（世界貿易機関）に加盟するための経済貿易研究が目的だった。

顧問委員会の名誉主席は今も朱鎔基だが、そこにはアメリカの大手企業のＣＥＯが30名ほど入っている。

たとえば、ゴールドマン・サックスの元ＣＥＯで元米財政長官だったヘンリー・ポールソンやＪＰモルガン・チェースのＣＥＯであるジェイミー・ダイモンなどがおり、彼らはみなキッシンジャー・アソシエイツの顧客だった。習近平政権になってからは新しいルートでフェイスブックＣＥＯであるマーク・ザッカーバーグや、アップルのＣＥＯティム・クック、あるいはテスラ・モーターズ＆スペースＸのＣＥＯであるイーロン・マスクなどを委員に入れている。

表1は、拙著『「中国製造２０２５」の衝撃　習近平はいま何を目論んでいるのか』（ＰＨＰ研究所）の「表５　清華大学経済管理学院顧問委員会委員リスト」（p.177-179）の中から、米財界人のみを取り出してリストアップしたものである。

中国がいよいよの窮地に追い込まれたときには、このボスたちを動かせばいい。

顧問委員会は、言うならば「北京にあるウォール・ストリート」だ。

金融には「金融工学」（主としてキャッシュフローを自由に作り変える技術）がある通り「フロー（流れ）」を可能ならしめるオープン・システムがなければならない。

グローバル経済は、まさにこのオープン・システムで成立するものであり、中国経済もオープン・システムの活用を武器とする。したがってウォール・ストリートが北京にあるという構図は、「自然である」とさえ位置づけられる。

アメリカのシリコンバレーも同じで、私は90年代に何度もシリコンバレーに通い、中国人元留学生でシリコンバレーの大企業で働いたり、自ら起業している博士たちを数多く取材したことがある。

そのとき日本の国立大学で博士学位を取得し、日本企業に就職した後、シリコンバレーの大

［表 1］「清華大学経済管理学院顧問委員会委員リスト」における米財界人(2018-2019)

名誉委員	ヘンリー・ポールソンJr.	ポールソン研究所代表、米国元財務長官、ゴールドマン・サックス元会長兼CEO
	リー・スコットJr.	BDTキャピタル&パートナーズ顧問委員会議長、ウォルマート前社長兼CEO
主席	ジム・ブライヤー	ブライヤー・キャピタル創業者およびCEO
委員	メアリー・T・バッラ	ジェネラル・モーターズ会長兼CEO
	ロイド・ブランクファイン	ゴールドマン・サックス会長
	ティム・クック	アップルCEO
	マイケル・コルバット	シティグループCEO
	マイケル・デル	デルテクノロジーズ会長兼CEO
	ジェイミー・ダイモン	JPモルガン・チェース・アンド・カンパニー会長兼CEO
	ローレンス・D・フィンク	ブラックロック会長兼CEO
	ウィリアム・フォード	ジェネラル・アトランティック（投資会社）CEO
	クリストファー・ガルビン	ハリソン・ストリート・キャピタル元会長兼CEO兼共同創設者、モトローラ元会長兼CEO
	モーリス・グリーンバーグ	C.V.スター・アンド・カンパニー会長兼CEO
	マター・ケント	コカ・コーラ会長
	ヘンリー・R・クラビス	KKR（投資会社）共同創設者、共同CEO
	インドラ・ヌーイ	ペプシコ会長兼CEO
	ラモン・ラグアルタ	ペプシコCEO
	リック・レビン	コーセラ前CEO、エール大学前総長
	ダグ・マクミロン	ウォルマート社長兼CEO
	マイク・マクナマラ	フレクストロニクスCEO
	イーロン・マスク	スペースX社共同設立者およびCEO、テスラ・モーターズ会長兼CEO
	サティア・ナデラ	マイクロソフトCEO
	ブライアン・L・ロバーツ	コムキャスト会長兼CEO
	ジニ・ロメッティ	IBM会長兼社長兼CEO
	デービッド・M・ルーベンシュタイン	カーライル・グループ（投資ファンド）共同創立者および共同CEO
	シュテファン・シュワルツマン	ブラックストーン・グループ（投資ファンド）共同創立者およびCEO
	ケビン・スニーダー	マッキンゼー&カンパニー・グローバル・マネジング・パートナー
	マーク・ザッカーバーグ	フェイスブック共同創業者およびCEO

出典:『「中国製造2025」の衝撃』（PHP研究所）より抜粋

手企業に就職した中国人元留学生がサンノゼ空港に迎えに来てくれた。

「いま職場から抜けだしてきた」と息せき切っているその姿を見て驚いた。彼はTシャツに半ズボン、サンダル履きで、しかも、素足だった。

「そういう格好で仕事するの？」

「もちろんです！　だから、シリコンバレーは発展していくのです。日本のように、背広、革靴でかしこまっていない。形式なんてどうでもいいんです。自由闊達だからいいアイディアが浮かぶ。日本はもう、おしまいですよ。世界から取り残されている。あ、ごめんなさい」

あ、いえいえ……。あれは90年代の終わりごろだった。日本は終わっていた。

日本政府による護送船団「日の丸半導体」は、その政府により沈没させられていた。

シリコンバレーはＩＣ（Integrated Circuit　集積回路）を同じＩＣでもIndian Chineseともじって自嘲していたほど、中国系をはじめとする移民の力によって、シリコンバレーの活力がもたらされていた。そのシリコンバレーは、多くの移民を受け入れ、その移民たちが多国籍集団として活躍していた。しかしトランプ政権に入ると移民に対して厳しい政策が断行されるようになったためにインド人や中国人の人材がシリコンバレーから追い出されるようになり、ＩＣをもじっていた時代が終わりを迎えつつある（詳細は第七章）。

グローバルを命とするシリコンバレーはトランプの移民政策に反対で、その意味でも、アメリカの大手ＩＴ企業が習近平のお膝元に集まる結果を招いている。

公聴会に参加した３２０社からの米企業に、このボスたちが圧力を掛けていない保証があるだろうか。水面下で、北京が米議会をコントロールしていたと解釈していいだろう。

アメリカには、いたるところで中国政府の「回し者」がうごめいている。中国共産党中央委員会（中共中央）対外聯絡部の回し者もいれば、孔子学院という文化の衣をまとった「洗脳者」もおり、アメリカの市民権を得て「票田」と化している「中華民族」の思想集団もいる。

これらすべてをひっくるめて、アメリカのシンクタンクの一つである「全米民主主義基金」は、水面下におけるアメリカ国民および政府への中国の影響力を「シャープ・パワー」と名付けて警戒している。

民主主義国家には選挙という素晴らしい手段があるが、その民主性は形骸化し、政争の道具と化している側面は否めない。本来は民主主義国家が構築してきたはずのグローバル経済は、中国にとって有利であり、今や中国の戦略の神髄と化してしまっている。本末転倒だ。

言論弾圧をする国家がグローバル経済を歪んだ形で牛耳り、「中華の知恵」を発揮しているのである。

日本は見事に、そこに乗っかっていることを見落としてはならない。「日中関係が正常な軌道に戻った」などと自画自賛している日本の内閣を見ると、実に暗澹たる思いだ。

三、トランプVS.習近平、世界のリーダーにふさわしいのはどっちか？

ギャラップ社「中国こそ世界のリーダー」の衝撃

G20大阪サミットでは、もっと見たくない光景を見る羽目になった。

6月28日の午後になると、中国では中央テレビ局CCTVをはじめ、人民網、新華網、中国共産党網、中国政府網など、すべての党と政府の報道機関が一斉に習近平のG20大阪サミットにおける講和（スピーチ）の報道に突入した。CCTVなどは、1時間ごとに何度も何度も繰り返すので、録画しなくとも暗記してしまったほどだ。

演題は「共に手を携え、力を合わせてハイレベルの世界経済を打ち立てよう」。講和主旨は「成長のエンジンを掘り起こし、グローバル・ガバナンスを完備し、発展のボトルネックを解決し、各国・地域の意見の隔たりを適切に処理する」というものだ。その内容を具体的に見ていくと、これらは本来なら世界のリーダーとして君臨するアメリカが言うセリフだったのではないかと思えてくる。

多国間貿易を強化するとした上で「パートナーシップ精神を堅持し、相違を穏当に処理する。G20メンバーはそれぞれ異なる発展段階にあるが、肝心なのは相互尊重、相互信頼に基づいて平等な立場で協議し、小異を捨てて大同につき、相違をコントロールして共通認識を広げていくことである」と述べている。

たとえどんなに「偽善的」であったとしても、トランプが「アメリカ・ファースト」と言い続けているのに比べれば、当然他の国の共感を呼ぶことは否めない。習近平が、敢えてトランプを意識して言葉を選んでいることも明白だが、世界各国の人々は、「世界のリーダー」として「どの国が」ふさわしいかを、このようなメッセージからも判断してしまうのだろう。

この傾向はトランプ政権誕生以降からあり、私自身は２０１７年８月に出版した『習近平vs.トランプ　世界を制覇するのは誰か』（飛鳥新社）や２０１８年12月に出版した『「中国製造２０２５」の衝撃』などでも詳述して警鐘を鳴らしてきたつもりだ。

しかし、ここに来て、客観的データが現れた。

２０１９年2月28日、ギャラップ社が「2019 Rating World Leaders（２０１９年世界のリーダーランキング）」という調査報告書を出したのだ。サブタイトルには"The U.S. vs. Germany China and Russia"（アメリカ対ドイツ・中国・ロシア）とある。

１３３カ国・地域を調査対象としている。そのトップページ（挨拶の次のページ）にはショッキングな調査結果が載っている。

なんと、世界で最もリーダーとしてふさわしい国は、アメリカではなくて、「中国」なのだ。

その事実が視覚的に見えるように、先ずは「**図1―1**」に数値の推移を示した。

アメリカは２０１６年、オバマ政権までは世界トップの座を占めていて、世界の48％の人がアメリカこそが世界のリーダーであるべきだとみなしていた。ところがドナルド・トランプが大統領になった２０１７年から、アメリカをリーダーとみなすパーセンテージが、いきなり30％にまで下落している。そして習近平がＡＩＩＢ（アジアインフラ投資銀行）や「一帯一路」を提唱し始めてからというもの、じわじわとアメリカに追いつき、そして２０１８年には中国が「34％」と、アメリカを追い抜いてしまったではないか。

［図1-1］「世界のリーダー」にふさわしい国

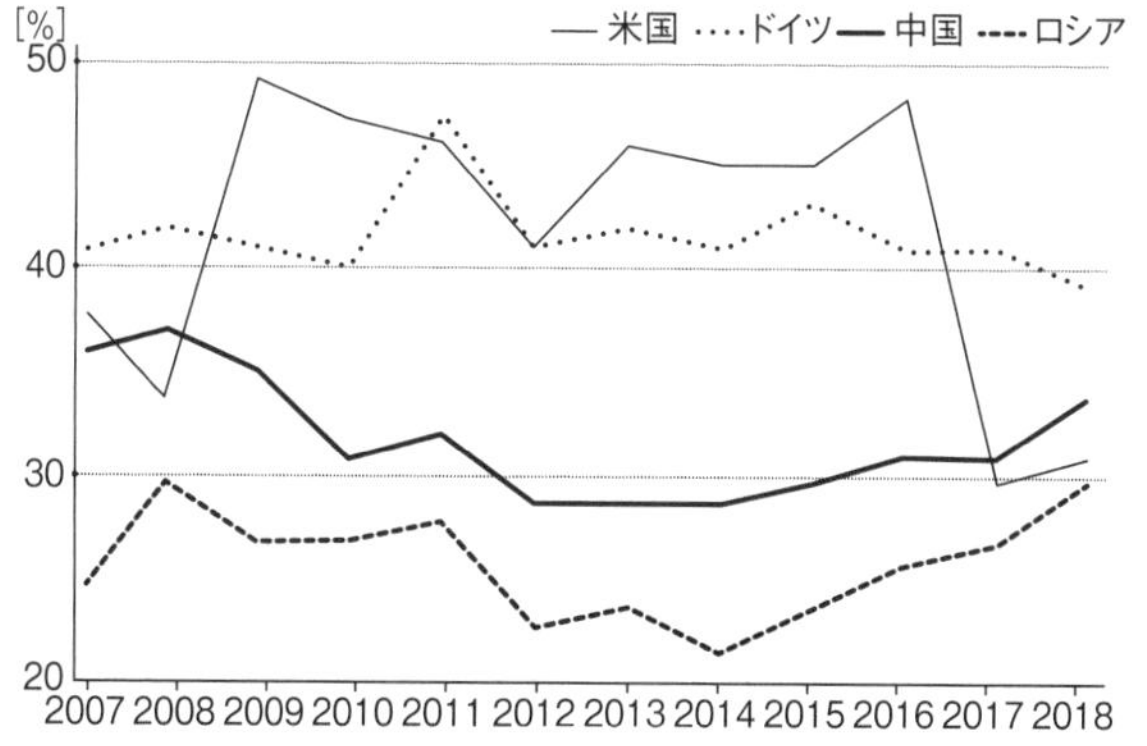

出典：ギャラップ

中露の仲がいいものだから、中国の増加傾向とロシアの増加傾向が並んでいるというのも、あまり愉快なことではない。しかし、あれだけアメリカから制裁を受けているロシアは、なんとアメリカと同じく「30％」もの世界のリーダーとしての信用を獲得している。アメリカは2018年になって1％増加して「31％」になりはしたが、ウラジミール・プーチンとドナルド・トランプは、同じ人気度というか、評価だということになろうか。習近平がその上を行き、増加率から言って、やがてドイツとどこかでクロスする可能性を示している。

ドイツのメルケル首相は、EUの中では飛び抜けて指導力を発揮しているが、しかしメルケルも2021年秋には引退する。となれば、ドイツが輝きを失い、このまま行けば、習近平が世界のトップリーダーに躍り出る可能性が出てこないとも限らない。

［図1-2］「アメリカのリーダーシップ」に関する評価の推移（全世界）

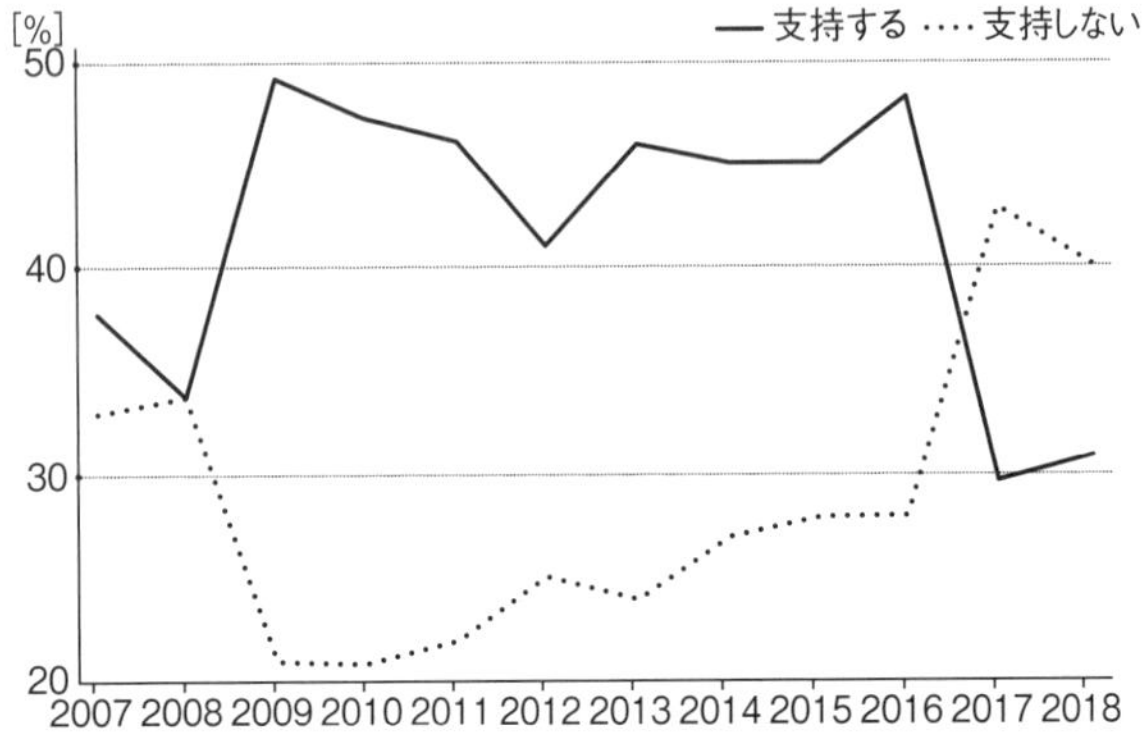

出典：ギャラップ

いったい、どの国あるいは地域が、このような結果をもたらしているのかを知るために、ギャラップ社が示している「アメリカのリーダーシップ」に関するさまざまな評価の推移を見てみよう。

まず**図1―2**をご覧いただきたい。全世界で、アメリカのリーダーシップを支持するか否かという質問に対して、「支持する」と「支持しない」が２０１６年（オバマ政権）から２０１７年（トランプ政権）にかけて、鮮明な逆転を示している。

最も顕著な逆転を見せているのがヨーロッパ（**図1―3**）だ。

なんと、「支持が24％」であるのに対して、「不支持が59％」なのである。

このデータほど世界を左右する大きな影響力を持つ事実はないのではなかろうか。

どこかの国が「アメリカにキャッチアップし

［図1-3］「アメリカのリーダーシップ」に関する評価の推移（ヨーロッパ）

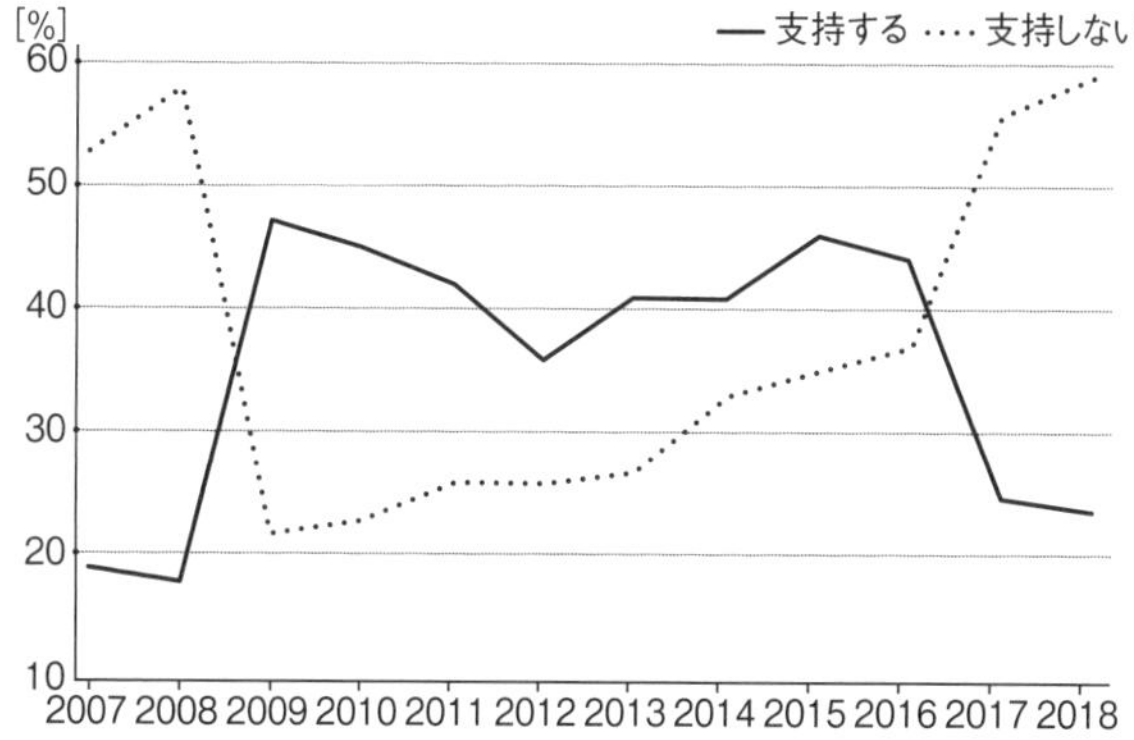

出典：ギャラップ

て、アメリカを追い越したい」と思っているならば、１００％確実に、ヨーロッパにターゲットを絞るだろう。ヨーロッパを自分の側に引き寄せさえすれば、世界の趨勢は変わる。

そして、もしドナルド・トランプが大統領になっていなかったら、このようなチャンスは二度とめぐってこない。

だからこそ習近平はヨーロッパを味方につけることに余念がない。ドナルド・トランプにどんなに感謝しても感謝し切れないだろう。トランプが習近平を世界の王者の地位に押し上げようとしてくれているのだから。そのことが**図１－３**（ヨーロッパデータ）から鮮明に読み取ることができる。

中国は先進７カ国（Ｇ７）に対しては、まるで恨みでも抱いているかのように「あれは空虚な集団だ」と常に蔑視する。一方、中国が入っている、あるいはＢＲＩＣＳ諸国が入っている

[図1-4]「世界のリーダーとしてのアメリカ」の支持率（アジア）

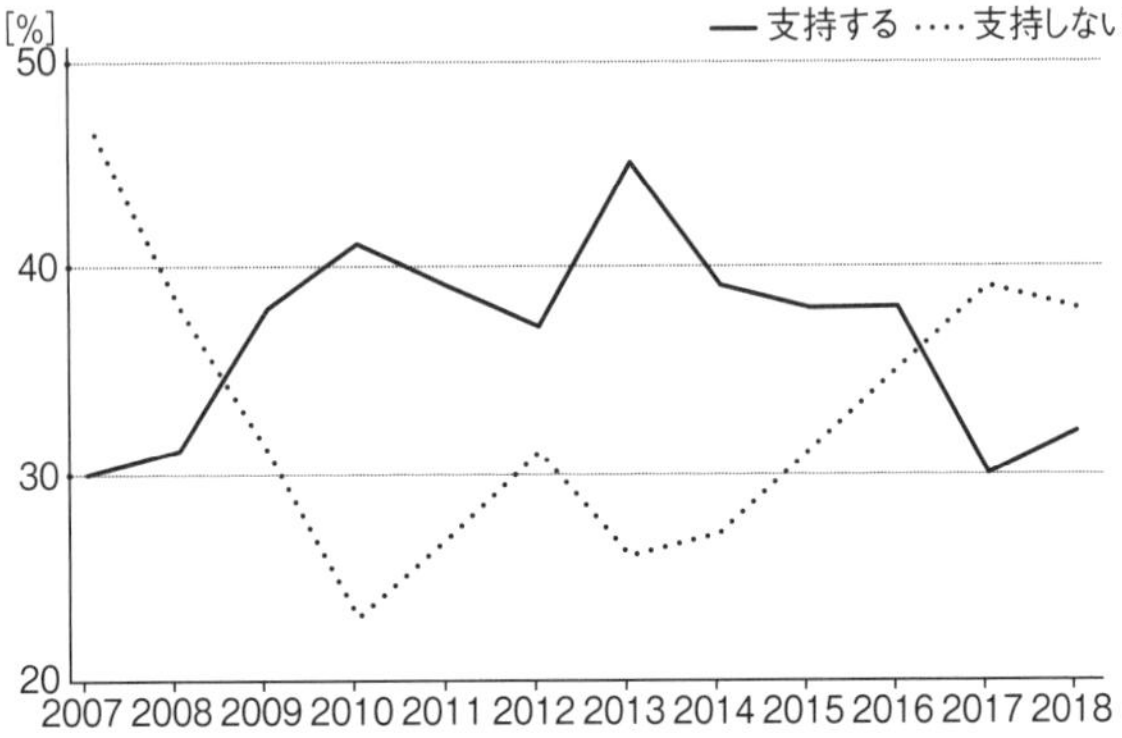

出典：ギャラップ

G20こそが世界をけん引していく集団だと、高く評価する傾向にある。G7のアメリカ以外の国家を自国の側に引き寄せてこそ、中国が世界の覇者になると、虎視眈々と世界戦略を進めているのである。この詳細は第5章で述べる。

ちなみに2019年8月24日から26日にかけてフランスでG7が開催されたが、自由貿易や気候変動を巡り、アメリカとヨーロッパ各国の意見の隔たりが大きすぎて、きちんとした共同声明を出すことができなかった。1975年の第1回サミット以来初めてとなる。もっともマクロン大統領はいよいよの最後になって、せめて共通認識くらいは1枚の紙にまとめようという苦しい試みを見せたが、共同声明はないも同然。これは今後のパワーバランスを一層塗り替えていくことだろう。

トランプは中露を引き裂くためか、ロシアをG7に戻してG8にしようと提案したが、これもヨーロッパ勢に否決された。今や「欧米」という概念で「西側諸国」を一括りにはできないところまで突き進んでしまっている。

念のためアジアにおける「アメリカのリーダーシップ」に対する評価を確認しておこう。

アジアには、失礼ながら日本を含めて「小国」が多いから、アメリカの顔色を見たり中国のご機嫌を窺ったりと、ダブルスタンダードを決め込んでいる国が多い。**図1－4**のデータもその現実を如実に反映していて、実に興味深い。中国としては、アジアには適当に秋波を送っていさえすれば中国にくっ付いてくるのを心得ているので、その程度にコントロールしているわけだ。アフリカに関する議論も第五章に譲る。

四、トランプ電撃訪朝の裏側——地殻変動の予兆を読み解く

「ボディランゲージの終戦宣言」の本当の意味

2019年6月30日午後3時45分、トランプが板門店にある軍事境界線を乗り越えた。

1950年6月25日に朝鮮戦争が始まったとき、北朝鮮との国境にある中国吉林省朝鮮族自治州の州都・延吉にいた私にとって、それは考えられないような瞬間だった。アイゴー、アイゴーと泣き叫びながら北朝鮮から延吉になだれ込んできた難民の群れ。その服は汗で汚れて肌に巻き付き、肉の削げたあばら骨を浮き出していた。

私自身も、1948年10月に、毛沢東傘下の中国共産党軍による食糧封鎖を受けた長春市から、難民として、ここ延吉市に逃れてきている。戦争で犠牲になるのは、いつも一般庶民だ。まさか、まだ生きている間に、その当時の「敵国」であったアメリカの現役大統領が、軍事境界線を越えて、北朝鮮の土の上に「一歩」を踏み入れるようなことが起きようとは、思ってもみなかった。

トランプの足が、軍事境界線のラインを乗り越えて、北朝鮮領土に着いた瞬間、戦慄が走った。

ああ、私の戦争が、ようやく一つ終わった……。

トランプは自分の体で、行動で、実質上の「終戦宣言」を表明したようなものだ。

言うならば、ボディランゲージで終戦を表明したことになる。

金正恩委員長が欲しがっているのは一枚の「終戦宣言」だ。

それがないと、これまで「打倒アメリカ帝国主義！」として軍事訓練してきた兵士たちが、なかなか納得しない。終戦宣言もなければ経済制裁緩和もない中で、軍や国民を説得するには限界がある。ハノイ会談が物別れに終わったいた。金正恩にとっては渡りに船だっただろう。

トランプを追い込んだ「中露朝が描いたシナリオ」

しかし、トランプを、板門店まで行かざるを得ないところに追い込んだのは、実は中露朝の結束だ。

6月20日から21日にかけての習近平国家主席の訪朝は、「中露朝三国結束」をトランプに対してアピールするためのものだった。

金正恩とトランプ自身は、互いに好感を抱いており、個人的な戦略上「相思相愛」なのかもしれない。しかし、アメリカ政府にとって北朝鮮は敵だ。北朝鮮にとっても、仲よくしましょうと言って首脳会談を開きながら制裁を強化するなどという国と仲良くなれるはずがないだろう。そもそもアメリカを攻撃することをやめたと北朝鮮国民に宣言したというのに、アメリカによる制裁強化では自国民を説得できるはずがない。

要するに北朝鮮にとって、アメリカは未だに（特にハノイ会談以降は）「敵国」なのだ。

ロシアにしてもクリミア問題あるいはウクライナ問題でアメリカから厳しい経済制裁を受け、プーチンとトランプは、本当は仲が良いし、仲良くしたいと互いに思っているようなのだが、国としては「敵国」同士なのである。

中国とアメリカの仲は、言うまでもないだろう。

トランプがいくら習近平を尊敬しているとか、200年に一度の人物だとか褒めそやしても、中国にとって、「アメリカから虐めを受けている」と政府の白書で書いているほどの最大の敵国なのがアメリカだ。いま中国は「アメリカを倒せ！」のスローガンに燃えている。

この3カ国は、「アメリカを最大の敵国とする」という共通点を持っている。それでいながら、3カ国の指導者はみな、トランプとは個人的には「仲が良い」という設定になっている。

そこで、一国ではアメリカの軍事力に勝てないが、3カ国が組めば怖くないということで、

3カ国が結束し始めた。そうしておきながら、トランプを3カ国が唱える平和路線（段階的非核化路線）に誘い込もうとしたのである。トランプのキャラクターを十分に計算したうえでの結束だ。

3カ国には、もう一つ大きな共通の利害がある。それは

北朝鮮が現体制を維持できないと困る

という共通点である。つまり、

金正恩にとって：自国の現体制を維持させることが最大の課題。
習近平にとって：北朝鮮が現体制を維持してくれないと、朝鮮半島が民主主義陣営の体制下に置かれることになるので、金正恩には何としても現体制を維持してほしい。国境を接している社会主義陣営の砦。
プーチンにとって：北朝鮮はもともと旧ソ連が建国させた国。北朝鮮は米ソ冷戦時代の落とし子。一部分しか国境を接していないが、対露敵視政策を取っているアメリカの陣営に北朝鮮が組み込まれるのは困る。従って現体制を維持していてほしい。

このように中露朝3カ国は、「北朝鮮の現体制維持」という点において利害が一致しているのである。現体制を維持させるためには、「段階的非核化」が必要だ。3カ国はトランプが「段

階的非核化」を容認する方向に持っていきたいのである。

それでは、こういった利害関係で結ばれている中露朝3カ国がシナリオライターとして練り上げた時系列を見てみよう。一見、関係ないように見えるかもしれないが、ここに米中貿易摩擦に関する米中攻防がかぶさってくるので、間に特徴的な現象も入れる（★印で区別）。

●4月24日：金正恩訪露、25日にウラジオストク（ルスキー島）でプーチンと首脳会談。
プーチン「朝鮮半島非核化実現における体制保証と制裁緩和を支持する」。

4回も訪中している金正恩は、背後にロシアもいることをトランプに見せつけ、ハノイ会談決裂への対抗を示した。

★5月13日：トランプ、G20（大阪）首脳会議で「習近平と会うつもり」（記者団に）。

★5月15日：ファーウェイをエンティティ・リストに（禁輸制裁）

★5月20日：習近平、江南視察→レアアースの輸出規制を対米カードにすると暗示。

●6月5日～7日：習近平訪露。プーチンと首脳会談。モスクワ&サンクトペテルブルク。
6月5日、習近平はプーチンと会談。会談後習近平は「過去6年間、我々は30回近く会談を行なってきた。ロシアは私がこれまでで最も多く訪れている国だ。プーチン大統領は私の親友であり仲間でもある」と中露の蜜月ぶりをアピール。プーチン、故郷サンクトペテルブルクで、習近平に母校のサンクトペテルブルク大学の名誉博士号を授与。プーチン、昨年の大規模中露合同軍事演習に触れ「中露両軍の戦略的パートナーシップ」を強調。

●6月11日：金正恩からトランプに親書（6月14日、トランプの誕生日。外交ルートである国務省を通さず、北朝鮮特使がワシントンに行き、直接トランプに渡した）

★6月15日：第3弾対中制裁関税実行。

★6月17日～25日：第4弾対中制裁関税＆ファーウェイに対する禁輸に関する米議会公聴会。関連の米企業320社ほぼ全社が制裁に反対。

★6月18日：トランプ、習近平に電話。G20出席と米中首脳会談実施の同意要求。

●6月20～21日：習近平訪朝。中国の国家主席が訪朝するのは14年ぶり、習近平としても2013年に国家主席になって以来、初めての訪朝。前代未聞の歓迎。金正恩と蜜月。中朝国交樹立70周年記念を祝賀。

2019年1月8日に金正恩は第4回の訪中。しかし2月の米朝首脳ハノイ会談は物別れに終わり、訪中の効果なし。それを上回る強烈な親密ぶりをアピールしてトランプに見せるため、金正恩必死。

習近平、G20大阪サミット直前に訪朝して、トランプにプレッシャー。

●6月23日：トランプ、金正恩に親書（これも国務省などの外交ルートを通さず、トランプの特使が北京経由で北朝鮮に行き直接金正恩周辺に手渡す）。

★6月25日：米議会における公聴会終了。大統領選に不利。

★6月26日：習近平、トランプに「ファーウェイ制裁解除しなければ、米中首脳会談に応じない」と「最後通牒」。トランプ折れる。

★6月29日：G20大阪で米中首脳会談。その後トランプ記者会見。
●6月29日：トランプ、「(南北朝鮮の) 軍事境界線に行く」とツイッター。

この時系列をご覧いただければ、トランプが、せめて「俺はここにいる！」という主張を体で表現でもしなければ、この段階では面目丸つぶれになる。

たしかに、トランプが軍事境界線を越えて北朝鮮の領土に足を踏み入れた瞬間のあの映像は衝撃的だった。世界に電撃が走ったのはうなずける。彼はまちがいなく歴史的快挙を成し遂げた。原因がどうであれ、そのトランプの大胆な行動力には心から敬意を表する。

しかし、それは、アメリカ国内の大統領選に有利に働くのだろうか？

働かないと私は予測した。つまり、トランプは綿密に選挙対策を考慮して計画的に動いたのではなく、「動かされてしまった」のであり、その動き方が、相当に衝動的であったとしか思えない。

その証拠の一つとして、7月2日に在米のジャーナリストで、いつも現場の雰囲気を的確にリポートしておられる高濱賛氏が、JBpress で書いておられる「米国内で失笑されている『歴史的第3回米朝会談』」という記事を挙げることができる。その後次々と、トランプの電撃訪朝はトランプの一存で決められており、下から積み上げられてきた行動ではないことが明らかになってきた。

「中露朝」が連携しあっていたために、北京が事前にトランプの電撃訪朝を確信していた証拠として、中国メディアがいつになくナマでトランプが軍事境界線を越える瞬間を報道したことを挙げることができる。

中国がリアルタイムで報道することなど滅多にないのに、境界線を渡るのと同じ時刻に中央テレビ局CCTVは報道していた。6月30日、トランプが軍事境界線を越えた同じ時間の「15：45」に「トランプが38度線を超えた　史上初めて北朝鮮に足を踏み入れた米国現役大統領」というタイトルで報道しているのである。

おまけにリアルタイムだというのに、中国語の字幕スーパーによる解説つきだ！

事前に予測しており、準備していたことを窺わせる。

また中南海の情報を伝えるウェブサイト「紫禁新聞」は、少し時間がずれているものの、それでも同日の「16：16」に「史上初！　トランプ、北朝鮮の領土に足を踏み入れ、金正恩をホワイトハウスに招待」と、もう一歩掘り下げた情報を報道している。

決定打は7月12日になってからやってきた。

この日、中国の外交部が「6月29日の米中首脳会談で、習近平がトランプに朝鮮半島問題に関する中国の原則的立場を説明し、アメリカに対し、将来的な制裁緩和など柔軟さを示し、北朝鮮と歩み寄るよう要請したこと」を明らかにしたのだ。

つまり、トランプが「軍事境界線に行く」とツイートしたその直前、習近平はトランプに北朝鮮問題に関して制裁緩和など歩み寄るよう要請していたのである。それは「北朝鮮の体制を維持する」ためには何が必要かを表明したことを意味し、中露朝3カ国がその線で結束していることをトランプに見せつけたことを意味する。

電撃訪朝は「トランプの外交勝利」ではなくて、「追い詰められたトランプが、最後の賭けに出た」ということを理解しなければ、今後の米中関係や朝鮮半島情勢の動向は見えてこない。

その朝鮮半島の南側にある韓国が何らかの形で懲罰を受けるべきことをやり続けたのは事実だが、しかし、この「中露朝」3カ国結束の重要性と危険度に、十分には気が付かなかった日本が、東北アジア情勢の地殻変動を自ら招いた側面も見落としてはならない。

五、日韓険悪化が招く地殻変動——高笑いするのは習近平か

文在寅政権の「約束破り」がもたらした日韓の反目

韓国と日本の間で、とてつもなく重苦しい事態が進行し始めた。

7月1日、日本政府はスマホのディスプレーや半導体製造過程に必要な材料の、韓国向け輸出審査を強化すると発表し、4日から実行に移すことになったのだ。

対象となったのは、テレビやスマホのディスプレーに使う「フッ化ポリイミド」や半導体ウェハーに回路パターンを転写するときに薄い膜として塗布する「レジスト」と、半導体製造過程においてエッチングガスとして使われる「フッ化水素」の3品目である。

韓国政府がこれまでさまざまな側面において信頼に足る対応をしてこなかったことが根本的な原因であり、多くの日本国民も韓国政府への何らかの懲罰は不可欠だという思いがあり、こ

の措置は肯定的に受け止められた。私自身も少なくとも韓国に対してはこのままでいいはずがないと思っている者の一人だ。

なぜかを書き始めたら、一冊の本になるくらい、韓国あるいは韓国人に関しては良い印象を抱いていない。もちろん韓国人の中にも、数少ないが、良い人もいるにはいる。しかし良識派の韓国人を例外として韓国あるいは韓国人は信頼に足る対象ではないと思っている。

まず国家としての韓国に関していうならば、文在寅《ムンジェイン》政権は2017年5月発足以来、2016年末に日韓の間で「最終的かつ不可逆的合意」に達した日韓慰安婦問題に関する合意を一方的に破棄し、自衛艦旗（旭日旗）掲揚問題や海上自衛隊機へのレーダー照射問題に関しても韓国側の言い分ばかりを主張して、日本の抗議に耳を貸さなかった。

何よりも許せないのは徴用工問題に関する文政権の態度である。

日本と韓国は1965年に「日韓基本条約」を結ぶと同時に「日韓請求権協定（財産および請求権に関する問題の解決ならびに経済協力に関する日本国と大韓民国との間の協定）」を締結し、総額8億ドル（無償3億ドル、政府借款2億ドル、民間借款3億ドル）の援助資金と引き換えに、韓国側は「戦後賠償」に関するあらゆる請求権を放棄した。「両国および国民の間での請求権を完全かつ最終的に解決した」とする内容なので、韓国の国民が個別に日本企業に賠償を求めることはできない。もしそのような要求が国民の間から起きたら、韓国政府が責任をもって韓国民を説得するか、もしくは何らかの補償を韓国政府が当該国民にしなければならない。

なぜなら、「二度と請求しません」と誓って請求権問題は解決したという協定に国家として署名し、その援助金は国家が受け取ったのだから、その援助金を韓国という国家が「使い込んでしまった」とすれば、それは韓国という国家の責任なのである。当該国民が「賠償」を求めてきたら韓国政府は「そのお金はすでに日本国から頂いております。当該者に直接お渡ししなかったのは韓国政府の責任です。政府が（あのとき日本からもらったお金を）あなたにお支払いします」と言わなければならないのである。

だというのに、「太平洋戦争中に徴用工として日本で強制的に働かされた」と主張する韓国人4人が、新日鉄住金に損害賠償を求めた裁判で、韓国の最高裁判所は2018年10月30日、新日鉄住金に対し賠償を命じる判決を言い渡した。「個人の請求権も協定に含まれたと見るのは難しい」として、個人請求権は消滅していないという判断を示したのだ。

日本政府は真っ向から抗議。これは日韓国交樹立の際の「日韓基本条約」に反する問題であり「日韓請求権協定」に反するとして文政権に緊急の措置を求めた。しかし文在寅大統領は「それは司法の問題であり、韓国には三権分立がある」として相手にしなかった。

これがおかしいのだ。

そもそも原告のこの4人は2005年に提訴しており、8年間もかかって、2013年7月に韓国のソウル高裁がようやく賠償を命じた。それに対して新日鉄住金がすぐに上告していたが、最高裁はその上告を受理したものの、これもまた5年間にわたって本格的な審理を行おうとしなかった。

その背景には、まさに「政府が司法を動かす」という韓国独特の状況があったのではないか。

実は文在寅がまだ韓国大統領府（青瓦台）の幹部として仕えていた盧武鉉《ノムヒョン》政権は、2005年に徴用工犠牲者の救済は「韓国政府に道義的責任がある」として死傷者に追加支援を行う方針を決めていたことが、このほど明らかになっている。これは実にまともな判断で、そうでなくてはならない。しかし、同年、小泉元首相の靖国神社参拝などで中国や韓国で反日運動の嵐が吹き荒れると盧武鉉も反日に舵を切った。もっとも韓国政治のご多分に漏れず、大統領を退任した後の2009年4月に韓国最高検察庁から包括収賄罪の容疑で事情聴取を受けると、盧武鉉は翌月の5月に自殺した。

すると、待っていたかのように最高裁が徴用工問題に関する日本企業の賠償判決を出したのである。

それならなぜ新日鉄住金の上告を5年間も放ったままにしていたかと言うと、その背景にはやはり政権と司法との一種の癒着があったからではないのか。日本との関係を重視した朴槿恵前政権が司法に圧力を掛け判決を不当に遅らせたとして、2018年10月27日に最高裁付属機関の前次長を職権乱用などの疑いで逮捕した。そこまで持っていったのは革新派の文政権で、保守派の前政権に対する攻撃という側面があるのは否めないはずだ。

このように、「司法が独立している」などという弁明は、韓国においては成立しないと言っても過言ではないだろう。もし独立しているのなら、韓国の大統領が退任した瞬間に、なぜ「必ず」と言っていいほど逮捕投獄されるのか。まるでルールのようになっているほど、世界では周知の事実だ。

韓国が「信頼できるパートナー」たり得ない理由

次に私の個人的観点から韓国あるいは韓国人に対する印象を述べるならば、数えきれないほどの実例があるが、その中から2、3ご紹介しよう。

実は私は1990年代末から2000年初頭にかけて、自費で、中学生を対象とした日中韓3カ国の学力および意識調査をしたことがある。そのデータが、2000年代初頭に日本の国会で盛んに取り上げられた。その重要性に目を付けた日本の内閣府が私に大学生を対象とした同様の調査を実施してもらえないかと委託してきたことがあった。

このとき日本の大学として最高レベルの国立大学を3大学選定し、中国に関してもトップ3に相当する大学に協力をお願いして快諾を得た。

そこで韓国に行きソウル大学にお願いしたところ、なんと、協力を断ったのである。協力した大学に関しては名前を伏せるという約束をしていたので、協力してくれた大学名に関しては公表しないが、断った大学名に関して公表しないという約束はしていないから、ここで初めてこの秘密を明かすことにする。

断った理由をソウル大学は明確に言ったわけではないが、断る過程から十分な察しはついていた。つまり、自信がないのだ。万一にも国際比較において「ソウル大学が日中の他の一流大学に劣る」という結果が出るのが怖いのである。

愛国心の欠片《かけら》もない。

協力してくれたら大学名は出さない、と言っているのだからいいではないかと思うのだが、ソウル大学が抜けることによって韓国全体の学力レベルが低くなることは心配しないのである。

一般には韓国の一流大学と言えばソウル大学が入っていると国際社会は思うだろうから、ソウル大学が抜けた状態で韓国の平均値が出ると、韓国にとって不利だ。それはソウル大学にとっても不利に働くのではないかと説得したのだが、ウジウジとして首を縦に振らない。

彼等は自信がないだけでなく、愛国心もなければ、「よし、やってやるぞ！」といったチャレンジ精神もない。ノーベル賞が良いか悪いかは別として、ノーベル賞的研究成果は、一般に失敗から生まれることが多く、失敗するか成功するかという「結果」など考えずに「これを見極めずにはいられない」という、抑えがたい知的好奇心に駆られて研究に没頭するものだ。

そういった精神風土がソウル大学にはまるでなかった。こんな大学からノーベル賞受賞者など生まれるはずがないだろうと、あのとき実感した。

ならば、そんな韓国の半導体事業が成功したのはなぜか？

その背景の一つには、ゾッとするような経緯がある。

日本の半導体産業「沈没」の真相

あれは90年代半ばのことだった。

日本の半導体関係の技術者がリストラをひかえて窓際に追いやられていた頃、私はそういった技術者から再就職先に関する相談を個人的に受けていた。当時は筑波大学物理工学系に所属しながら留学生の相談業務などを兼務していたため、その噂を聞いて、日本人の老練な技術者が私の研究室を訪れるようになっていたのだ。

彼らによれば、東芝など大手企業にいる半導体のベテラン技術者が不当に扱われ、大量にリストラ予備軍リストに載っているため、その多くが「土日ソウル通い」をしているというのである。土日だけサムスンなど韓国の半導体メーカーに通って破格の高給で自社の核心技術を売りまくっていたのだ。

週に1回通うだけで1カ月分の給料を支払ってくれる。交通費や宿泊費も全て手厚く手当してくれるので、やがて解雇されて路頭に迷うことを考えると、少なからぬ者がこの道を選んでいるという。日曜の夜遅く日本に戻り、月曜の朝には何食わぬ顔で出勤する。

より機密性の高い核心的技術を伝授すればするほど謝礼金が跳ね上がっていくので、誰もがより核心的な技術を提供しようとして、「土日ソウル通い技術者の間」で、「見えない競争」が始まった。それを韓国側の半導体メーカーは「それとなく」技術者の耳に入れて、より機密性の高い技術の伝授を促したという。

もちろん日本人ベテラン技術者のモラルの問題を問う人もいるだろう。しかし、本来なら宝物であるような「技術者」を大切にしなかった東芝などの日本の経営陣と当時の通産省の幹部に大きな責任があることは確かだ。

1980年代に世界一を誇っていた日本の「日の丸半導体」軍団の勢いに危機を感じたアメ

リカが、日米半導体協定などを通して日本の半導体を沈没させてしまった。アメリカは世界一となってしまった日本の半導体に対して「アメリカにとって安全保障上の脅威がある」として押さえつけに掛かったのだ。一時は100％の関税を日本製品にかけたことさえある。

ちなみにこの時、日本との交渉に当たったのは1983から85年までレーガン政権で通商代表次席代表を務めていたロバート・ライトハイザー氏だ。現在中国と通商交渉を進めているトランプ政権の通商代表である。かつて日本との交渉の席で、日本の提案書を紙飛行機に折って投げ返したという逸話もある。日本への成功体験を中国で発揮しようとしているが、そうはいかない。日本は日米安保条約で軍事的にアメリカに守られている立場なので、アメリカに言われるままに各種の制裁を受け入れ、沈没してしまったのである。

そのすきを狙った韓国の半導体メーカーの動き方は「日本の半導体技術を窃取した」と言われても仕方ないだろう。それは個別の韓国半導体メーカーだけの「狡猾さ」だけかというと、必ずしもそうではなく、韓国という国家全体にある、何とも表現しにくい「曖昧な狡さ」という精神性にあると私には見えてならないのである。

さて、話を戻そう。

日本政府は前述の半導体材料3品目に対して厳しい審査をするだけでなく、韓国をいわゆる「ホワイト国」から除外すると表明した。

日本には1949年に定められた輸出貿易管理令というものがある。日本が輸出した製品が、輸入国あるいは輸入国を経由した第三国に渡って武器製造などに使われることを防ぐために、

1品目ずつ個別に審査し、場合によっては輸出禁止にすることも含まれている。いわば、安全保障貿易のルールを決める規定だ。

相手国が安全保障上信頼できる場合には、輸出業務の包括的承認を認める「ホワイト国」扱いになり、個別の審査はしない。韓国はこれまで日本にとって「安全保障上、信頼に足る国」として位置づけられ、「ホワイト国」扱いをされて、輸出品目の個別審査から免れていた。しかし、その「信頼を失った」あるいは「安全保障上の問題がある」ということで、ホワイト国扱いから外し、包括的審査をしないことになった。それはすなわち、韓国に輸出する際、1件ずつ審査と許可を得る必要が生ずるため、品目によっては途方もない時間がかかることもあり、場合によっては輸出を許可しないケースだってあり得るということになる。

もっとも、その後日本政府が案外すぐに許可を出したのには拍子抜けしたが……。

「フッ化水素など戦略物資が北朝鮮に密輸出」を検証する

韓国貿易協会のデータによると、3品目の韓国における日本からの輸入依存度は以下のようになっている。

フッ化ポリイミド：93・7％　レジスト：91・9％　フッ化水素：43・9％

一方、JETRO（日本貿易振興機構）のデータによれば、日本における韓国への輸出依存度は、次のようになっている。

フッ化ポリイミド：22・5％　レジスト：11・6％　フッ化水素：85・9％

ではこの3品目の残り（他のパーセンテージ）はどこに輸出しているのかというと、中国（大陸）や台湾なのである。審査強化の理由が「安全保障を目的とした適切な輸出管理」であると日本政府は言っているのだから、アメリカも輸出対象国に入っているが、それは考慮しなくていいだろう。となると、警戒しなければならない「第三国」への輸出としては、中国に注目する必要がある。

では、3品目に関する日本の対中国輸出の割合はどうなっているかというと、以下の通りだ。

フッ化ポリイミド：36・3％　レジスト：16・7％　フッ化水素：2・6％

韓国に輸出した上記3品目が、輸出貿易管理令に触れるのであるなら、その理由として「韓国から中国や北朝鮮などに秘密裏に渡っている」などが考えられる。

しかし、日本は直接、中国に輸出しているのだから、韓国経由で第三国（中国）に渡ったとしても、それを理由に「ホワイト国」から除外し、審査強化に入るという理屈は成り立たないのではないのか。

中国に直接輸出した場合には不正な目的に使われてないが、韓国を通して渡った場合には不正な目的に使われているというのを検証するのは困難だろう。

また、北朝鮮に渡っている可能性も指摘したりしているが、確かに韓国の「朝鮮日報」は7月10日、韓国から戦略物資が150回以上、「密輸出」されていたと報道している。もっとも北朝鮮に直接ではなく、ロシアや北朝鮮と友好関係にあるシリアに密輸出されていたので、「北朝鮮に渡った可能性もある」という内容だ。韓国政府にとって不利な情報を海外にも知らせる形で韓国のメディアが報道するというのは、韓国の特徴ともいえる。つまり韓国は反日に関してもこうして常に分裂しており、それが複雑に反政権と混ざり合っている。

２０１９年7月11日付の韓国の「中央日報」や「聯合ニュース」などが今度は、韓国国会国防委員会所属議員が「日本が過去にフッ化水素など戦略物資を北朝鮮に密輸出した事実が日本の安全保障貿易情報センター（ＣＩＳＴＥＣ）の資料で確認された」と明らかにしたと報じた。ＣＩＳＴＥＣとは、１９８９年4月に設立された日本で唯一の輸出管理問題に関する民間の非営利総合推進機関である。

その報道によれば、「過去に日本からフッ化水素などの戦略物資が北朝鮮に密輸出されていたことがＣＩＳＴＥＣの資料で確認できた」とのこと。日本では韓国向け半導体材料の輸出管理を強化した背景にフッ化水素などの輸入品を韓国が北朝鮮に横流しした疑いがあるためと報じられているが、「日本の資料ではむしろ『日本が北朝鮮にフッ化水素を密輸出して摘発された』と報告している」と指摘している。

ＣＩＳＴＥＣの資料「不正輸出事件の概要」によると、日本では１９９６年から２００３年まで30件を超える北朝鮮向け密輸出が摘発され、それには核開発や生物・化学兵器の製造に活用できる戦略物資も含まれているとのことだ。

記事はさらに詳細に、報告書内にある具体例を列挙している。たとえば、

●１９９６年1月に大阪港に入港していた北朝鮮船舶にフッ化ナトリウム50キロ、2月に神戸港に入港中だった北朝鮮船舶にフッ化水素酸50キロがそれぞれ船積みされた。

●2002年9月に凍結乾燥機1台、08年1月に大型タンクローリーの北朝鮮への不正輸出もあった（タンクローリーの輸出は未然に防止）。
●2003年4月に直流安定化電源3台が日本当局の許可なくタイを経由して北朝鮮に不正輸出された。
●2004年11月には周波数変換器1台が預かり荷物として航空機に積載され中国経由で北朝鮮に輸送された。

などだが、これらの品目は核開発や生物・化学兵器の製造に活用したり、ミサイル運搬用に転用したりできる戦略物資だと記事は指摘している。このような、かなり以前の情報を持ち出してきて日本に対抗しようとしているとして、日本のネットは荒れた。

すると7月15日、韓国日報は「国連安保理・対北朝鮮制裁順守委員会」の情報として「日本から北朝鮮に対して10回の密輸が行われ、メルセデスベンツおよびレクサス18台、酒12本、中古ピアノ93台が制裁に違反して供給されたと報告している」と報道。

時代が少し現在に近づき、韓国日報は「2008年11月から2009年6月にかけての時期に日本から北朝鮮へ698台のノートパソコンを含む7196台のコンピュータが輸出されており、2010年2月14日から4月18日の間は中国の大連港を通じて、総額2億4400億円の日本製品が北朝鮮に密輸出されていた」と書いている。国連安保理決議1718によって2006年から北朝鮮への奢侈《しゃし》製品の輸出は禁じられている。

同紙はさらに「2014年3月に韓国の白翎《ペニョン》島に墜落した北朝鮮の無人機から日本製のカ

メラとセンサーが見つかっていた。2013年10月と2014年3月も北朝鮮の壊れた無人機から見つかった9つの部品のうち5つが日本製だった」と報じている。

日本政府は「韓国が北朝鮮に横流ししている」と言ってみたり、「いや、そういうことは理由ではない」と言ってみたり、主張がやや不安定だ。というのも、最初は徴用工問題に関する韓国政府の姿勢に対する批判がこもっていたのだが、韓国がWTOに提訴すると言い出してからは、突然のように「本件は徴用工問題と関係がない」と言い始めたりなど、日本が不利な立場に追い込まれないように主張のニュアンスを微妙に調整している傾向にある。

安倍首相は2019年8月6日、広島市での記者会見で「韓国には日韓請求権協定をはじめ、国と国との関係の根本に関わる約束をまずはきちんと守ってほしい」と語った。日本企業に賠償を求めた昨年の徴用工訴訟判決について、日本が支払わなくてもよい措置を韓国政府が取らない限り、首脳会談には応じないという意味が込められていたと日本のメディアは報道している。

安部首相の主張自体には大いに賛成である。しかし日本政府が理由として挙げている「安全保障を目的とした適切な輸出管理の一環だ」という説明には多少の自己矛盾があり、そして何よりも今回の措置は中国が5G（第5世代移動通信システム）界において独り勝ちすることに資するという側面があることにも注目しなければならない。日韓がこのような泥仕合を繰り返している中、1人「にんまり」しているのは習近平なのである。

［図1-5］ 5Gの「必須特許」に占めるシェア（企業別）

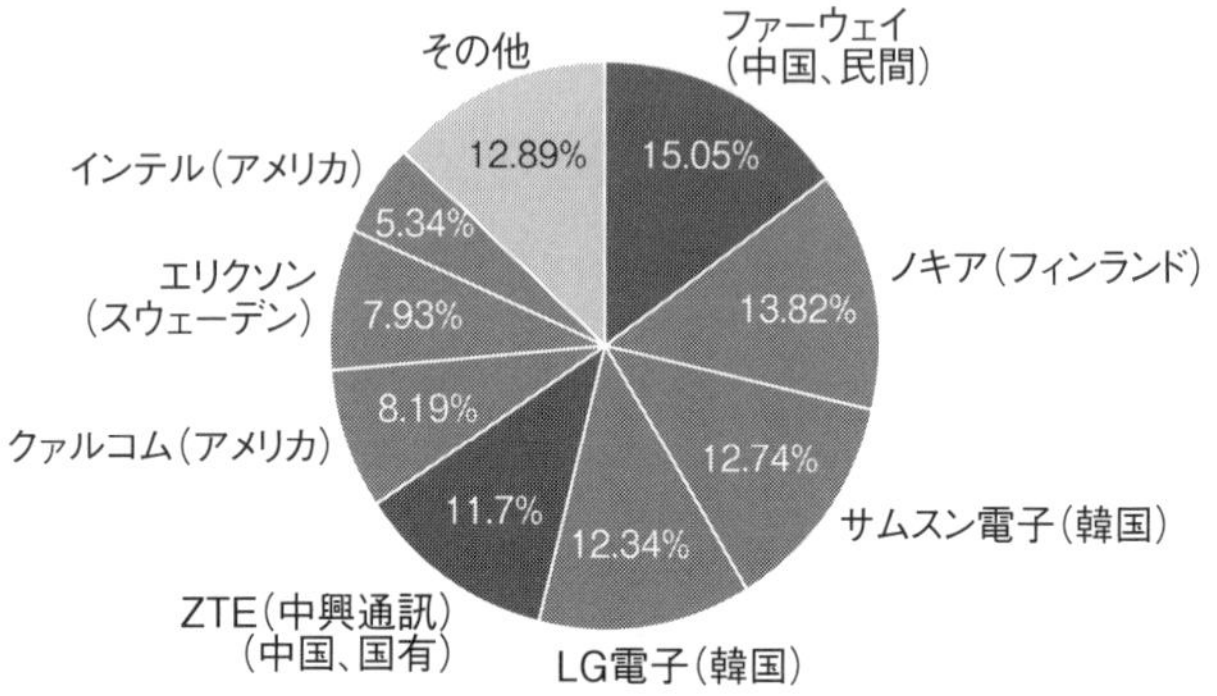

出典：ＩＰリティックス

「ホワイト国から韓国排除」がファーウェイ独り勝ちを支援する「皮肉」

前述3品目の審査強化によって、韓国企業で最も大きな打撃を受けるのはサムスン電子やＬＧ電子、ＳＫハイニックスといったＩＴ大手だ。

ドイツのデータ分析会社「ＩＰリティックス」による２０１９年５月の調査データは、５Ｇの技術標準（規格）に関する標準必須特許数で、ファーウェイは１５５４件と、２位のノキア１４２７件を上回って世界トップの座にのし上がっていることを示している。企業別シェアは**図１－５**のようになっておりトップには、ファーウェイとノキアが並ぶが、何と言っても３位と４位にはサムスン電子、そしてＬＧ電子と、韓国勢が追い上げている。

このデータから明らかなように中国勢は計26・75％だが、韓国勢は25・08％と、僅差で中国に迫る勢いなのである。

このような中、韓国のサムスンとＬＧに痛手を与えるのだから、当然のことながら、中国勢のシェアが相対的に伸びるだろうことは明らかだし、トップのファーウェイの独り勝ちを許すことにもつながるだろう。

５Ｇの国際標準仕様を策定するデッドラインは目の前に迫っている。２０２０年の５Ｇ実現に向けて、ITU（国際電気通信連合）や3GPP（The 3rd Generation Partnership Project）などにおいて、今や標準化活動が本格化している。その際、上記必須特許のシェアがカギを握り、その企業、その国の規格が国際標準となって５Ｇ世界の覇権を握ることになる。日本にとっては不愉快きわまりない現実が、そこに厳然と横たわっているのだ。

つまり、対韓制裁は必要であり、制裁自身は断行されてしかるべきだが、しかしそれが５Ｇにおける中国の独壇場の到来に資するようなものであってはならない。一党支配体制により言論弾圧をしているような国が、通信界を支配してしまうのだ。それだけは避けたいのが日米の基本姿勢なのではないのか。しかし安倍政権は７月21日に行われることになっていた参議院選挙の「票」の方を重んじ、日本の民意を受け、韓国に手っ取り早い懲罰を与える道を選んでしまったようだ。それによって、習近平をどれほど喜ばせるかを計算していなかったのだろうか。

それ以外にも習近平が、思わずほくそ笑まずにはいられない現実がある。

実は７月18日、「中国半導体論壇」というウェブサイトに「中国の浜化集団のフッ化水素が韓国半導体メーカーからの受注に成功した」というニュースが載った。

１９６８年に創設された化学メーカー浜化集団は、黄河デルタの「高效生態経済区」「山東半島藍色経済区」という2つの経済区および「環渤海経済圏」「済南省会城市群経済圏」という2つの経済圏が重なり合う恵まれた地域にある。もともと2018年7月から、韓国の半導体メーカーにフッ化水素（エッチングガス）を納品するため複数回のサンプルテストと一部実験を進めていた。その蓄積が1年に及び、ちょうど安定した大量生産に入る段階に入ったところだった。

そこに、まるで天の采配のように降ってきた日本の韓国に対する半導体製造素材の輸出審査強化。中国では迷うことなく「日本の対韓輸出報復規制」と書いている。日本のように、あれこれ言い換えては「規制」という言葉を使わないとか、ましていわんや「徴用工問題の報復措置」という言葉を突然使わなくなったなどという保身的考慮をする必要がないので、中国では堂々と「徴用工問題などが発端となった日本の対韓報復規制」という言葉を用いながら、遂に念願の「中国が韓国（他国）に半導体材料を輸出するという正式な協力関係が結ばれた」と、喜びに満ちて書いているのである。

韓国と言えばサムスンなど、中国の遥か先を行く半導体メーカーがこれまではあった。今ではファーウェイ専属の半導体メーカー・ハイシリコンがあるものの、中国はハイテク材料を輸入する側ではあっても、基本的に輸出する側ではなかった。それが逆転したのだ。しかも韓国側が跪いてでも「欲しい」と言ってくる立場で輸出する。

中国が日本に感謝せずにおられるだろうか。

韓国は国内における技術開発に投資するとともに、脱日本化と輸入先の多元化を図るために、それを中国に求めていると、習近平はホクホクだ。

7月16日の中国の財形関係のウェブサイト「同花順財形」は浜化集団以外に中国の化学メーカー「巨化集団」もまた韓国半導体メーカーからの注文を受けたと報道している。

このようなことで韓国半導体が足踏みをしているうちに、ファーウェイは世界トップの座を確実なものにしていくにちがいない。

また韓国も二度と同様の措置を日本から受けないようにするために半導体材料の入手ルートの多元化や国産化を図っていくだろうから、万一今後日韓関係が改善されたとしても、日本に依存することはもう二度としない、というのが、最もあり得る未来像ではないだろうか。

東北アジアが中国の手中に落ちる「最悪のシナリオ」

最後に残る最も大きな問題は日米韓3カ国の協力で守ってきた東アジアの安全保障のパワーバランスだ。アメリカは、日韓が安全保障上の問題などを理由に仲たがいしたのでは日米韓の安全保障にひびが入り、中国に対してアメリカが不利になると考えるだろう。

ところが、このことに関しては、非常に複雑な事情がある。

慰安婦問題にせよ徴用工問題にせよ、いずれにしても第二次世界大戦のときに起きた（とされる）現象だ。そのときアメリカは日本の「敵国」として参戦していた。真珠湾攻撃などを受け、アメリカにとって日本はむしろ「最大の敵国」と言っても過言ではなかっただろう。

その戦時中に起きた事象に関して、アメリカは決して日本の側には立たない。

たとえば2013年5月、米議会調査局（Congressional Research Service　CRS）は、安倍政権の右傾化と慰安婦問題を非難する報告書（CRSリポート）を出しているくらいだ。オバマ政権の時である。

また2017年11月7日、訪韓したトランプの歓迎レセプションで、大統領に就任したばかりの文在寅は、会場に元慰安婦を招待し独島《ドクト》エビを供したことは、まだ記憶に新しい。このときトランプはにこやかな笑みを浮かべて、元慰安婦とハグをした。

このように慰安婦問題にしろ、徴用工問題にしろ、歴史認識の要素がある限り、アメリカはなかなか日本の側に立つことはしない。アメリカ国内にさえ多くの韓国系あるいは中国系の市民権と投票権を持った「アメリカ国民」がいる。その投票行動への影響力も無視できない。だからこそ、韓国政府は、何が何でも今般の日本の対韓措置を徴用工問題や慰安婦問題への報復措置であるという方向に持っていきたいのである。

日本が、これまで非公式な形であれ、こうした問題で韓国が懲罰を受けなければならないという主旨の発言をした上で貿易規制に入ったことは、こういうときに日本に不利に働く。日米韓3カ国の仲を裂き、なんとか離間工作を試みてきた中国にとっては、どの点からみても日本の対韓措置は、この上なくありがたいのである。

しかしアメリカに見放されるのが怖い文在寅は、なんと、北朝鮮が最も嫌う米韓合同軍事演習を8月5日から始めてしまった。実際の武力は伴わないものの、北朝鮮有事の反撃シミュレーションを含む軍事演習だ。激怒した金正恩は7月下旬以降6回にわたり短距離ミサイルを発射し、二度と韓国首脳とは同じテーブルに着かないと言い放った。

日本に対抗して「北朝鮮と一体となって経済発展をさせるから、今に韓国の経済は日本を追い抜く」と豪語していた文在寅は北朝鮮にも見放されたことになる。

そんな韓国が２０１６年11月に日本との間で締結した日韓秘密軍事情報保護協定ＧＳＯＭＩＡを延期するか否かを決めなければならない期限が２０１９年８月24日だった。

これだけ悪化した日韓関係にある中、そして「安全保障上の問題があるから信用できないのでホワイト国から除外した」と言いながら、日本政府はこちらの「安全保障上の協定」だけは延長を希望していた。アメリカも８月９日、エスパー国防長官が訪韓し、ＧＳＯＭＩＡの破棄はしないように説得したのだが、韓国政府は８月22日、ＧＳＯＭＩＡを破棄することを決定したと発表した。理由は日本が韓国に対して「安全保障上の問題があるのでホワイト国から除外した」と言っているのに、その日本と「安全保障上の協力」を継続するのは不可能だとのこと。

これはすなわち、アメリカを敵に回すような事態を選択したということになる。韓国はアメリカよりも北朝鮮と中国を取ったのだろうか。ＧＳＯＭＩＡが共有し機密にする情報は対北朝鮮や中国の動向が多いから、そのようなものを継続したら、文政権の唯一の手柄である南北和解がすっ飛んでしまう。トランプに対しても役に立たない存在になる。

文在寅は、選挙民の顔色も窺っているだろうが、国際的には「日米」を捨てたことになる。それは結果的に習近平とプーチンを選んだことにもつながっていく。つまり韓国は「中露朝」３カ国側に付いたことに等しいのである。

8月20日に行われた中韓外相会談で、習近平の訪韓に対する議論がなされたと韓国の康京和外相が明らかにしている。アメリカはロシアとの中距離核戦力（ＩＮＦ）全廃条約から脱退し、その補強としてアメリカの中距離ミサイルを韓国に配備しようとしているが、中国側はその可能性に関して憂慮を伝えたと韓国では報道されている。韓国側は韓国に配備する可能性を否定したので、中韓の距離が縮まった。その上でのＧＳＯＭＩＡの破棄なのである。

習近平の高笑いが聞こえるようだ。

この詳細とさらなる真相は第七章で述べる。

第二章

ファーウェイを「解剖」する

一、「改革開放の申し子」ファーウェイ誕生の秘密に迫る

創設者「任正非」とは何者か

日本語で「ファーウェイ」と呼ばれている「華為」のフルネームは「華為技術有限公司」で、英文名は Huawei Technologies Co. Ltd. である。英語圏ではHUAWEI（ホァーウェイ）で通っており、日本では「ファーウェイ」が一般的だ。

本来「華為」は中国語ピンインで［hua-wei］（ホァーウェイ）と発音するので、日本文字で表現するには「ホァーウェイ」と書くべきなのだが、どうやら日本支社を創る時に「ファーウェイ」としてしまったらしい。本書の「おわりに」に書いてあるように、実はファーウェイ・ジャパンを取材したのだが、その際「なぜ中国語の発音通り『ホァーウェイ』とせずに『ファーウェイ』としたのか」を聞いたら、「えっ、それが何か問題がありますか？」とキョトンとし、「私は由来は知らないのですが、日本人はホァーウェイって言えますか？」と聞いてきたので、もうバカバカしくなって、その後は「ファーウェイ」と言うことにしている。

したがって本書では「ファーウェイ」で通す。

ファーウェイを創設した任正非《にんせいひ》氏は、1944年に貴州省の最も辺鄙な少数民族地区で、7人兄弟姉妹の長男として生まれた。両親は田舎の教師だったが家は貧乏で、藁《わら》を敷布団にして、1枚の掛け布団を3人で使うという状態だったと、任正非自身が書いている。

彼が書いた自叙伝的エッセイ『私の父と母』によれば、両親は子供たちに教育を受けさせたいと、1人につき2、3元（人民元）はかかる学費を納めるために、隣近所や親戚に借金をして回ったが、時には貸してもらえないこともあった。子供たちは冬着1枚しか持っておらず、真夏の暑い日でも分厚い上着を着ていたという。シャツを初めて買ってもらったのが大学受験をするときで、思わず泣いてしまったそうだ。

そのような極貧の中でも両親は子供の教育にすべてを懸けたため、1963年、任正非は重慶建築工程学院（現在の重慶大学）に入学した。あと1年で卒業できる時になって文化大革命（文革、1966年~76年）が起きてしまう。母親は教員をしているとはいえ、高校卒の学歴しかなかったが、それでも一応「知識人」の範疇《はんちゅう》に入ることから、父親同様、逮捕投獄されてしまう。文革では知識人は「革命的精神に反する」として辺境の地に下放されたり投獄されたりした。

あわてて投獄先の労働改造所に行くと、父親は「私のことに構わず、どんなことがあっても勉学に励んでくれ」と息子を諭《さと》した。「ここにいたら、お前まで捕まってしまう。後生だからすぐに重慶に戻ってくれ」という父親の必死の懇願に負け、任正非は再び重慶に戻った。

そして建築以外に、思想、哲学、語学および電子計算機やデジタル技術などの専門書を読んで独学で学んだ。と言っても、文革時代のこと。一冊の参考書があれば上等という状況だったから、ITに関しては、独学したと言ってもたかだか知れているだろう。

文革勃発と同時に、すべての高等教育機関は閉鎖されてしまったのだが、大学の最終学年に滑り込む寸前だったので、なんとか大学を卒業できた。しかし大卒者は知識人として迫害される。そのとき唯一、迫害されない道があった。

「工農兵」といって「工人（工場労働者）、農民および兵隊」だけは迫害から逃れることができたのである。そこで任正非は兵隊になって難を逃れようと中国人民解放軍に入隊する。入隊すれば衣食住は軍隊が負担するので、生活にも困らない。入隊の時に身体検査や面接試験のようなものがある。重慶建築工程学院で学んだことを告げると、「基礎建築兵」に配属された。「工程兵」の一種だ。

最初の仕事はフランスの建築会社のプロジェクトを手伝うことだった。1964年にいち早く中国と国交を結んでいたフランスは、Debnis Svesim company という化繊工場の施設を中国の東北にある遼寧省に建設しようとしていたので、その完成のために派遣されたのだった。建築工学に関する技術が高かったので、やがて技術員、工程師、副所長になり、軍としてのいかなる軍階もないまま「解雇」されたのである。

というのも、改革開放（1978年12月）を宣言した中国は、ほどなく中国人民解放軍を1000万人も削減したからだ。

改革開放の総設計師と言われた当時の指導者・鄧小平は、1979年に中国人民解放軍の兵士の規模が圧倒的に優越すると自負してベトナムに侵攻した。ベトナムが中国の友好国であったカンボジアを攻撃したからというのが中国の言い分だ。しかしベトナム戦争で疲弊していたはずのベトナム軍を中国人民解放軍は打ち負かすことができず撤退。事実上の敗北だった。

そこで鄧小平は、無駄な兵士にただ飯を食わせているわけにはいかないとして、中国人民解放軍を100万人も削減することにしたのだ。1980年代初頭はこの解放軍削減問題で党内が揺れ動いたが、まず1983年から「工程兵」に分類される兵士を解雇した。1985年には残りのすべての兵士を完全解雇することが、同年5月23日に開催された中共中央軍事委員会拡大会議で決議され実行された。

任正非は「建築兵」という「工程兵」なので、1983年に解雇されている。

行くあてがなかったが、そのときの妻・孟軍の父親が、深圳にある南海石油集団・後方勤務サービス部門に配属した。しかし「仕事の内容があまりに面白くなかったから」という表面上の理由で、この会社を辞職してファーウェイを創設するという物語になっている。だが、この「面白くなかった」という理由を、詳細に考察しないとファーウェイの正体は見えてこない。

最初の妻（孟晩舟の母）の背後にある政治権力への「嫌悪感」

実は任正非の最初の妻、孟軍の父親・孟東波は当時、四川省の副省長になっていた。孟東波の上司は、なんと建国以来国務院総理だった周恩来の秘書を務めていた楊超で、このとき四川省のナンバーワン、すなわち中国共産党四川省委員会の「書記」をしていたのである。文革時代には2人とも多くの関係者が労働改造所などに入れられていただろうが、1976年に毛沢東が逝去して文革が終わると、次々に釈放されて、それなりに高い地位に戻っていた。

リストラされた解放軍は100万人もいたので、そのすべてに再就職先を見つけてあげることなどできない。

そこで孟東波は任正非の再就職先として深圳にある南海石油集団・後方勤務サービス基地をあてがってあげたのである。なぜなら、その本社である南海石油集団には、1982年に娘の孟軍をすでに経営者側の幹部として就かせていたからだ。任正非は翌年、その下請け会社のサービス部門に配属されたのである。

妻が上司で、夫はその下請け会社のサービス部門で働く。

「面白い」はずがないだろう。

しかし、妻の父親には頭が上がらない。こんな「面白くない」日々はないはずだ。

そこで任正非は1987年にこの会社を辞職した。

辞職と同時に、孟軍と離婚していることに注目したい。

「もう、頭の上がらない家庭生活も職場もコリゴリだ!」という声が聞こえてきそうだ。

このときに、もう一つ注目しなければならないことがある。

それは任正非がなんと、1987年まで中国共産党全国代表大会(いわゆる党大会)の代表の1人だったという事実だ。

前掲の『私の父と母』の中で、任正非は次のように述懐している。

——1978年3月、私は全国科学大会に出席しました。参加者は全国の各領域から選ばれた代表6000人で、その中で35歳以下は、わずか150人でした。私は33歳で、軍隊から選ばれた代表の中で非党員はほんのわずかでした。

1978年の時点で、彼は「中国共産党員ではなかった」のである。

その彼が遂に中国共産党に入党したのは、父母の無実が証明されて、その調査証明書が届いたからだという。このとき初めて、中国共産党を信用することができたのだろう。

そしてその直後の1982年には、あの最高権威を持つ「党大会」の代表に選ばれている。

普通なら、こういうことは絶対にない！

絶対という言葉を用いても間違いではないほど、普通では「絶対に起き得ない事象」なのである。党大会の代表というのは、長年党員として勤め、その功労を認められて初めて選ばれる。党員になった瞬間に、「はい、代表です」などということは考えられないわけだ。

「代表」という言葉は、ピンと来ないかもしれないが、たとえば中国の立法機関として最高権限を持つ全国人民代表大会（全人代）の「代表」は、日本流にいえば「国会議員」に相当する。中国では「代表」という言葉を使うが、これは「議員」なのである。

ならば、なぜそのようなことが起きたのか。

それはひとえに、妻・孟軍の父親・孟東波の力であったという以外にない。その上司が四川省のトップ「書記」であるならば、起き得ることだ。何といっても周恩来の秘書であり、周恩来は鄧小平を終生にわたって守ってあげた人物だ。事実上の当時の中国の最高指導者であった鄧小平と、周恩来の秘書と、その部下（孟東波）。

その娘の夫をこともあろうに、あの輝かしい「党大会」に、入党と同時に代表として送り込むという芸当は、この「関係」があったならば、起こり得る。中国はそういう国なのだから。

この1982年も注目しなければならない年だ。同じ年に娘・孟軍を南海石油集団の幹部に送り込み、同時に、夫婦に平等なように、任正非には党大会の代表に当選するように水面下で動いてあげた。これで不満はあるまいという孟東波の判断だったのだろう。だから翌83年にリストラされたとき、せいぜい妻が本社幹部を務めている会社の下請けであったとしても、就職先があるだけでも満足してもらわないと困ると考えたにちがいない。

2018年12月にカナダで拘束されたファーウェイのCFOである孟晩舟は、孟軍と任正非の間に生まれた長女である。孟晩舟が1972年2月13日生まれであることを考えると、任正非と孟軍が結婚したのは1971年以前であることが推測され、まだ文革期であった。

ということは、孟軍の父親も任正非の父母同様、労働改造所に投獄されていただろうから、任正非と孟軍の2人は「平等な関係」にあったはずだ。文革が終わり、改革開放が始まって、双方の親が名誉回復をして社会に戻ってきた後から、事情が違ってきたにちがいない。

政治権力の力で動かされる嫌悪感は、妻の命令の下で働かされる屈辱から来ているだけでなく、おそらく政治権力によって自分の運命が左右されていることへの抵抗と考えていいだろう。政治権力から自分の人生を切り離すために、任正非は南海石油集団サービス部門を辞め、孟軍と離婚しただけでなく、党大会の代表への道も自ら断っている。

党大会の代表は5年間続くので、一九八七年までは辞められない。これを最後に、任正非はいかなる政治的身分をも獲得していない。自ら断ち切ったということだ。彼の強さはここにある。ファーウェイが今日のように成長した核心もここにあるので、この事実を見逃してはならない。このことに注目しないと、ファーウェイの正体を見極めることはできない。

その意味で「１９８７年」という年自体が重要だ。

「妻」と「政治権力」に決別し、小銭を掻き集めてファーウェイ創設

政治権力と自分の運命を切り離すために、任正非は仲間に呼びかけたり周りから借金をしたりなどして２万１０００人民元をかき集めて、１９８７年にファーウェイを創立した。日本円にして、わずか30万円そこその資本金しかない、小さな、小さな民間会社だ。６人ほどで持ち寄ったので、１人５万円ほどを出し合って創業したことになる。

技術がないので、最初は香港の電話交換機の代理販売から着手した。

というのは、中国では当時、固定電話の普及率は１％程度で、90年代初期でも10％に満たないほどだった。固定電話を購入するには、半年間ほどは待たなければならず、「あの家には何と、電話があるのよ！」ということが「羨ましい」から、ほとんど「憎らしい」というニュアンスで噂され、まるで「特権階級」の「罪人」のように周りから白い眼で見られたものだ。

改革開放前まではすべて国営企業なので、従業員はその企業の敷地内にある宿舎で生活していた。家賃はただ同然。改革開放がなされて90年代に入っても初期のころはまだ大学生たちも大学のキャンパス内に寮があり、食堂があり、売店もあったので、何もかも大学の敷地内で暮らしていた。だから電話というのは、ブロック化された管理区の管理人のところに１台あれば、後は内線番号切り替えとか、本当に声を出して呼び出すとか、いずれにせよ電話オペレーター

がいて、そこで敷地内の生活者の通信を担っていたのである。

しかし情報通信のニーズは高まるばかりだ。このような時代にあって、質のいい電話交換機のニーズは尋常ではなかった。

おまけに中国の技術ではなかなか追い付けないので、手っ取り早く外国のハイレベルの技術を駆使した電話交換機を代理販売するのは、「ブローカー」ではあるものの、実に効率の高い商売だったと言っていいだろう。

ファーウェイが香港から購入して中国国内で販売していたのは、小型記憶プログラム制御交換機、火災報知器、気泡分離機（排水処理、排水中の油分除去）などで、特に香港鴻年電子有限公司のＨＡＸ交換機の代理販売が主たる業務だった。

折しも中国政府は電子技術を改善するために輸入される設備に関して関税をそれまでの半分にするという決定を出していた。そういった事情も手伝い、「電話交換機の代理販売」が利益を出すということが分かった瞬間、同業者が爆発的に増えるようになり、過当競争が始まった。一時期は数百社にまで膨れ上がり、その98％が滅んでいったという。

この頃は国営企業の不振により、多くの従業員が「下崗《シャーガーン》」（現役の職位から下りる）という形で自宅待機を命ぜられ、至るところに失業者が溢れていた。なんとか食い扶ちを得ようと、雨後の竹の子のように小さな会社が立ち上がっては消えして淘汰されていく。農村から都会に出稼ぎにきた農民工は、仕事を得ようと駅の周りや大きなホテルの周りにたむろして、誰もが殺気立っていた。

その間に「国営企業」は株式会社化されて「国有企業」と名称を変えたが、それでも不振を食い止められず、民間企業が頭角を現し始めていた。

生き残りを賭けてしのぎを削っていた国有企業の中に、中興通訊股份有限公司（Zhongxing Telecommunication Equipment Corporation　以降ＺＴＥ）がある。ＺＴＥは、一九八五年に候為貴氏によって創設された中興半導体有限公司が発展し、１９９７年に現在の名称に至った国有企業だ。

１９４２年生まれの候為貴は、中国政府の航天（宇宙）６９１廠生産現場で働き、１９８０年初期にアメリカに派遣されて技術移転業務を担った。１９８５年に６９１廠の生産現場主任となり、同年、大陸と香港の合資公司を創立すべく深圳に派遣されてＺＴＥの基礎を創った経歴を持つ。

１９９６年に航天六九一廠と深圳広宇工業集団公司との共同投資で、「国有民営」という新しい経営スタイルを始めた。それでもなお、その成り立ちから今日に至るまで、ＺＴＥには完全に中国政府というバックボーンが存在している。要するに、れっきとした「国有企業」なのである。

二、国有企業ZTE vs.民間企業ファーウェイ

「貿工技」で発展したファーウェイと「技工貿」で発展したZTE

改革開放以来、中国のIT企業の発展パターンには大きく分けて「貿工技」と「技工貿」の二種類があると位置づけられてきた。

「貿工技」とは、「先ず貿易を通して代理販売などの手段により蓄財し、次に相手の技術を基にそれを加工して製品を製造販売するという段階に発展し、最終的には自分の企業内で技術を研究開発して自社製品を製造販売していく」という流れだ。

「技工貿」とは「先ず自社に独自の技術があり、その技術を基にして製品を加工して国内で製造販売し、最終的にそれを海外との貿易においても用いていく」というパターンである。

ファーウェイの場合は、明らかに「貿工技」で、先ず香港との貿易を通して相手の企業の製品を異なる場所（大陸）で代理販売をするということから会社経営が始まっている。仕入れ値と販売価格のわずかな差で利益を得るのだが、すさまじい国内のニーズにより会社は繁盛し、それなりの財を蓄えることができた。

それに比べて、ZTEの方は、最初から技術を持っており、それも国家機関の技術なので、最高レベルを誇っていたはずだ。したがって国内の通信機器のニーズに沿って、やはり先ず自社製のデジタル電話交換機の研究開発、そして製造販売と、「技工貿」の模範のようなパター

ンをたどって電話交換機産業への先駆的な役割を果たしていた。

ところが2年遅れで同じ深圳に、こともあろうに電話交換機という同じ産業領域で、ファーウェイが現れたのだ。それも、どうも淘汰されていく企業とは異なる粘り強さを持っている。なぜならファーウェイの任正非は早くからこのままでは淘汰されると直感し、研究開発に力を入れ始めていたからだ。この過当競争の中、98％の企業が潰れて消えていく中で、生き残るには研究開発に力を注いで、代理販売から脱却するしかない。

14人かそこらの従業員と、扇風機だけのボロアパートからの出発。夏は蚊に刺されながらも、任正非ははっぱをかけ、2000回線の交換機を自社開発することを目指した。すなわち1台の電話から2000カ所の内線番号につなぐことができる交換機のことである。

このとき既に任正非は「ファーウェイを世界一の先端技術の企業に持っていく」と言っていたので、周りは任正非のことを「任瘋子（クレイジー任）」と呼んで、誰も本気にしなかった。「悪い蚊にでも刺されたんだろう」と嘲笑したものだ。

しかし任正非は本気だった。

中国通信業界「七国八制」をファーウェイが制した理由

80年代末の中国の電話を中心とした通信技術業界を、「七国八制」と称する風潮があった。

7カ国から成る8種類の方式（中国語では制式）という意味だが、7カ国は「日本（NEC、富士通）、アメリカ（Lucent）、カナダ（ノーテル）、スウェーデン（エリクソン）、ドイツ（シーメンス）、ベルギー（BTM）、フランス（ALCATEL）」で、日本だけは二つの方式（NECと富士通）が進出していたので、中国の庶民はこれを以て、「八国聯軍」になぞらえていた。つまり1900年に義和団の乱のときに「オーストリア、フランス、ドイツ、イタリア、日本、ロシア、イギリス、アメリカ」の8カ国連合軍が北京の外交公使館を包囲した事件があったが、1980年代末期における中国の電話通信事業は、まさに海外の通信会社が中国に乗り込んで包囲し、中国を席巻しているような状況だったのである。

そこで中国政府はこのままではまずいと考えて、通信技術の国有企業に力を入れるようになった。そして中国産の電話交換機の研究開発を進めろという号令をかけた。

最初に名乗りを上げたのは中国人民解放軍信息（情報）工程学院の鄔江興院長である。1991年、まだ38歳だった鄔江興は、郵電工業総公司という中国政府の行政部門とともにデジタル交換機HJD04の製造に成功している。この技術はやがて中央行政部門の一つである郵電部傘下の国有企業に移転されて、95年になってようやく産業化が実現している。

もう一つの国有企業の巨頭だったZTEもまた92年1月にはデジタル電話交換機ZX500Aの国産化に成功した。こうして国有企業が国家による大型投資で成長していく中、民間企業のファーウェイは、「蚊に刺されながら」孤軍奮闘していた。

香港のHAX交換機が故障した時とか定期的メインテナンスの時には、香港の鴻年公司から技術者が来る。その機会を逃さず、任正非はファーウェイの技術者をともなわせて、修理する部品の内部構造に目を光らせた。そして何度も失敗しては大きな損失を出しながらも、199

2年末から93年初頭にかけて、ファーウェイは2000回線デジタル電話交換機の製造に成功したのである。

次は1万回線のデジタル電話交換機に挑戦すると宣言したころのことだ。突然、いかなる金融機関もファーウェイに融資をしてくれなくなった。

邪魔をしていたのは、離婚した孟軍の父親とZTEだと言われている。

前述したように、孟軍の父親の孟東波の上司は周恩来の元秘書だった。鄧小平にとって周恩来は生涯の恩人である。

ZTEは国有企業なのだから中国政府そのもののようなもので、特に侯為貴は李鵬元国務院総理と親しかった。李鵬は1989年6月4日の天安門事件の時に、民主化を叫ぶ若者に向けて銃弾を浴びせることを許可した人物だ。

鄧小平と李鵬という、この2人の大物が背後にいて、その命令に従わない金融機関など一つもない。仕方なく大企業に資金を借りたところ、20％から30％の利子が付き、たちまち経営不振に陥ってしまった。

そこで任正非は従業員たちに跪《ひざまづ》き、「誰でもいいから一千万人民元、どこかから借りてきてくれれば、一年間働かなくても給料を支払う」と懇願したのである。

事実、従業員たちは様々なルートで融資を集めてきてくれたのだが、その資金を会社側が従業員から借り入れ、代わりに従業員へ株を「一株一元」で発行する、「社内融資」のような形を取った。このとき任正非は、「もし失敗したら飛び降り自殺をする」と従業員に誓いを立て

図2−1　人民網「中国金融60年大事記の1993年」

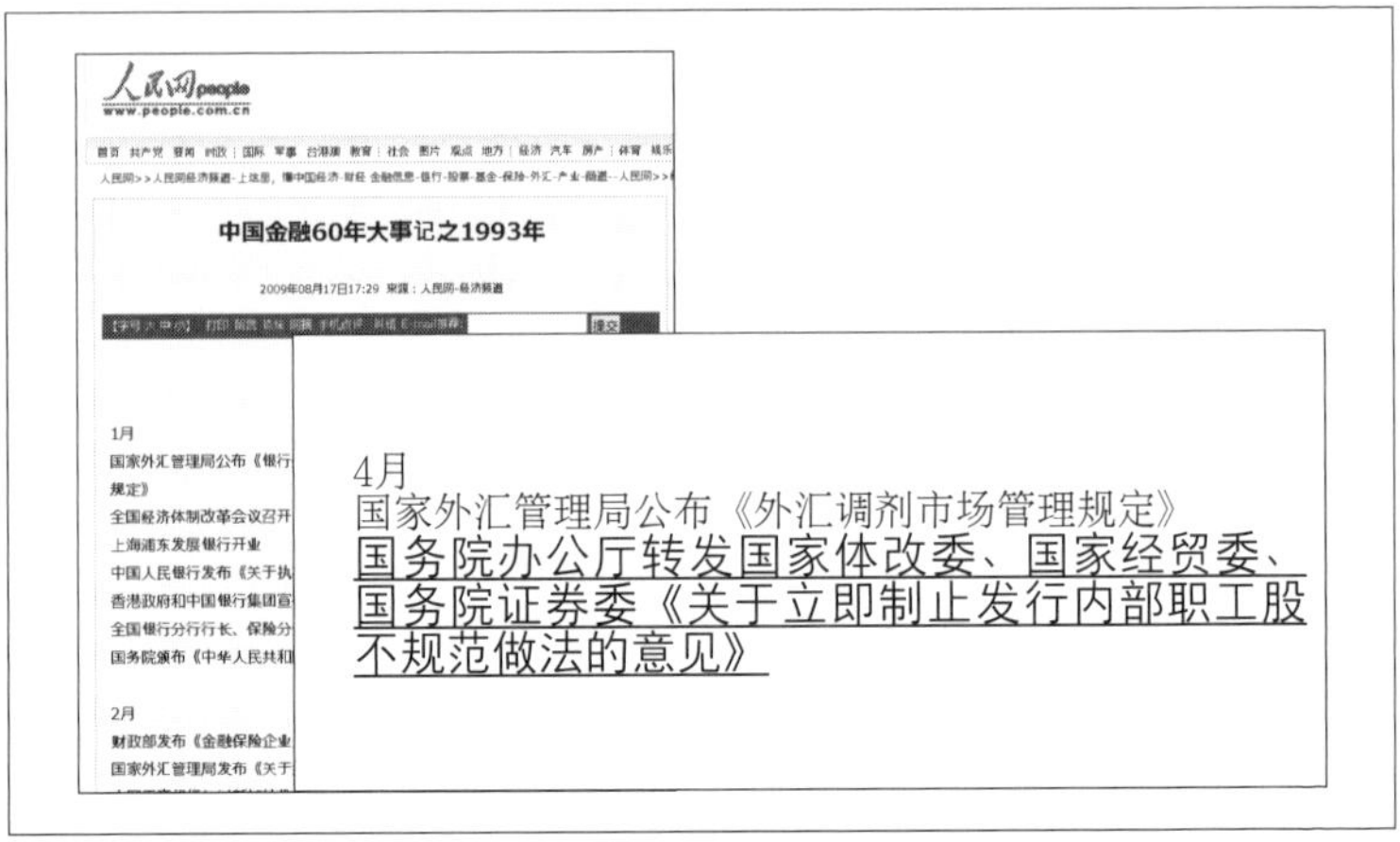

出典：人民網「経済チャンネル」

ている。

これがファーウェイの「従業員持ち株制度」の始まりだ。

ところが、業績にいくらか好転の兆しが見えたころ、ZTEが国務院（中国人民政府）にファーウェイの従業員持ち株制度を密告し、ファーウェイ潰しに動き始めた。

1993年、国務院弁公庁は国家経済体制改革委員会と国家経済貿易委員会および国務院証券委員会に対してファーウェイの「内部職工による持ち株制を即刻停止せよ」という命令書を発布した。従わなければ任正非を逮捕するというところまで事態は深刻化した。このときの国務院総理は、天安門事件で若者に銃口を向けさせた、あの李鵬だ（国務院総理：1987年〜1998年）。

その証拠は、たとえば2009年8月17日の人民網「経済チャンネル」に載っている「中国金融60年大事記　1993年」の4月の欄などに見出すことができる。

そこには、国務院弁公庁が、国家経済体制改革委員会と国家経済貿易委員会および国務院証券委員会に発布した「内部職工による持ち株制を即刻停止せよ」という正式な国務院令の記録が残っている。**図2―1**に示すのは、人民網にある「中国金融60年大事記の1993年」の一部である。「内部职工股」とは「従業員持ち株制度」のことである。「人民網」というのは中国共産党機関紙「人民日報」の電子版を指す。

中国政府に虐められて、中国の銀行からの融資を受けることができずに従業員（内部職工）に跪いて、どこかから融資を持ってきてくれることを頼んだのが、ファーウェイの従業員持ち株制度の始まりだった。

だからファーウェイは中国を飛び出し、海外に発展の可能性を求めるしか道がなかったのである。海外の銀行がファーウェイに融資してくれた。ファーウェイが今日まで融資を受けた金融機関のほとんどは中国以外の国の銀行であって、中国の商業銀行からの融資の割合さえ、その値は極端に小さい。

ZTEとファーウェイの対立は、改革開放後の国有企業と民間企業の対立であったということもできる。

候為貴は1942年生まれで、1985年に国有企業創業。

任正非は1944年生まれで、1987年に民間企業創業。

どこからどう見ても、非常に良い対照をなしている。2人ともまだ子供だった時代に新中国、すなわち中華人民共和国の誕生という高揚感のある光景を経験し、大飢饉や文革という恐ろしい時代をも乗り越えてきたはずだ。そして社会主義の国家が金儲けをしてもいいという、信じられないような社会の転換を受け止めてきたのである。

改革開放後に中国の多くの起業家たちが雨後のタケノコのように生まれては消え生まれては消えていったが、その中で生き残った民間企業もあり、民間企業はつねに同業の国有企業と闘わなければならなかった。ファーウェイとZTEの闘いは、その縮図のようなものだ。

ただ少し異なるのは、現役を引退した候為貴が、「ライバル相手がいなかったら、ここまで戦ってこられたかどうかは疑問だ」と述懐していることである。根性のある者同士が、闘志を燃やしたという側面もあったのかもしれない。庶民はこれを「30年戦争」と呼んでいる。

三、「ファーウェイは政府の支援を受けている」は本当か？

朱鎔基の国家資金援助を断ったファーウェイ

もう一つ、改革開放後の民間企業と国家との関係において他の例と異なるのは、このとき当時の朱鎔基《しゅようき》国務院副総理がファーウェイに支援の手を差し伸べたというのに、任正非がそれを断ってしまったことである。

資金が得られなくて困っていると知った朱鎔基はファーウェイを視察し、任正非の志に感動して、「3億人民元を国が用立ててあげる」と国家の融資を申し出たのである。

ところがなんと、任正非はそれを断る。

「国がバックボーンにあると、自由に動けなくなるから」というのが理由だ。妻との上下関係が、よほど懲りたのだろう。

このことに感動した深圳市政府が、今度は「深圳市公司内部職員持ち株規定」を発布して、ファーウェイを応援した。

任正非が朱鎔基の申し出を断ったことに関して、多くの証言者がいる。証言しているのは当時の国家指導層の職にあった人物たちだ。

まず、その一。

2013年12月25日の環球網（「人民日報」傘下の「環球時報」の電子版）は「国家エネルギー局元局長：華為はかつて国家の資金支援を拒絶した」という見出しで、大きな記事を書いている。中国語ではファーウェイは「華為」なので、記事の解説では「華為」表記を用いる。

第13回「中国経済論壇（フォーラム）」が2013年12月25日に北京で開催された。そのフォーラムで国家エネルギー局の張国宝・元局長がスピーチして、「かつて、朱鎔基総理は華為を視察し、政府は華為に3億元を融資してもいいと言いました。しかし華為は、この好意を拒否したのです」と語っている。

以下に張国宝の講演要旨（「環球網」記事の概要）を記す。

――改革開放が始まったころ、私は何名かの指導者とともにいくつかの国を視察しました。

日本ではデジタル（電話）交換機を集中的に視察しました。日本ではアナログ交換機はもう使われなくなっていました。それはちょうど、数名の人が華為を創設した頃のことでした。カナダではノーテルを視察しました。アメリカとの国境近くにある風光明媚な場所に、４０００人もの研究者たちが研究開発に没頭していて、その中にはアメリカやカナダに留学した中国人たちもいました。そのとき私は大きなショックを受けて、このような光景は、私が生きている間には中国では実現し得ないだろうと思いました。しかし私のその落胆は間違っていました。現在の華為を見てください。とっくの間にノーテルを追い越し、もうノーテルはなくなったも同然なのです。

華為は、なぜこのようなことができたのでしょうか？

——いくつかの資料を調べてみたのですが、華為の２０１２年の販売収入は２２０１億人民元ですが、そのうちの３００億人民元を研究開発に使っているのです。これは収入の13・７％に相当します。一般的に国際社会における企業では、研究開発に３％も使えば十分で、５％ならなおさらいいでしょうが、13・７％も使う企業はめったにありません。

同時に華為は知的財産権がある技術を持つことの重要性を認識し、「特許技術戦略」を展開しています。だから年中裁判を起こしているのですが、２０１２年末における華為の特許申請数は４１９４８件で、そのうち中国で申請した特許数は１４４９４件。結果的に３０２４０件の特許を取得しています。だからこそ華為は、世界が注目するようなハイテク企業に成長したのだと思いますが、しかし、それだけではない、何かほかの要素があるように私には思われてなりません。

――華為は、（中国）政府に特に支援してもらおうとは思ってないという側面を持っています。これはイノベーションには非常に重要なことなのかもしれません。

実は、華為がまだ名も知れぬ小さな企業だった時に、朱鎔基総理が華為を視察に行ったことがあります。そのとき朱鎔基は華為がとても気に入り、「もしあなたが何かこうやってほしいというような要望があったら、何でも私に言ってください。私はあなたを支援します。もし資金に関して厳しいようなら、私はあなたに3億人民元を融資します。どうでしょうか？」と任正非に言いました。

すると任正非はその場では「はいはい」と答えましたが、私はその場にいたのですが、どうも「その気はない」としか見えませんでした。案の定、戻ってきて朱鎔基の指示に従って任正非に融資するための手続きをしようとしたところ、任正非から「要らない」という返事が来たのです。「私はあなた方（政府）と、深い関りを持ちたくない」と言ったのですよ。

現在に至るも（2013年の時点でも）華為は上場していません。華為は決して政府と密接な関係になることを今も望んでいないのです。それどころか、逆に（離れていることによって）イノベーションの上で、いろいろな工夫をしているのです。

以上がスピーチの大まかな内容だ。

このスピーチにより、張国宝は朱鎔基とともにファーウェイを視察し、目の前で朱鎔基の発言を聞き、任正非の反応を目撃し、しかも融資しようとしたときに任正非が断ったことを直接聞いている人物だったということが判明した。

これ以上に説得力のある生き証人はいないだろう。

最も信憑性の高い、リアリティのある証言だ。おまけに張国宝は、ファーウェイが「中国政府と距離を置いていたがゆえに成長したのだ」ということを認めている。これこそが肝要だ。この現実を直視しなければ、現状も理解できないし、未来予測もできない。

この言葉はおそらく後世に残り、いま中国で何が起きているのか、そしていま日本は何をしようとしているのかを知らしめてくれる、またとない証言となるだろう。

日本の少なからぬチャイナ・ウォッチャーや外交評論家などが、「ファーウェイは最初から軍の支援を受けていたスパイ機関だ」とか「中国政府と結びついていなかったら、あんなに成長できるはずがない」など、物知り顔に述べているが、このようなことでは日本を誤導し、日本の国益を結果的には損ねることにつながるのではないだろうか。

「ファーウェイは社会主義に反する」告発の真偽

さて、二つ目。

元国家経済体制改革委員会の副主任だった高尚全氏が当時を振り返り「1997年時の第15回党大会報告書草案作成の時に、華為は社会主義に反することをしているという内部告発があり、視察に行ったことがあります」と、のちに述べている。

高尚全は続けた。

――だが結果は、民営企業として合法的であるとして、わざわざ第15回党大会の報告書に「新興の株合作制度は労働者の労働と資本を聯合させた新しい集団経済の実現方法の一種である」という文言を盛り込んだほどなのです。

これが事実であることは第15回党大会の報告（江沢民の演説）を見れば確認できる。国からは1円たりとももらわないとした方針を貫いた任正非を、従業員たちは応援して支え、人民もまた「国家vs.人民」という対立軸で、民営を貫いた任正非を応援した。

今もなお、任正非の持ち株は1・3％で、残りの98・7％の株主は全て従業員である。だから従業員の働くモチベーションを高め、優秀で若い人材を惹きつけていく。会社の収益が増えれば、給料以外に株の収益が従業員のポケットに入るのだから、なんとしても会社全体を成長させ発展させていこうと思うだろう。こうして働くモチベーションをこの上なく高めてくれるにちがいない。

なお、これだけ多くの当事者（政府指導層）が「任正非は朱鎔基の支援を断った」と証言しているのに、非常に残念なことに2004年5月に当代中国出版社から出版された『華為真相』は、「朱鎔基が数名の銀行関係者を引き連れて華為を視察し、3億人民元を中国政府が融資すると言ったため、華為はその融資を受けることになって発展していった」と、まったく事実無根のことを書いている。

この本の著者たち（程東升、劉麗麗）のために弁解してあげるなら、任正非は長いことメディアに出ることを極端に嫌い、社員たちにも絶対にメディアに露出するなと言い渡していた。そのため取材しようにも遠い周辺からしか情報を得ることができず、かなり間違った情報が盛り込まれる結果になったのだろう。それでも闇に閉ざされていたファーウェイのことを知りたいという庶民が多かったためか、この本は100万部ベストセラーとなっている。

四、ファーウェイと中国政府の「攻防」

CFO拘束の裏で暗躍する「謎のユダヤ人」の正体

こんなにまで融資が得られなかった中、1993年にはファーウェイは念願だった1万回線のデジタル電話交換機C&C08型の製造に成功した。94年2月には中国政府による審査鑑定にも合格して、大量販売に踏み切った。それ以降2000回線は過去のものとなり、1万回線が主流となっていく。98年のデータでは、電話交換機市場でファーウェイが30%のシェアを占めるに至っている。

当然のことながらZTEは猛然とファーウェイに闘いを挑み、それは年月を重ねるにしたがって陰湿さを増していった。

たとえば2003年にインドのMTNL（マハナガール・テレフォン・ニガム）社に対する

入札において、ZTEが政府の力を借りてファーウェイの技術レベルに関する内部事情を探り出し、インド側に密告してZTEが落札に成功したという例がある。

さらには2018年12月にファーウェイの孟晩舟CFOが拘束された後、中国大陸以外の中文メディアではZTEに関する不穏な情報が飛び交っている。それは概ね以下のような内容だ。

――2011年10月、ZTEはユダヤ系アメリカ人の Ashley Kyle Yablon 氏（以下ヤブロン）をアメリカ支社の法律顧問として採用した。しかし困った時にZTEを守るために雇用されたはずのヤブロンは、守るためには会社の内部情報を全て掌握しなければならないということを口実としてZTEの「極秘文書」を閲覧した。そのときZTEが、アメリカが禁止している電子機器を架空会社を通してイランに売却していることが分かった。それを指摘すると、ZTEの経営者側が「表沙汰にしないように」とヤブロンに頼んできた。ヤブロンが断わると、ZTE側はヤブロンの業務活動を凍結してしまったとのこと。

そこでヤブロンは2012年5月に、FBIにZTEの内部事情を告発した。今般の華為CFO孟晩舟の逮捕は、これまでの流れから見て、「ZTEがアメリカに密告したと見るべきではないか」。その証拠に、ヤブロンが押さえたZTEの秘密文書の中に、「F7」という会社名があって、どうやら、これが華為のことらしい。そこには「F7」は、2010年末に、イランの電子通信会社（TCI）の子会社であるイラン移動通信会社（MCI）にアメリカのヒューレット・パッカード社製のコンピュータを販売する案を提出していたという記録がある。華為は２０１１年にはその提案を撤回したようだが、ほかにも多岐にわたって華為の内部情報が書いてある。

さらにロイター社によれば、ヤブロンは華為の法律顧問でもあったという。こんなに「きれいに（単純に？）」展開するストーリーというものが、あるだろうか？　ヤブロンこそが逆に、アメリカ政府が雇用したスパイである可能性がなくはないと、誰でも推測してしまうだろう。「デキ過ぎ」ている。

一方、香港のリベラルなメディア「リンゴ日報」やワシントンあるいはニューヨークにある中文メディアなどが「それらの情報をＺＴＥが司法取引としてアメリカ側に密告したのだ」と報じている。

何とも陰湿だ。

しかし、この陰湿さは、単に国有企業ＺＴＥと民間企業ファーウェイ間の話ではなく、中国政府のファーウェイに対する、不可解なほど冷たい位置づけにも表れているのである。

改革開放40周年記念「１００人リスト」の怪

２０１８年12月18日、北京にある人民大会堂で改革開放40周年記念大会が開催され、この40年間、改革開放に貢献した１００人の傑出人物が表彰された。１００人は、「民間企業、科学者、教員、医者、農民工……」など、多岐にわたる分野から選ばれており、民間企業はさらにインターネット、自動車、ハイテク産業……など、いくつかの細分化した分野から各代表を選んでいる。その中に、まさに改革開放とともに歩んできて、典型的な小さな企業から国際的に1、2を争う大企業にまで成長したファーウェイの任正非の名が入っていないことは国内外の中国人を驚かせた。

では、なぜ任正非は選に漏れたのだろうか？

表彰された人物と任正非との違いを、数例を取って、まずは「中国共産党あるいは中国政府に関する肩書との関係」において比較してみよう。

●レノボ（聯想）の柳傳志：第16回党大会（2002年）・第17回党大会（2007年）代表、第9期（1998年）・第10期（2003年）・第11期（2008年）全人代代表など。

●テンセントの馬化騰：現役の全人代代表、現役の中華青年聯合会（中国共産主義青年団の組織の一つ）副主席など。

●バイドゥ（百度）の李彦宏：第12期全国政治協商会議（2013年～2018年）代表、第11期中華全国工商業連合会（2012年）副主席、第8期北京市科学技術協会（2018年）副主席など。

●GEELY（吉利集団）の李書福：現役の全人代代表、第11期（2008年～2013年）・第12期（2013年～2018年）全国政治協商会議代表、現役の浙江省工商聯副主席など。

●ファーウェイの任正非：第12回党大会代表（1982年～1987年）。それ以降なし。

このように任正非以外は、何らかの形で中国共産党の党大会や中国政府（国務院）系列の全人代あるいは全国政治協商会議の代表として、複数回肩書を持ち、党や政府と関連を持っている。一般に出世しようと思う人間は、党や政府に近づくことを好むものだ。

しかしこれまで見てきたように任正非は違う。むしろ、党や政府に近づくまいとするのが、彼の特徴なのである。そして前述のように1987年以降は一切、党や政府と関わらないようにしている。

一説には任正非が辞退したとも言われているので、「おわりに」で書いたようにファーウェイ・ジャパンを取材した際に確認してみた。すると言いにくそうに「たしかにリストに載っていませんでした」と、うつむきながら答えた。辞退ではないということだろう。そこで、100人リストに入らなかったことに関して中国政府の元高官に聞いてみた。すると、以下のような回答が戻ってきた。

――そりゃあ国企（グォーチー。国有企業）と仲が悪いので、政府が困っていないわけではないですよ。しかし競争するのはいいことです。互いに相手よりも成長しようとして、結果的には中国を発展させてくれますからね。それに高い税金を国に収めてくれているので、国家にとってはありがたい存在だという一面もあります。国が投資している国有企業は効率が悪くて、投資していない民営企業の方が効率が良いというのは、中国政府にとっても参考にならないわけではないですがね……。

中国国家AI戦略「BATIS」からなぜファーウェイが外されたのか

２０１７年7月、国務院（中国人民政府）は「新一代人工智能発展計画」（次世代ＡＩ発展計画）を発布した。これは２０１５年5月に発布した国家戦略「中国製造２０２５」を補完するＡＩ戦略に特化した計画である。

計画は3段階に分かれている。完遂時期に関しては、次の通りだ。

第一段階：２０２０年までに世界水準に達し、ＡＩが新時代経済成長のエンジンとなる。
第二段階：２０２５年までに中国の一部のＡＩ技術が世界をリードする。
第三段階：２０３０年までに中国のＡＩ総合力を世界トップに持って行き、中国を世界の「ＡＩイノベーションセンター」にする。

産業規模については、次のようになっている。

第一段階：1兆元（16・26兆円）（執筆段階のレート）
第二段階：5兆元（81・3兆円）
第三段階：10兆元（約１６２・６兆円）

第一段階の行動計画を、２０１７年12月14日、中国の中央行政の一つである「工業和信息化部（工業と情報化部）」（略称：工信部）は〈工信部科［２０１７］３１５号〉として「新世代ＡＩ産業発展3年行動計画」を発表した。

主たる目的が「サイバー空間における国家安全」であることは、このウェブサイトの一番上に書いてある担当部局名から明らかだ。そこには「中共中央網絡（インターネット）安全と信息（情報）会委員会弁公室」（Office of the Central Cyberspace Affairs Commission）と「中華人民共和国国家互聯網（インターネット）信息（情報）弁公室」（Cyberspace Administration of China）という文字が大きく示されている。

中国政府はさらに「国家ＡＩ戦略実現のためのプラットフォーム」を指定した。指定されたのは、以下に示す、領域別の中国最先端5大企業である。

①百度（Baidu）：自動運転（スマートカー）
②アリババ（Alibaba）：都市ブレーン（スマートシティ）
③テンセント（Tencent）：医療画像認識（ヘルスケア）
④アイフライテック（Iflytek　科大訊飛）：音声認識
⑤センスタイム（Sense Time　商湯科技）：顔認識

これら国家指定の5大企業を、その英文の頭文字を取って「ＢＡＴＩＳ（バーティス）」と称する。

ここで注目しなければならないのは、その5大企業の中に、ファーウェイ（Huawei）の「H」が入っていないことだ。

なぜ5社から、ＡＩ半導体チップで最先端を行っているファーウェイが除外されたのか。

２０１８年4月、Compass Intelligence 社が、ＡＩ半導体チップ企業の世界ランキングに関する調査結果を出している。但し、ＡＩ半導体チップはまだ生産が始まったばかりであるため、売上高などでランキングを決めることができないので、企業の履歴分析や特性などにより分析を試みた結果であるという。セミコンポータル（semiconportal）という日本語のサイトに〈AI半導体チップの新たなランキングが登場〉という記事があり、そこに世界トップ15の企業名が貼り付けてある。

それによれば、ランキングの「12」のところにHuawei（HiSilicon）という企業名がある。HiSilicon（ハイリシコン）は華為の中にある研究部門が独立して2004年に誕生した、ファーウェイのみのための半導体メーカーである。外販しない。

半導体に関しては中国国内でトップであるだけでなく、中国で唯一、アメリカの大手半導体メーカーであるクァルコムと肩を並べ得るメーカーだ。次の節で詳述するが、5Gにおいてもクァルコムと同等に競争している。また、AI半導体チップに関して世界と戦える中国の唯一の半導体メーカーは、ファーウェイのハイシリコンだけであることが、このAIチップセットのランキングを見れば歴然としている。

それなのにAI巨大戦略を動かすために中国政府が指名した5大企業の中にファーウェイが入っていない。ことほど左様に、中国政府はつい最近まで、ファーウェイを「敵視」とまではいかないが、中国政府側に引き寄せようとはしてこなかったのである。

中国政府とファーウェイ急接近の謎

だというのに、2019年に入ってから、中国政府とファーウェイは急に接近し始めた。

中国政府中央行政省庁の一つである工信部（中華人民共和国工業と信息化部、信息＝情報）

は２０１９年3月1日に国家広播電視（テレビ）総局と中央広播電視総台（台＝局）とともに、「超高清（スーパーハイビジョン）視頻（映像）産業発展行動計画（２０１９―２０２２）」（工信部聯電子〔２０１９〕56号）を発布した（以下、「行動計画」）。「５Ｇ」と「４Ｋ」および「８Ｋ」を中心とした最新バージョンだ。

これに関して4月9日、中央テレビ局ＣＣＴＶは最近立ち上げた「行動計画」の中で、ファーウェイを政府指定の協力プラットフォームとして挙げたのだ。

ほかに中国移動（China Mobile）、中国電信（China Telecom）、中国聯通（China Unicom）という中国3大電信があるが、ファーウェイを中国政府が協力民間企業として指名したのは、これが初めてのことである。

「行動計画」では、２０２０年までに、まずは解像度「４Ｋ」が放映できる条件を整えた都市を選定して実行し、２０２２年の北京冬季オリンピックまでには解像度「８Ｋ」を普及させていく計画であるという。もちろん次世代通信規格「５Ｇ」を今年中に落着させる。自動運転やＩｏＴなども含めた全ての通信インフラ産業の総体的規模は4兆元（4月10日の為替1元＝16・55円に基づけば、66・2兆円）に達するという。

中国政府とファーウェイへの急接近の原因は、もちろん米中貿易戦争にあり、たとえ民間企業でも、中国のトップを行くファーウェイを、中国政府側に引き寄せずにはいられないところに追い込まれたという側面があるのは確かだ。その直接的原因の一つは、まさに「はじめに」で述べ、次章でも詳述する、同年4月3日に発表された米国防報告書にある。

しかし実は、それ以外にも任正非がハイシリコンの5G半導体をアップルに売ってもいいと言い出した事件があり、ひょっとしたらファーウェイは海外に逃げてしまうのではないかと習近平政権が警戒したという事情もある。というのもアップルは長年にわたりクァルコムからのみ半導体を購入していたが、リスク回避のためにインテルからも購入するようになっていた。そのことを不快に思ったクァルコムはアップルを別件で提訴したため、アップルはインテルからしか半導体を購入することができない状況に陥った。しかしインテルは4Gに関しては得意だが、5Gに関しては開発が遅れている。このままではアメリカはファーウェイに負け続ける。そのため4月3日の米国防報告書を知ったトランプ大統領がアップルとクァルコムを和解させるべく、204億ドルの基金を民間企業に投資する方針を決めた。すると効果覿面《てきめん》。突如アップルとクァルコムは和解したのだ。一方ではハイシリコンの半導体はファーウェイ以外には販売しない絶対的ルールがあったのに、なぜ任正非は「アップルになら売ってもいい」と言い始めたのかに関しては、これもまた複雑な事情があった。

アメリカはファーウェイのスマホは危険だと言っているので、それならその主要な素地となっているハイシリコンの半導体をアップルが使えば、アメリカはアップル製品を危険だとして退けられるのか。こういったアメリカへの抗議手段が「アップルになら売ってもいい」というメッセージには込められていた。アップルが5G半導体の入手ができなくて困っているという状況に素早く手を差し伸べたという弁解もできる。

しかし中国では「中国政府や中国のIT企業の仲間たちにはハイシリコンの半導体を売らな

いのに、なぜアップルにだけは売るのか」という非難が巻き起こっていた。「ここまで行くと、中華民族の裏切り者だ」という誹謗さえ中国大陸のネットでは見受けられた。

危ないと思った中国政府が、戦略的にファーウェイを中国政府側に引き寄せたというのが実態だ。

4月10日前後、米中の5Gを巡る攻防は、水面下で熾烈を極めていたのである。

なお、それまで中国外交部がアメリカのファーウェイ攻撃に対して激しく抗議していたのは、習近平の任正非に対するメッセージで、「こんなにお前のために抗議してあげているんだから、いい加減で俺の前に跪け」と迫っていたわけだが、これ以降、特に5月15日にエンティティ・リストに載ってからは、ファーウェイと中国政府の距離は一気に縮まった。

五、5Gで世界をリードするファーウェイ

子会社ハイシリコン「半導体1位」の衝撃

それではファーウェイの半導体は今、どれくらい強くなっているのかを見てみよう。

台湾の市場動向調査会社であるTrend Forceは、毎年、中国国内におけるファブレス半導体業界の成長ランキングなどを発表してくれるので、実にありがたい。**図2-2**に示すのは2019年2月に発表された「2018年中国ファブレス半導体業界収益ランキング」である。

ダントツの1位にあるのはファーウェイの子会社「ハイシリコン（HiSilicon）」で、成長率はなんと前年度比で30・0％。現在、世界でここまでの成長率を見せている企業はめったにないと言っていいほど高い。

ハイシリコンの誕生に関しては拙著『「中国製造2025」の衝撃』で詳述したが、ざっとおさらいをしておこう。

ハイシリコンはもともとファーウェイの研究開発を担う一部局（半導体チップデザイン業務）だった。その部局の責任者（総工程師）の名前は何庭波。1969年生まれの女性だ。

2004年に独立してハイシリコン（中国語で海思半導体有限公司。英語でHiSilicon Technology Co.,Ltd）という半導体の設計だけを行う会社を立ち上げ、その製品は外販せずにファーウェイに対してのみ提供するという形を取り始めた。それならファーウェイの一研究開発部局のままでいてもいいのではないかと思うが、彼女は次のように説明している。

「華為の一部局だと、たとえば顧客と約束した期限までの納入とか相手が要求しているデザインとか、さまざまな制限を会社全体として受ける制約の中で、研究開発部局がそれに合せていかなければならない。それでは純粋な研究開発に特化して、制限を受けずに世界の最先端を目指す新しいものを創りあげていくことができない。だから独立を提案した」

任正非同様、何庭波もめったにマスコミには顔を出さないが、これに関しては意思表示している。

何庭波は北京郵電大学で修士学位を取得したあと、1996年にファーウェイに入社している。この北京郵電大学というのは非常に特殊な大学だ。

実は、アメリカのファブレス半導体メーカーとしてトップを行くクァルコム（Qualcomm）社は、早くから中国に根差して発展してきた。1985年にアメリカのカリフォルニア州で創立すると、その直後からキッシンジャー・アソシエイツを通して中国に進出していた。1989年6月4日に起きた天安門事件でアメリカを中心とした西側諸国が中国に対する経済封鎖を始めると、暫時、中国におけるビジネス展開を中止していたが、1992年の日本の天皇陛下訪中により西側諸国の経済封鎖が解除されるや、すぐさま中国におけるビジネスを再開している。そしてクァルコムは北京郵電大学との共同研究に着手し、1998年には北京郵電大学内に共同研究所を設立したのである。「クァルコム杯（高通杯）」というものまで設立したりなどして、人材養成のために巨額の研究投資（時には1億ドル）を行なっている。

つまり何庭波は、クァルコムの精神の中で育ったと言っても過言ではない。

何庭波が北京郵電大学を卒業したのは1996年だが、「クァルコム―北京郵電大学共同研究所」が正式に設立されたのが1998年。クァルコムは非公式ながら早くから北京郵電大学に根を下ろしていたので、何庭波は直接クァルコムから半導体に関する指導を受けていた可能性が高い。愛弟子だったという言い方もできよう。

さて、**図2－2**で明らかなように、このような背景を持つハイシリコンの収益高は、2位のUnisoc（Spreadtrum&RDA）の5倍近くもあり、圧倒的な強さを見せている。このUnisocだが、Spreadtrum（スプレッドトラム、展訊通信）とRDAマイクロエレクトロニクス（鋭

［図2-2］2018年の中国ファブレス半導体トップ10社売上ランキング

ランク	企業名	収益額 2017年	収益額 2018年	前年比
1	HiSilicon（ハイシリコン）	387.0	503.0	30.0%
2	Unisoc（ユニソック）	110.5	110.0	-0.5%
3	Beijing OmniVision（北京オムニビジョン）	90.5	100.0	10.5%
4	Sanechips（セインチップス）	76.0	61.0	-19.7%
5	Huada（ホワダー）	52.3	60.0	14.7%
6	Goodix（グーディクス）	36.8	32.0	-13.1%
7	Beijing Integrated Silicon Solution（北京インテグレーティッド シリコン ソリューション）	25.1	26.5	5.5%
8	Galaxycore（ギャラクシーコア）	18.9	26.3	39.0%
9	Unigroup Guoxin Microelectonics（ユニグループ グオシン マイクロエレクトニクス）	18.3	23.5	28.5%
10	GigaDevice（ギガデバイス）	20.3	23.0	13.5%

［単位:百万ドル］

出典：TrendForce

迪科微電子、RDA microelectronics（RDA）とが2018年に合併して作られた企業で、どちらも2013年末には国有企業である清華紫光集団（ユニグループ）に買収され傘下に置かれていた。そのような流れからだろう、Unisocの中国語名は「紫光展鋭」と言う。

興味深いのは国有企業ZTEの子会社Sanechips/ZTE Microelectronicsが4位にまで落後してしまっただけでなく、マイナス19・7%と、激しいマイナス成長にまで落ち込んでしまっていることだ。

国有企業には膨大な国家予算が降り注がれ、常に政府の下支えがあるというのに、成長しない。張国宝が2013年のスピーチで言った「政府の支援を断ったファーウェイには、イノベーションに関する何かがある」という「何か」は、実は「国有企業ではイノベーションは育たない」ことを意味するのではないか。

国から遠ざかって、全世界に羽ばたいている方が伸びていくということの証しだろう。中国は秘かにそのことを認めている。

では、世界におけるランキングはどうだろうか。

［図2-3］2018年の世界ファブレス半導体トップ10社営業収入ランキング

ランク	企業名	2017年	2018年	前年比
1	Broadcom（ブロードコム、シンガポール&米）	18,824	21,754	15.6%
2	Qualcomm（クァルコム、米）	17,212	16,450	-4.4%
3	NVIDIA（エヌビディア、米）	9,714	11,716	20.6%
4	MediaTek（メディアテック、台）	7,826	7,894	0.9%
5	Hisilicon（ハイシリコン、中）	5,645	7,573	34.2%
6	AMD（エーエムディー、米）	5,329	6,475	21.5%
7	Marvell（マーベル、米）	2,409	2,931	21.7%
8	Xilinx（キシリンクス、米）	2,476	2,904	17.3%
9	Novatek（ノバテック、台）	1,547	1,818	17.6%
10	Realtek（リアルテック、米）	1,370	1,519	10.9%
	トップ10合計	72,351	81,034	12.0%

［単位：百万ドル］

出典：DIGITIMES Reserch

図2－3はDIGITIMES Researchが調査した、世界のファブレス半導体メーカーの営業収入に関するランキングである。さすがにブロードコムやクァルコムがトップに来ているものの、成長率から言うと圧倒的にハイシリコンが高い。それも34・2％と、これもまたダントツの成長率だ。アメリカのクァルコムは、マイナス成長ではないか。それもトップ10の中では、唯一のマイナス成長だ。なお、ブロードコムの本拠地はシンガポールとアメリカにある。2016年アバゴ・テクノロジーに買収されたため、登記上、本拠地をシンガポールに移したが、2018年にクァルコムを買収するため、総部を再

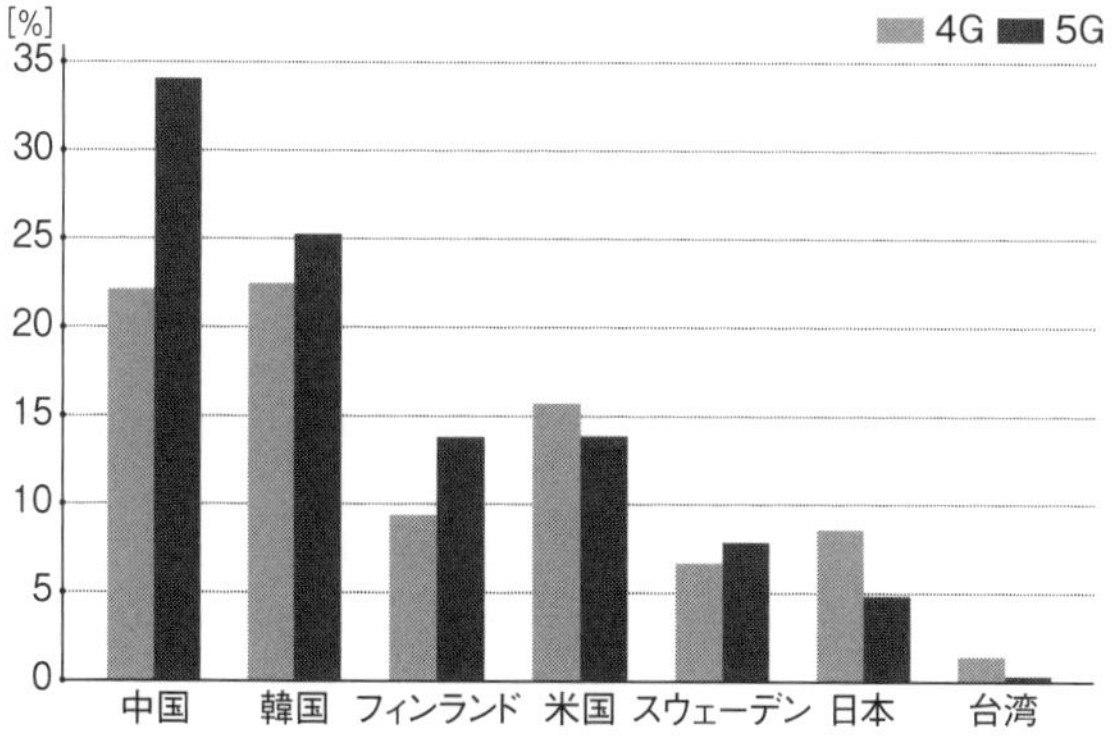

［図2-4］4Gと5Gに関する必須特許出願件数のシェア（国別）

出店：IPリティックス

びアメリカに戻した。常に自分より大きな企業を買収しようとする傾向にある。

問題は5Gにおいて、まさにファーウェイと競争をしているクァルコムが、このようなことでは困るのである。トランプが焦るのも無理はない。

おまけにハイシリコンの半導体はファーウェイだけにしか販売していないので、ここでは他社に販売した収入がない。専ら社内だけでの収入なので、外販もするようになったら凄まじい数値に達してしまうだろう。

5Gに関する必須特許出願件数の企業別シェアは第一章の**図1－5**で考察したが、これを国別に見ると**図2－4**のようになっている。

5Gの必須特許出願件数シェアは中国が最も多い。アメリカの2倍はある。

そもそも4Gの時代からして中国がアメリカを抜いているので、この趨勢が逆転するとは考

[図2-5] 2017年までの携帯通信インフラ（2G・3G・4G）シェア（企業別）

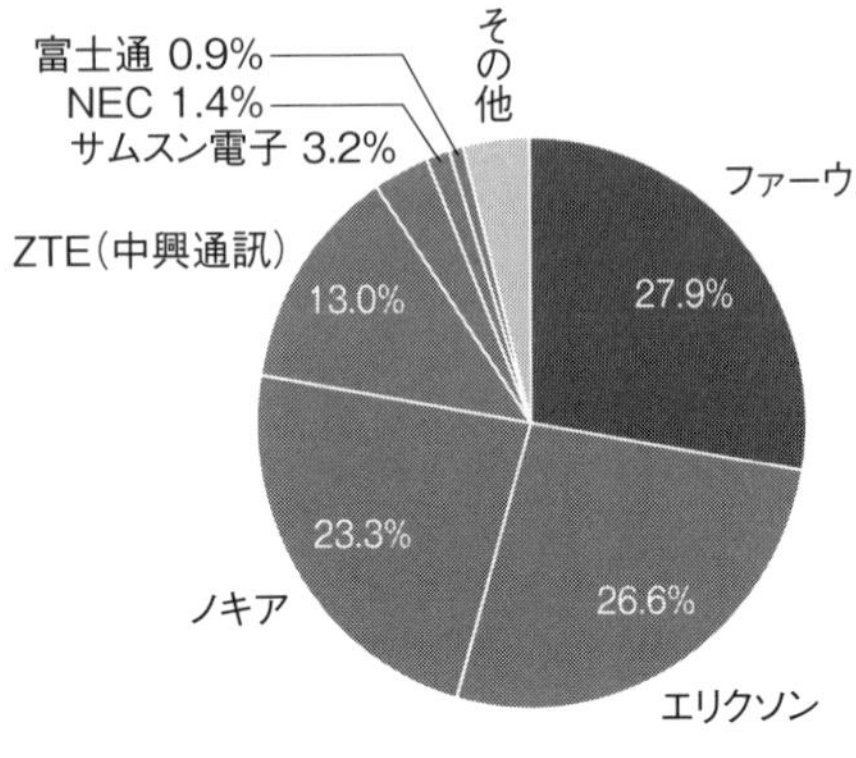

出典：IHSマークィット

えにくい。事実、アメリカでは4Gよりも5Gの方が落ちている。そこが致命的だ。

企業に関しては**図1―5**で示した通り、企業別シェアは1位のファーウェイ（15・05％）に対してクァルコム（アメリカ）は6位でわずか8・19％のシェアしか持っていない。アメリカはほかに8位のインテルがあるが、それも5・34％。中国の場合は5位ながらZTEが11・7％を占めているので、結果、国別では中国がトップランナーとして走っていることになる。

繰り返しになるが、2020年の5G実現に向けて、ITU（国際電気通信連合）や3GPP（The 3rd Generation Partnership Project）などが世界の標準化活動を本格化させている。その際、上記必須特許のシェアがカギを握り、その企業、その国の規格が国際標準となって5G世界の覇権を握ることになる。

［図2-6］2018年の携帯通信インフラ市場シェア（企業別）

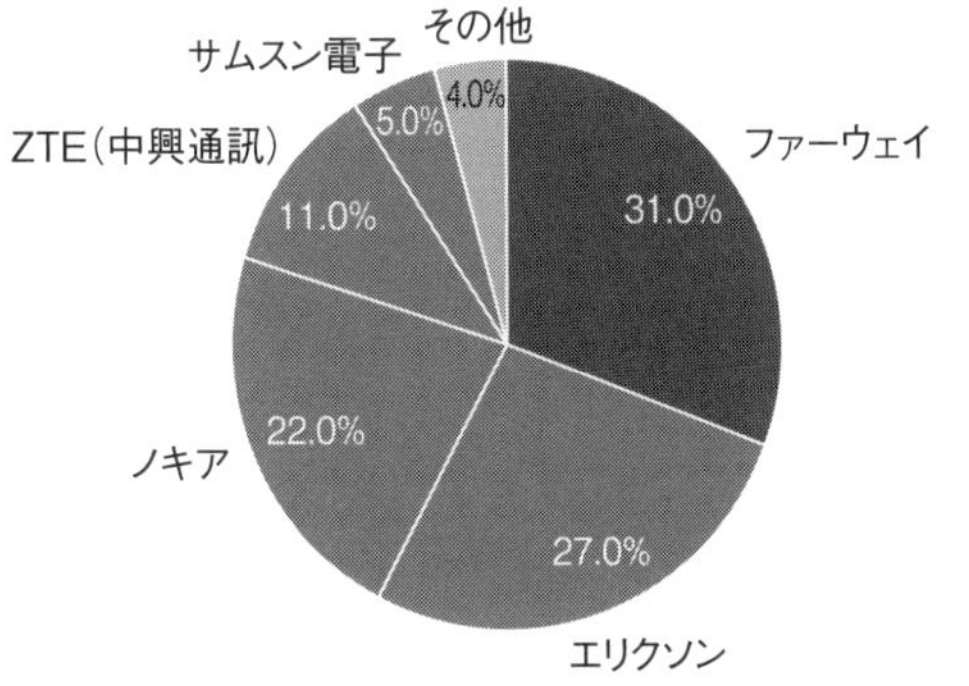

出典：IPリティックス

アメリカ「5G劣勢」の裏に「驚くべき事実」

5Gを使用するには基地局がなくてはならない。

ではその基地局に関しては、どのようになっているか、IHSマークィットが調査した結果を見ていこう。まず**図2－5**をご覧いただきたい。

これは2Gから始まった2017年までのデータだが、基地局はひとたびある国のある企業の設備を設置してしまうと、それを他の企業の設備に差し替えるときは膨大な経費が掛かる。そのため2Gの時に設置した設備を変えることが難しく、3Gのときも4Gのときも、できるだけ元ある設備を生かしながら、少しだけ変えてバージョンアップしてきたという経緯がある。

したがって2017年までのデータは、かなり決定的で、2018年になってもその傾向は大きく変わることはなく、さらに増長さえしている。

図2―5と図2―6を比べていただきたい。

以下のことが見えてくる。上位4位だけを拾ってみる。

		2017年	2018年
1	ファーウェイ	27・9％	31％
2	エリクソン	26・6％	27％
3	ノキア	23・3％	22％
4	ZTE	13・0％	11％

上位にあった企業がもっとシェアを伸ばし、下位にあったものはシェアを落としていく傾向がはっきりと見て取れる。この傾向は加速するだろう。また中国は2018年の基地局シェアで4割強（ファーウェイ31％＋ZTE11％＝42％）を占めている。

愕然とするのは、

アメリカには大手基地局設備製造企業がない！

という事実だ。基地局がなかったら、5Gで中国を抑え込むも何も、手の出しようがないではないか。

なぜ、このようなことになっているのだろうか？

これに関しては次章で詳細に考察したい。

第三章

米中「ハイテク覇権争い」のゆくえ

――米国防報告書を読み解く

この章では、なぜアメリカに基地局製造企業がないのかを、米国防総省の国防イノベーション委員会が出した、事実上「中国に対して敗けを認めた」も同然の政府報告書を中心に考察する。

報告書を読み解く前に、なぜアメリカに基地局製造企業がないのかに関する基本原因の一つを見てみよう。

それは意外なことに**「人口密度」**と関係している。

アメリカはかつて国家としては5Gを強く推進しようとしてきたが、キャリア業者にとって、高額を投資し基地局を設置しても、利用者が少ないと採算が合わず、かと言って利用者から高額な料金を取ろうとすると利用者離れを招くため、コストと徴収料の間でジレンマに陥っていた。また基地局設備製造企業もキャリア業者が買ってくれなければ商売にならない。結果、5Gの基地局製造企業が衰退していったという事情がある。

その原因の一つがアメリカの人口密度なのだ。

アメリカの国土は中国と同じくらい広いが、人口は中国の4分の1以下しかない。

おまけに驚くべきことに、人口100万人以上の大都市はアメリカには10都市ほどしかなく、中国には2016年時点のデータだが、その時でもすでに111都市に達している。中でも500万人を超えている都市が14都市、1000万人に至る都市が5都市もあり、大都市というスケールにおいては、アメリカは中国よりも遥かに小さいのである（中国のこのデータは管轄区域の都市部の人数で計算しているので、管轄区域全体を入れるともっと多くなる）。

基地局がカバーする範囲（面積）は、そこに、どれだけの人口が詰まっているかには関係なく、ほぼ同じ金額の経費を必要とする。

一方、人口密度が低くなると、料金を徴収する対象が少なくなるので、経費的に採算が合わなくなってしまう。すなわち、基地局の設立コストを回収できる対象が少なくなるということだ。そこで、アメリカの通信業者は、採算の合わないような基地局に自社のお金を注ごうとは思わなくなるので、5Gに対して、それほど大きな興味を持たないという結果を招いているのである。そのような中、米国防総省の諮問委員会が恐るべき報告書を発表した。

一、周波数が世界を制する――米国防総省イノベーション委員会報告書

「ファーウェイのスマホがスパイ行為」は技術的に可能か？

２０１９年４月３日、アメリカの国防総省（Department of Defence）にある国防イノベーション委員会（DEFENCE INNOVATION BOARD）が５Ｇに関する報告書"THE 5G ECOSYSTEM：RISK & OPPORTUNITIES FOR DoD"（５Ｇエコシステム：国防総省に対するリスクとチャンス）を出している（以後、「国防報告書」と称する）。

エコシステムというのは本来エコロジー（生態系）システムのことで、一般的には生態環境などを対象としたエコロジーのことを想起するが、最近では「エコ」と言うと「環境にやさしい」など、少しずつずれた使い方をしている。

５Ｇエコシステムとなると、本来の意味から、もっとずれていく。

情報通信産業においては、動植物の食物連鎖や物質連鎖といった生物群の循環系という元の意味から転化して、経済的な依存関係や協調関係、あるいは強者を頂点とする新たな成長分野でのピラミッド型の産業構造といった、新しい産業体系を指すようになった。

５Ｇエコシステムというのを定義するならば、「５Ｇ基地局すなわち通信設備製造企業（ファーウェイ、エリクソンのようなベンダー企業）、ネットワーク・プロバイダー（ソフトバンクやａｕあるいはＮＴＴドコモのようなキャリア業者）、アプリケーション開発者（ＧＡＦＡ

［図3-1］TCP/IPと代表的な5G企業の立ち位置

TCP/IP	代表的な企業	データの流れ
アプリケーション層	GAFA/BAT	ユーザが利用するアプリケーション（データを持っている） APP
トランスポート層	日本:NTTドコモ/au/ソフトバンク 米国:ベライゾン・ワイヤレス/AT&Tモビリティ/T-Mobile US/スプリント 中国:中国移動/中国聯通/中国電信	携帯電話事業者（キャリア）が構築するネットワーク ネットワーク
インターネット層		
ネットワークインターフェース層（リンク層）	ファーウェイ/ノキア/エリクソン	5Gベンダー企業・基地局による物理的な接続 端末 → 基地局

出典：筆者作成

やＢＡＴなど）という、ネットワーク層（設備層）からアプリケーション層までを効率よくカバーするシステム」とでもなろうか。

そんなこといちいち説明しなくても分かっているよと、通信技術のプロの方からはお咎《とが》めを受けそうだが、私は理論物理という分野で思考回路を形成されてしまったために、「しっくりとは分かっていないこと」を「まああ、分かったような顔をして通り過ぎる」ということがどうしてもできない性格になってしまった。古典物理や量子力学あるいは分子動力学などなら、ほぼひとこと言われれば納得できるのだが、最近の最先端の通信技術分野となると、この年齢でスイスイとついていけるわけがない。

だからゼロから噛み砕きながら納得し、一歩ずつ先に進むことしかできないのである。

それをお許しいただいて、**図３－１**をご覧いただきたい。

パソコンであれ、スマートフォン（スマホ）であれ、基本この図3―1のような構図で情報が動いている。

左側にあるのは私たちが日常的に使っているネットワークの通信規約（プロトコル）の「TCP／IP」である。

TCP／IPはもともとアメリカ国防総省の高等研究計画局（ARPA）が開発した世界初のパケット通信コンピュータ・ネットワークARPANETから更に発展し、今私たちが使っているネットワークの根幹となる規約だ。

この国防報告書が実際に考察対象としているファーウェイなどは、図3―1から言えば、あくまでも物理的な接続なので、実際の接触に相当する「ネットワーク・インターフェース層」に属する。これを「リンク層」とも言う。ほかにノキアやエリクソンなども5Gのベンダー企業という意味で、この層に属する。

その上のインターネット層・トランスポート層は、日本でいうならば、たとえばソフトバンクやau、NTTドコモなどの通信業者が担当し、GAFA（Google, Apple, Facebook, Amazon）やBAT（Baidu, Alibaba, Tencent）のような企業は基本的にアプリケーション層で活動している。

ときどきBATをBATHと一括りにして「H」すなわち「Huawei」を、このアプリケーション開発者の中に入れる分類を見かけることがあるが、これは適切とは思えない。Huaweiすなわちファーウェイは、ビッグデータを扱う企業ではなく、ビッグデータが動く入れ物を提供している企業である。

図3―1の「データの流れ」で表示したように、データのやり取りはアプリケーション同士が直接通信しているのではなく、これを「宅急便」にたとえるならば、まずは「発送者（発信者）」は「送りたい荷物（発信するデータ）」を「ダンボール」に入れて、「配達業者（キャリア）」に出す。

通信業界では、この一個一個の「ダンボール」を、「パケット（小包）」という名で呼んでいる。

「配達業者（キャリア）」が「受け取った荷物のダンボール（パケット）」に書かれているアドレスを確認あるいは確定して、「発送経路（ルーティング）」を選定してから、車などの「運送手段（携帯から基地局さらに基地局間通信）」に乗せて（載せて）まとめて発送する。

さらに荷物を「届け先＝宅急便受取人（受信者）」の近くまで運び住所（アドレス）を見つけると、配送業者（キャリア）は車からダンボールを降ろして、荷物受取人（受信者）の家のドアホーンを鳴らすかノックして（＝着信音）、荷物受取人（受信者）がその荷物を受け取る。まちがいなくその人の手に渡った後に、荷物受取人（受信者）は初めてダンボール（パケット）を開けて中の荷物（通信内容）を取り出して見ていいのである。

その間、運送手段（宅急便などの車＝スマホ＆基地局など）自身は意識を持って荷物の中身（通信内容）を見ることはできないのである。インチキをしてダンボールを開けば、その痕跡が残り、誰にでも痕跡が見えてしまう。つまり、

送受信者＝アプリケーション

配送業者＝キャリア

運送手段＝基地局&携帯（スマホなど）の機器

と、たとえることができる。このことからわかるように、情報内容を知っているのは、送受信者（データを送信した者とデータを受信した者）＝アプリケーションなのである。

すなわち、データ（情報）を持っているのはＧＡＦＡとＢＡＴということになる。

スマホおよび基地局はダンボールの中の情報を知ることはできない。つまりファーウェイは、理論的に、情報を知ることはできない。

もし中国政府が個人情報を知りたいと思うのだったら、中国で言うならばＢＡＴ、つまりバイドゥ、アリババそしてテンセントに「情報を渡せ」と言えばいいだけだ。実は実際に、中国政府はアリババやテンセントに「個人情報を中国政府に渡せ」と要求している。彼らは国家ＡＩ戦略のプラットフォーム（ＢＡＴＩＳ）として指名されているだけでなく「社会信用システム」を構築するための企業としても中国政府から指名を受けている（ちなみにファーウェイは全国63社ある「社会信用システム」構築のための政府御用達企業の中にも入っておらず、逆に社会信用システムにより監視・評定される側である）。したがってアリババやテンセントは中国政府の要求に応じなければならない。だというのに中国政府の要求を全面的には承諾しなかったために、アリババの創始者・馬雲はトップの座から退くこととなった。テンセントの創始者・馬化騰は「騰訊征信」という子会社の法人代表を辞任している。この信用調査は国が管理すべきだというのが中国政府の意図で、そもそも馬化騰個人が管理するのは不適切ということから辞任したものと判断される。この辞任が続いたのは2019年9月のことである。このように中国政府は実際上、個人情報の提供をBATに要求しているのである。良し悪しは別として、それなら、まだわかる。

中国政府の目的は全国に張り巡らしている監視カメラをも通して、「監視機能」を高めようということだ。第一章の冒頭のリード部分でも書いたように、習近平が怖いのは「人民の声」であって、何としても「中国共産党による一党支配体制を維持したい」。だから反政府分子が1人でもいたら、一刻も早い段階でその芽を摘み取りたいのである。

もしアメリカの個人情報を知りたいというのであれば、なんならGAFAの中のアップルとフェイスブックは習近平のお膝元の清華大学経済管理学院顧問委員会の委員なのだから（第一章の**表1**参照）、アップルやフェイスブックと結託すればいいだろう。それなのになぜデータ（ダンボール箱の中身）を知らないファーウェイに焦点を当てて集中攻撃しなければならないかと言えば、偏に次節で述べるように「ファーウェイが優秀でアメリカを乗り越えているから倒さなければならない」という現実があるからなのである。

実際上、データをやり取りするときには、データはカプセル化（ダンボールに梱包）されて「暗号化」して送る。送る時に「今からデータを発信しますよ」という通知や、「はい、わかりました。データを送ってくれたら運びますよ」という回答、「今送りました」という通知、「はい、受け取りましたので運びます」……などなどのやり取りがあって、またいくつもの段階におけるカプセル化（包装）をするので、数段階カプセル化されており、そのカプセルを剥がして中のデータを取り出すには数段階の「剥がし作業」を経なければならない。

これを「マトリョーシカ人形」にたとえるなら、マトリョーシカは何重かになっていて、マトリョーシカを開けても開けても、データが入っている一番小さなお人形さんにはたどり着かないのである。

それでも首をかしげるなら、もっと単純に「一本の鉛筆」にたとえてみよう。

ここに一本の鉛筆があったとしよう。徳川時代に日本に入り、明治時代などから貴重な筆記用具として大事にされてきた、種も仕掛けもない、何の変哲もない、ごくごくありふれた鉛筆だ。

その鉛筆自身は情報を持っていない。

しかし鉛筆が紙に文字を書いたり、絵や地図を描いたりすると「情報」を持ち得る。それが非常に貴重な内容である場合もあれば、極秘情報である場合だってあるだろう。

このように、鉛筆自身は情報を持ってないが、それが書いたものは情報を持ち得ることから考えても、ファーウェイは、まさにこの鉛筆（情報を運ぶ道具）に相当するので、道具自身は情報を持ちえない。これと同じ道理である。

この関係を理解しておきさえすれば、「ファーウェイが情報を抜き取っているか否かの論理的検証も（基本的には）できる」わけで、そのために国防報告書の分析に多くの文字数を使うことをご理解いただきたい。

ファーウェイが「狙われた」本当の理由

この国防報告書が出た背景にはトランプ大統領のある懸念があった。

実は2018年3月12日に、トランプが「大統領令」を出して、シンガポールとアメリカに拠点を置く通信用半導体大手ブロードコムがクァルコムを買収することを禁止した。短期的志向の強いブロードコムに敵対的買収をされれば、5Gへの投資を拡大しているファーウェイが影響力を発揮し、技術がファーウェイに流れる安全保障上のリスクを警戒したからだ。

アメリカは少ない基地局で多数の端末接続を可能にするため、1970年代から米軍が軍事関連の補助金などを使って先端技術を開発し、それを民間転用してライセンス収入を稼いできた経緯がある。クァルコムはその線上で成長してきた側面もあるため、トランプとしては何としてもブロードコムによるクァルコム買収を禁止したかったのである。

このときアメリカの神経は「ファーウェイ・リスク」に集中していた。その結果、その「リスク」がDoD（米国防総省）にどれくらいあり、それでもチャンスがどれくらい残っているかというのが、この国防報告書の神髄の一つなのである。

国防報告書の中で最も私の興味を引いたのは「周波数（frequency）」に関する分析だ。

第一章の**図1-5**で示した通り、5Gの必須特許出願数の企業別シェアは米中で比べるならば中国勢が圧倒的に優勢で、ファーウェイ（15・05％）＋ZTE（11・07％）＝36・12％であるのに対して、アメリカはクァルコム（8・19％）＋インテル（5・34％）＝13・53％でしかない。この国別比較は第二章の**図2-4**でも示したが、その図に関してITUや3GPPなどが

「国際標準化規格」を協議していると書いた。

その結果、５Ｇの周波数に関しては、「低周波数領域」と「高周波数領域」の二つに分かれることになった。この決定に大きな影響をもたらしたのがファーウェイを中心とした中国勢だ。中国勢は国際標準化規格として低周波数領域を主張し、クァルコムを中心としたアメリカ勢は「ほぼ止む無く」高周波数領域を主張することとなった。

そこで国防報告書は、５Ｇに関するこの2種類の周波数領域に焦点を当て、以下のような論理を展開している（解説を加えながら、レポートの内容をご紹介する）。

1. sub-6（サブ・シックス）と呼ばれる、６ＧHz以下の周波数（主に3～４ＧHz）（中国は主にこの技術を開発している）。国際標準規格などを決める3ＧＰＰなどでは４５００ＭHz～６０００ＭHz（６ＧHz）の周波数帯をFrequency Range 1（ＦＲ１）と称し、この範囲をsub-6と呼んでいる。メインは3～４ＧHzだとしているのは国防報告書である。

2. mmWave（ミリ波《は》）と呼ばれる24ＧHz以上の周波数（日米韓は主にこの技術を開発している）。この高周波数領域に関しても3ＧＰＰは24・２５０ＧHz～52・６００ＧHzの周波数帯をFrequency Range 2（ＦＲ２）と称している。

図3－2に示したのは、国防報告書の3頁目に掲載されているものだ。

この図の左側が中国、右側が日米韓などが主として開発している周波数領域である。

［図3-2］低周波数帯域と高周波数帯域

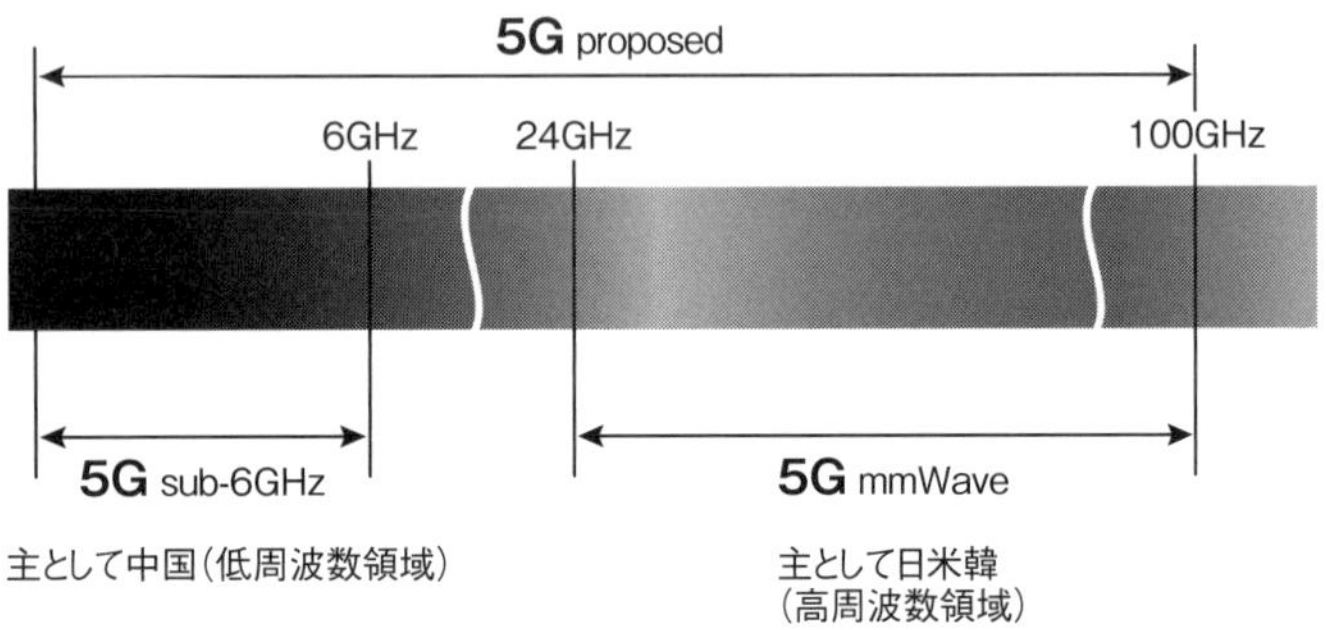

出典：米国防報告書

Hzは「ヘルツ」で、これは「1秒間あたりの振動回数を表す周波数の単位」である。1Hzは1秒あたり1回の振動。kHz（キロヘルツ）は1秒あたり1000回、MHz（メガヘルツ）は1秒あたり1000万回、GHz（ギガヘルツ）は1秒あたり10億回の振動になる。

一般に周波数が低いと「音」の性格に近く、周波数が高くなれば光の「電波特性」を持つため、「光」の性格に近づいていく。

たとえば、今ある人「Aさん」が野原に立っていたとしよう。

Aさんの目の前である音がしたら、Aさんの後ろ側にいる人にも、その音は聞こえる。

そこに大木が生えていても、あるいは何かレンガの塀があっても、裏側で音を聞くことができる。

しかし光だと、どうだろう。

Aさんの目の前に当てた光は、Aさんの体分の影となって、その後ろ側には届かない。大木があっても影となるし、レンガの塀でも同じことだ。雨が降っても遮られて影ができるし、手先だけでも影はできる。

つまり光は「曲がらない」＝「直進する」のである。

しかし音は「回り込む」＝「現象的には曲がる」ことに相当する。

このことが原理となって、低周波数領域と高周波数領域には、それぞれ以下のようなメリットとディメリットがある。

①（sub-6　中国など）の場合
メリット　　　：カバーする距離が長い。複雑な地形にも対応できる。コストが低い。
ディメリット：速度が mmWave より遅い

②（mmWave　日米韓など）の場合
メリット　　　：速度が早い
ディメリット：カバーする距離が短い。一定距離を超えるとほぼ繋がらなくなる。複雑な地形への対応が難しい。コストが高い。

mmWave は障害の衰減がひどい。直進性が強く、障害物に対して回り込まないなど光に近い電波特性があるため、障害物があると電波が大変弱くなる。従って、目視できない範囲だとあまり使えない。

もちろんMassive MIMO（マッシブ・マイモ。次世代通信の要素技術で、複数のアンテナを用いるMIMOをさらに発展させたもの。Massiveは「大規模な」の意味で、MIMOは「無線通信において送信機と受信機の双方で複数のアンテナを使い通信品質を向上させること」をいう）などで改善のための研究もされているが、それはそれでコストがかかる。

したがって完全な5Gシステムを構築しようと思えば、sub-6とmmWaveを結合させ、長距離ではsub-6、短距離ではmmWaveを使用するといった使い分けが理想的なのだが、実際上はそうはいかない。

カバーする距離が短いというのは、ある意味では致命的な仕様となっており、国防報告書では、どれくらいの距離の差があるのかを検証した実験結果を掲載している。

図3－3は電柱に設置された一つの基地局が対応できる範囲を示している。

これは国防報告書の9頁目に掲載されている図表である。

実験はロサンゼルスの緩やかな地形の場所で行われ、基地局は電柱の非常に高いところに配置されている。ほぼ理想的な条件での実験だと言っていいだろう。

薄いグレーは1Gbpsのスピードが出る範囲、濃いグレーは100Mbpsのスピードが出る範囲で、左はmmWave、右はsub-6の結果である。

bpsとは「1秒間に転送可能なデータの量」のことで、「通信回線の速度」を表すときに使う。bits per second（ビット・パー・セコンド）の略である。「ビット」は「デジタルデータの大きさを表す最小単位」のこと。したがって「1Gbps」は「1秒間に10億ビット転送できる」

図3-3　基地局がカバーできる範囲の比較

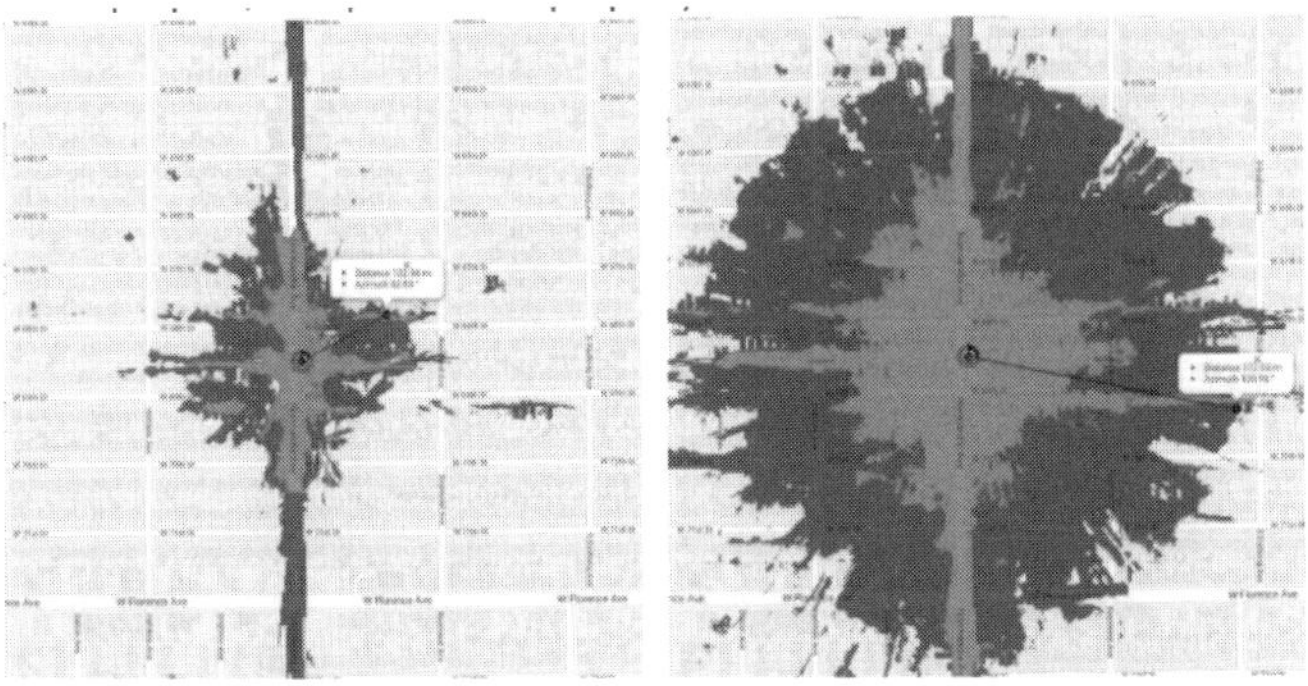

出典：米国防報告書

ことで、「1Mbps」は「1秒間に100万ビット転送できる」ことを表す。

図3－3をご覧いただければお分かりいただけるように、mmWave（左側）でsub-6（右側）と同じ区域を全てカバーしようとすれば、必要な基地局の数は10倍以上になる可能性すらある。Sub-6は既存の基地局を流用し改造しさえすれば、一定程度対応が可能になるのに対して、mmWaveは大量に基地局を増設しなければならないのは歴然としている。それは非常に大きな出費となる。国防報告書における試算では、少なくとも1300万台の基地局を新たに設置しなければならず、4000億ドルはかかるだろうとしている。

因みに中国は現在、約600万台の基地局を持っているが、アメリカは20万台ほどしかない。これこそは、実は致命的なディメリットなのだ。

このような特徴を周波数は持っているため、

今後はおそらく日米韓以外の国では「sub-6」が主流になるだろう。

それならなぜ、アメリカはsub-6ではなく、mmWaveを使おうとしているのかと言うと、それはアメリカ政府、特に国防総省がこの周波数を使っているからだ。アメリカ政府は、実は大量のsub-6周波数を使っている。特にsub-6がメインで使う3～4GHzの周波数を所有している。ところが、同じ周波数を5G商用に割り当ててしまうと、干渉が発生するとか、セキュリティ上の問題が発生する恐れが出て来る。

しかしアメリカ政府が他の周波数に移行するには、おそらく10年はかかるだろうと国防報告書にある。周波数をシェアする解決法もないではないが、それでも5年はかかるという。

そこで国防報告書は以下のように警告している。

だからこそ、アメリカおよびその同盟国である日韓は、mmWaveを使用することを余儀なくされている。もし、世界の主流がsub-6となってしまうと、日米韓だけがガラパゴス化することになる。

また米国防総省が海外に出ると、どうしてもsub-6を使わざるを得なくなる。sub-6を主導しているのが中国側だからだ。となると、今まで主にmmWaveの開発に注力してきたアメリカにとっては大変不都合なことになる。

国防報告書は最後に、「アメリカは今後sub-6に注力せよ」とか、「バックドアに対して関税を課せ」とか「貿易戦争を強化せよ」あるいは「5G商品を販売する中国国有企業を規制せよ」といったさまざまなアドバイスを米政府に対して出している。

２０１９年の４月３日にこの国防報告書が発表され、５月15日にファーウェイをエンティティ・リストに載せた。この流れからみて、これこそが、アメリカがどうしてもファーウェイを潰さなければならない本当の原因だったのだと言えよう。

二、中国の5Gに対して「敗北」を認めた国防報告書

冷静・的確に問題の核心を把握するアメリカの「偉大さ」

国防報告書は同時に、「**アメリカは最新技術の開発と5Gの世界標準の確立で（中国に）後れを取っている**」と率直に認めている。アメリカという国家が世界のトップの位置から転落しないよう、真の国益のために現実を直視して警鐘を鳴らす姿勢は尊敬に値する。

私自身も決して「中国がこんなにすごいよ」ということを言いたいわけではなく、まったくその逆で、中国がハイテク国家戦略「中国製造２０２５」や「一帯一路」巨大経済圏によって、何を目論み、どこまで進んでいるかに関する現実を直視することによって、その中国に飲み込まれないような日本を再構築していかなければならないという警鐘を鳴らすために、すべての執筆活動を行っている。

したがって国防報告書のこの姿勢に共鳴するのである。

では何において国防報告書が中国に対する敗けを認めたかに関して、解説を挟みながら以下

にご紹介したい。

1.「sub-6」が世界標準になるにつれて、その分野の現在のリーダーである中国が5Gエコシステムの領域を率いることになるだろう。アメリカがその国になることは、現状では困難だ。これは、DoD（米国防総省）の海外事業が依存しているネットワークのサプライチェーンに中国の部品があるというセキュリティ・リスクを生み出す。アメリカがどんなに中国ベンダー製品の使用を国内で制限しようとしても、アメリカは十分に大きなワイヤレスマーケットを持っていないため、中国の5Gベンダーが世界的に市場シェアを拡大し続けることを阻止することはできない。このことはアメリカのマーケットに部品を提供するベンダーに巨大な圧力をかけることになる。これにより、DoDおよびアメリカ産業の、よりよい、より安価なグローバル・サプライチェーンは喪失するだろう。そして将来の5G製品に向けてのさらなる研究開発に投資できなくなる。

2.中国は2020年に最初の sub-6 サービスのセットが利用可能になるように、広範囲の5Gネットワークを展開することを計画している。その結果、中国のインターネットは、5Gの高速度と低遅延を利用して、自国市場向けのサービスとアプリケーションを開発するのに適した空間になる。5Gが同じような周波数帯で世界中に展開されているため、中国の携帯電話やインターネットのアプリケーションやサービスは、**たとえアメリカから除外されていても世界の主流になる可能性がある。**中国は5Gにおいて、かつてアメリカで4Gに関して起こったのと同じ現象をもたらす軌道に乗ってしまっている。

（筆者注：アメリカは4G時代においては、圧倒的な一強だった。ちなみに国防報告書では、「2Gはドイツなどのヨーロッパ勢がリードしたが、3Gへ移行する時に周波数問題で遅れを取り、日本が3Gをリードすることになった。アメリカは3G時代において数年かけて徐々に日本に追いつき、4G時代に機先を制することができた。日本に追いつくまで、アメリカは多くの無線通信会社が倒産か外国に買収されるなど、かなりの苦境を強いられた」と過去を振り返っている。実は4G時代に入っても、日本は初期の段階ではまだかなり力を持っていたが、結局4G産業のエコロジーを構築できなかったために、最終的に4Gはアメリカが日本に取って代わって覇者になったという経緯がある）

3. 中国は、一連の積極的な投資と周波数割り当てに関するイニシアチブを通して、5G開発をリードしてきた。中国は5年間で5G展開のための設備投資に180億ドルを投資してきただけでなく、三つのキャリア業者(China Mobile, China Unicom および China Telecom）に200MHzの中帯域周波数を割り当て、同様に500MHzのCバンド周波数（4－8GHz）の再割り当てを検討している。中国の5G展開は主要なキャリア業者を通して実施させている。三つのキャリア業者とも主として中国国内でのスタンドアローン（※）5Gネットワークの開発に注力しており、2019年にプレ商業利用を展開し、2020年に正式な商業利用を展開する計画だ。中国では現在、約35万台の5G対応基地局が展開されている。これはアメリカの10倍である。中国は海外向けにはファーウェイとZTEが主に非スタンドアローン（※）・ネットワーク向けの5G対応機器とデバイスの商用販売を通して5Gの展開を推進している。また、ファーウェイはすでに海外に1万の基地局を出荷している。

（※）スタンドアローンとは、5Gネットワークの展開方式の一つで、「全て5Gの新しいインフラで整備する」のを「スタンドアローン（SA）方式」と言い、「既存の4Gインフラを一部利用して5Gインフラを整備する」のを「非スタンドアローン（NSA）方式」と称する。特にファーウェイは2G時代から世界のニーズの高いところに踏み入って基地局を整備してきたので、その延長線上に5G基地局が建てられようとしており、圧倒的に有利な立場にある。なおスタンドアローンの英文は stand-alone で、「孤立」を意味する。情報通信用語としては「スタンドアロン」と言うことも多い。

4．中国は5Gの影響力を拡大するために諸外国や外国企業とのパートナーシップを開発している。ヨーロッパでは、ファーウェイとZTEが各国の5Gネットワークを構築するためのサービスを提供しており、アメリカ当局から同盟国に対して中国企業の阻止を求める圧力を掛けているにもかかわらず、複数のヨーロッパ諸国が中国との5G契約に署名している。中国は一帯一路建設に多大な時間とリソースを投資してきた。これには、一帯一路全体にわたって接続性を提供するための中国製ネットワーク・インフラの推進が含まれている。2018年第3四半期に、ファーウェイは世界の電気通信機器市場の28％のシェアを持ち、２０１５年から４ポイント上昇している。ファーウェイは、中国に依存する５Ｇネットワークが増えるにつれてそのシェアを拡大し続けると予想される。これらの努力により、中国は５Ｇネットワークの優先規格および仕様を推進することが可能になり、今後５Ｇ製品の世界市場を主導することになるであろう。

5. これらのアプローチは中国に５Ｇの技術と能力において競争上の優位性を与えた。中国の５Ｇ戦略は、中国共産党の大戦略との関連で考えるべきだ。ＡＩ同様に、５Ｇ開発は習近平の「中国の夢」ビジョンと「中国製造２０２５」ロードマップの重要な要素である。「社会の安定」と「経済成長」は中国共産党の最優先事項だ。なぜなら、この二つの分野での失敗は体制に対する直接的な存続の脅威となるからだ。そのため５Ｇ開発においては、外国からの投資への依存度を下げ、中国を資本集約的労働集約型製造経済からイノベーション主導消費駆動型経済へ移行させようとしている。**中国経済成長の鈍化と米中貿易戦争は逆に、中国共産党に5Gイニシアチブをより積極的に追求させ、「中国製造2025」の完遂を目指して自給体制を加速させる効果をもたらす結果を招いている。**

6. 最も手痛いのは、アメリカが既にこれまでの通信技術における強みを失っていることで、おまけにその原因がファーウェイやＺＴＥの問題にあるのではなく、**実はアメリカ政府と議会による攻撃にある**（＊）ことだ。**アメリカでは他国で商業利用されてい**

る周波数帯域のほとんどを政府と軍が押さえているため、アメリカは市場として孤立している。軍民合わせた市場規模でもアメリカはもはや、他国の動きを左右したり、中国の5Gが世界市場でシェアを伸ばし続けることを阻止したりできるような状態ではないのである。

概ね以上だが、何というすさまじい報告書だろう。実に冷静にして非常に的確に問題の核心を掌握している。深い尊敬の念を覚えずにはいられない。未だかつて、ここまで質の高い報告書に接したことがないくらいだ。一方では、この現実を目の当たりにして、正直、ショックを禁じ得ない。

「ベル研究所の衰退」は何を意味するのか

それにしても、なぜアメリカはこのような状況にまで追い込まれたのだろうか?それを理解するために、もう一歩踏み込んで、「(＊)」を付した箇所「アメリカ政府と議会による攻撃」とは具体的に何を指すのかに関して考察したい。

たとえば一例を挙げると、これはアメリカ情報通信・メディアコングロマリット「AT&T(旧社名 The American Telephone & Telegraph Company の略)」の歴史に関係してくる。

話は古く、AT&Tは1877年にアメリカの二大発明家の1人であるグラハム・ベルが興したベル電話会社が前身であり、1885年に世界初の長距離電話会社として発足した「ベル研究所」に所属していた。しかし、1970年代に反独占訴訟が起こり、1984年にはAT

&Tは基本的に長距離交換部門だけを持つ電話会社となり、それ以外の事業は8社に分割されてしまった。その中の一つであるアルカテル・ルーセントがフィンランドのノキアに買収されるに至り、AT&Tの権威は地に落ちてしまった。

かつてのベル研究所を崩壊させてしまったのは「アメリカの政府であり議会である」という国防報告書の憤りは、アメリカの良心として心に響く。

ベル研究所はかつて非常に多くの、世界を変革させた核心的技術を生み出し、7つのノーベル賞を獲得し、「研究者の聖地」とも言われて世界の憧れの的となった。ベル研究所の功績がなかったら、人類の現在の生活はもたらされていなかったと言っても過言ではないだろう。それをアメリカの政府と議会が攻撃して、アメリカ自身が崩壊させてしまったのだ。

ちなみにだが、ベル研究所の研究者たちが受賞したノーベル賞の数々を列挙しておこう。

1937年　クリントン・デイヴィソンは（レスター・ジャマーと共に）物質波の性質を確認したことでノーベル物理学賞を受賞。

1956年　ジョン・バーディーン、ウィリアム・ショックレー、ウォルター・ブラッテンは、トランジスタの発明でノーベル物理学賞を受賞。

1977年　フィリップ・アンダーソンは、ガラスや磁性物質の電子構造の研究についてノーベル物理学賞を共同受賞。

1978年　アーノ・ペンジアスとロバート・W・ウィルソンは、宇宙マイクロ波背景放射を発見し、ノーベル物理学賞を受賞。

１９９７年　スティーブン・チューは、レーザー冷却により原子を捕獲する技術の開発でノーベル物理学賞を受賞。

１９９８年　ホルスト・シュテルマー、ロバート・ラフリン、ダニエル・ツイは、分数量子ホール効果の発見により、ノーベル物理学賞を受賞。

２００９年　ウィラード・ボイルとジョージ・E・スミスは、チャールズ・K・カオと共にノーベル物理学賞を共同受賞。ボイルとスミスの受賞理由は、撮像半導体回路であるCCDイメージセンサの発明。

このような輝かしい研究所が、AT&T分割の後、衰退の一途をたどることになり、２００２年には大規模な研究詐欺が発覚し、科学雑誌「ネイチャー」は、「２００８年7月時点で、ベル研究所で物理学の基礎研究を行っている科学者は4人しか残っていない」と書いているほどだ。

そもそも考えてみてほしい。もしも、20世紀最大の発明であるトランジスタがなかったら、集積回路（Integrated Circuit　IC）もパソコンもスマホも存在しなかっただろう。今では片手の中に入るようなノートパソコンは、トランジスタがなかったら、大部屋のように大きなものとなっていたはずだ。

トランジスタを発明したのは、まさにベル研究所で、ベル研究所のジョン・バーディーン、ウィリアム・ショックレー、ウォルター・ブラッテンは、１９５６年にトランジスタの発明でノーベル物理学賞を受賞している。

それだけではない。最初の通信衛星テルスター衛星もC言語も、ＵＮＩＸ、ＣＣＤなどもすべて、ベル研究所が創り出したものだ。これらがなかったら、今日の人類の生活はない。それくらい重要な通信情報のメッカであるようなベル研究所は、今や見る影もない。

１９２８年に創立されたモトローラも事業不振で分割されて、結局ネットワーク部門がノキアに買収されている。ＩＢＭのパソコン部門も中国のレノボにも買収されるという有り様だ。

アメリカの通信設備製造会社は４Ｇの時のシェアが不足していて、あまり儲かっていなかったため、ファーウェイのように研究費を大量に注ぐことできなかった側面もあるが、アメリカ政府が周波数を売る時の価格が尋常ではなく高かったことも原因の一つになっている。たとえば６００ＭＨzの周波数は２００億ドルで販売されたという記録もある（BENTON の "Public interest voices for the digital age,October 1, 2015"）。

上場企業の場合は、目前の利益が求められるため、研究開発にお金を使うことができないということもあろう。その点ファーウェイは上場していないので、研究開発に有利だと言える。

また、クァルコム、ブロードコムのような5Ｇの特許や標準化をかなり持っている会社は通信設備の生産に興味はなかった。特許を持っているクァルコム、ブロードコム、ファーウェイなどにほかの通信設備を生産する会社は特許料を払わざるをえないので、そのコストが高くなる。しかしファーウェイは自社で生産するわけだから、クロスライセンスなどで特許料のコストをかなり下げることができる。５Ｇの特許がほぼ固められた現在では、新しい参入者にとっては、すでにかなり厳しい環境になっている。

こういったアメリカのさまざまな事情が、この「アメリカ政府と議会による攻撃に」というフレーズに込められているのである。

ここまで現実を直視し、潔く「敗北」を認める米国防総省の諮問委員会は、大したものだと感心する。中国共産党が抱えている課題というか悩みも正確に理解しているではないか。日本のチャイナ・ウォッチャーとはレベルが違う。何度言っても足りない。もう一度言わせてほしい。

米国防総省の諮問委員会を、心から尊敬する！

だとすれば、アメリカにはなんとか「アメリカをもう一度偉大に！」を実現してもらいたいものだと思うし、その可能性はまだ残っていると期待したい。

しかし、最も強固な同盟を結んでいるはずの日本は、その中国に媚びへつらっているのだから情けない。この国防報告書くらいの気概を見せてほしいものだ。

ちなみに、この報告書が発表されたあと、トランプは6月3日から7日の日程でヨーロッパを再訪した。イギリスでは国賓として招聘されエリザベス女王と会見し、フランスでは第二次世界大戦の行事に参加するためだったが、これによって英仏がトランプの要望に沿ってファーウェイ排除に傾いたかと言えば、そうでもない。

実は報告書の最後には「ファイブ・アイズにもNATOにも同調を求めるべきだ」と書いてあるので、トランプは報告書のアドバイスに沿った行動を取ったのだろう。前にも少し触れたが、報告書には「パートナー国家にも引き続きサプライ・チェーンの安全を保障し、中国国有企業から5G設備を買わないように求めるべきだ」ともある。だから日本に対してもファーウェイ排除を求めているものと思うが、この言葉から二つのことが引き出せる。

一つ目は、米中貿易戦争は貿易報告書が敗けを認めたハイテク分野においてアメリカが勝つまでは終わらないだろうということである。これはアメリアが勝つのか、あるいはアメリカが完全に中国には勝てないと認めてしまうのかは分からないにせよ、勝負がつくまで米中貿易戦争は終わらないだろうことを意味する。トランプは報告書通りに動いているのだから。

二つ目は、ここまで素晴らしい報告書でもあるにもかかわらず、ファーウェイを「国有企業(state-owned enterprises)」と認識しているということだ。次章で述べるハガティ元米国大使の「ファーウェイは国有企業」発言にも見られるように、そこにはアメリカの論理構築の限界と脆弱性があり、残念でならない。

三、中国政府「5Gの商業利用を許可」の衝撃

「追い込まれたがゆえの前倒し」なのか？

一方、中国政府の中央行政部門の一つである工信部(工業と信息化部＝工業情報化部)は2019年6月6日、「5G営業許可証を発行する」と発表した。中国の中央テレビ局CCTVが伝え、多くの他の中国メディアも詳細に伝えている。

国防報告書の予言通り、中国としては本来なら2019年度末あるいは2020年に実行しようとしていた5Gの商業化を、前倒しせざるを得ないところに追い込まれた形だ。あそこまで激しいファーウェイ攻撃がなければ、中国は何もここまで急がなくても良かったはずだと、多くの関係者が語っている。

ところで工信部の発表によれば、営業許可証の申請を出したのは「中国電信（チャイナ・テレコム）、中国移動（チャイナ・モバイル）、中国聯通（チャイナ・ユニコム）、中国広電（国家新聞出版広電総局）」の4社で、この4つの通信事業者がまずライセンスを得た。

それに対して多くの内外の企業が対応する意思を表明したと中国メディアが伝えた。その企業の中には、たとえば、以下のようなものがある。

●ZTE：5G営業許可証の発行は、わが社に多くの発展のチャンスをもたらし、新しい発展段階へと導いてくれる。

●ファーウェイ：ファーウェイはエンドツーエンド（end to end　高度な通信制御や複雑な機能を末端のシステムが担い、経路上のシステムは単純な中継・転送のみを行う）に基づき、5G能力を全面的にリードし、中国の通信事業者が中国の5Gシステムを建設することを全面的に支持する。近い将来に中国の5Gが全世界をリードしていくと信じている。

●クァルコム：これは全世界の5G発展にとってシンボリックな出来事だ。中国の5G時代が正式にスタートした。

●OPPO（オッポ　歩歩高＝ブーブーガオ傘下。広東省東莞市）：中国が正式に5G世代に入ったことを意味する。OPPOは既に5G商用に向けて全面的に準備している。中国内で最初に5G商用スマホを市場に出す自信を持っている。

●VIVO（ビボ　歩歩高の傘下）：わが社の最初の5Gは既に実験室でネット測定に入っている。中国市場で最初に登場する5G商用スマホになるだろう。

●INTEL（インテル）：わが社が中国の5Gネットワークの中で重要な役割を果たすことを非常に嬉しく思っている。われわれは中国のハイテク産業生態の開拓に協力して進み、5Gが絶え間なく発展することを支持する。

●エリクソン：5Gの営業許可証を発行するということは中国の5G市場の積極的な発展に有利に働くだろう。われわれは既にそのサービスや配布チームの配備を促進させ、中国における5Gの商用化に備えている。

その他鉄塔（チャイナ・タワー）や小米（シャオミ）などの意思表明が続くが省略する。

GSMA（GSM Association　携帯通信事業者の業界団体）は、「中国のモバイル産業は産業規模においても産業技術においても、全世界の発展に大きな影響をもたらすだろう」とした上で、「中国は2025年までに4・6億人が5Gを使うようになり、全世界の30％を占めることになるだろう」と予測したと、中国メディアは報道している。

5G商用営業許可証と米中貿易摩擦の「深い関係」

2019年6月6日、中国外交部は記者会見で「5G商用営業許可証は米中貿易摩擦と関係するか?」という記者の質問に答えた。

外交部の耿爽報道官は「中国はこれまでと同じように、外資企業が積極的に中国の5G市場に参入することを歓迎する。そしてともに中国の5Gの発展を図り、その成果を享受してほしいと希望している。これは中国がこれまで通り行動を以て大開放を拡大することを海外に示している証拠だ。目下、一国主義および保護主義により多国間貿易体制は攻撃を受けているが、しかしわれわれは国際自由貿易を守り抜くために、わが国に出来る最大限の努力と貢献を惜しまない」と回答している。

本節冒頭に書いたように、アメリカが中国の5G商業化を加速させたということが言えるが、それ以外にも中国を焦らせる事態が動いていた。たとえば韓国・アメリカ・イギリスは下記に示すように、既に中国に先駆けて5Gの商業化に関して発表している。

●韓国：2019年4月3日23：00、5Gの商用サービスを開始した。韓国政府はもともと4月5日に開始すると言っていたのだが、アメリカのVerizon（ベライゾン）が4月4日に開始すると発表したのを受け、4月3日の夜中ギリギリ（ほぼ4月4日）に前倒しした。その「無理」が影響し、不具合が生じている。

●アメリカ：2019年4月3日、ベライゾンが同社の5Gネットワーク「5G Ultra Wideband」上での5G対応スマホの提供を開始した。サービス提供都市はシカゴとミネアポリス。５G対応スマホによる5Gサービスとしては世界で初めてとベライゾンは主張。韓国が一番乗りを果たしたという発表に猛反発した。モトローラのスマホ「moto z4」に「5G moto mod」モジュールをはめ込んで使うとのこと。アメリカ政府は２０２0年までに普及させるとしている。

●イギリス：２０１９年5月30日、イギリスは初めての５Gによるテレビ生放送をした。放送中にファーウェイの設備を使っていることに焦点を当てて、わざわざファーウェイのロゴマークを映し出したことで、中国では大きな話題となった。

一方、6月5日の中国経済網は「中国５Gは世界とともに享受、アメリカは何を焦っているのか」という見出しで、イギリスBBCの5G放送に関して報道している。

その中でBBCの記者がファーウェイのロゴをクローズアップしながら「まさにこれ（ファーウェイ）こそが、私たちがイギリス最初の５Gテレビ生放送をすることを可能にさせてくれたのです」と興奮して解説していると書いている。

そしてアメリカのブルームバーグが「トランプが慌ててイギリスにプレッシャーをかけに出向いた」と報道していることを紹介。

目玉はアメリカの「The Daily Show」で、「ホワイトハウスはアメリカが中国に勝てないことを知っている、しかし彼（トランプ）は他人のことをダメにする方法を知っている。」と批判しているのを紹介していることだ。

本当にそのようなことをアメリカのテレビが報道しているのだろうかと調べてみたところ、“If

You Don't Know, Now You Know：5G｜The Daily Show"（もしあなたが知らないのなら、いま知ることができる）という番組を見つけ出すことができた。昔は辛口のJon Stewart氏が司会していた番組で、今はやや抑制的なTrevor Noah氏の司会になっているが、それでも相当に辛辣なトランプ批判をユーモアたっぷりに展開している。

テレビ番組のタイトルは「５Ｇレース」。４：30辺りから"So this is a race many people are already saying America has lost. Luckily - and I can't believe I'm saying this - America is lucky that you have a maniac on your team who's willing to play dirty."（だからこれは、多くの人が、アメリカは既に負けていると言っている（５Ｇの）競争なんですよ。しかし幸いなことに、――ああ、自分でもこんなことを自分が言うなんて信じられないんですがね、――幸いなことにアメリカのチームには汚いことをしても構わないと思っているメンバーがいるんですよね）とまくし立て、「それはトランプという人だが……」と皮肉っている。

６月５日の中国経済網は続ける。

●クァルコムはかつて、「２０３５年までに、５Ｇは世界に12兆ドルの生産総額および２００万の職位を与える」という調査結果を出している。故にアメリカにとって５Ｇは大変重要な産業だが、アメリカはクァルコムのような端末（クライアント）設備への提供者（スマホ製造のための半導体チップ製造者）はいるが、５Ｇの通信設備（基地局など）の提供者がいない。

●現時点における通信設備の提供者はファーウェイ、エリクソン、ノキアとＺＴＥしかない。だからアメリカは中国の企業を弾圧する。それでもファーウェイの技術は世界より2～3年のアドバンテージをもっている。

●5Gの標準は世界中が一緒に決めた国際標準であり、その中でも、中国の特許が30％を超えている。中国のキャリアは5G回線の設立に力を入れている。予定では、2019年に7～9万個の基地局を設置し、投資額は322億人民元～342億人民元になる。

●中国情報通信研究院のレポートによると、2020年～2025年の間に、中国5G商業利用における直接生産総額は10万億人民元（≒10兆人民元≒165兆円）、間接生産総額は24・8万億人民元（24・8兆人民元≒409兆日本円）に達し、300万個の職位を直接提供できるとのこと。

●中国の5G技術は世界中と共有し、ノキア、エリクソン、クァルコム、インテルとの間でも協力し、ともに協力して5Gを発展させていく。ノキアとエリクソンも中国の5G回線設立に協力している。昨年ノキアは中国移動13都市と2省の回線を共に設立する契約を交わした。

●それなのに、アメリカはコスト面でも性能面でも優れている中国の通信会社を一方的に制裁している。それはアメリカの民衆の利益、5Gの普及を阻害する行為で、結果的にアメリカでの5G商業利用コストを増やし、最終的にはアメリカ企業のイノベーションに損害を与えることになる。

以上は、あくまでも中国で起きていることと、中国の視点を紹介したまでだ。「中国経済網」

は中国政府の意向を反映したウェブサイトである。

「5G関連特許」は誰が押さえているのか?

アメリカの味方をするわけではないが、5Gが使っている技術の学術的研究は、実際はアメリカが生み出したものが多い。

ただ、5Gビジネスを展開していくにあたって、これまで述べてきたさまざまな商業利用する際の障壁が絡み、製品化が遅れてしまっているだけなのである。アメリカの技術が遅れているのではないことは認識しておいた方がいいだろう。

たとえばだが、mmWave は言うに及ばず、massive MIMO、Full Duplex communication(全二重通信。双方向同時通信方式のこと)、Polar Code(チャネル符号化。5G無線インターフェースに最適)、V2X(vehicle to X。自動車で情報をやりとりする技術やシステムの総称。IoTの一形態)、Filtered-OFDM(OFDM波形にフィルターをかけたもの。OFDMとはOrthogonal Frequency Division Multiplexingの頭文字を取った略称で、直交周波数分割多重方式あるいはデジタル変調方式の一種)……などなど、今では中国や華人華僑が使用している技術の大半は、もともとはアメリカやそれ以外の国が研究開発した技術だ。

ではトランプが言うように、それらの技術を中国がすべて「窃盗」したのかというと、必ずしもそういうわけでもない。

例えば、Polar Code(ポーラー・コード=ポーラー符号)を例にとるならば、これは200

［図3-4］Polar Codeの特許保有数（企業別）

会社	宣言した5G NRパテントファミリー	宣言した公開された5G NRパテントファミリー	公開されたPolarパテントファミリー	公開されたPolarパテントファミリー＋非公開がタイトルにPolarが含まれているパテントファミリー	Polar特許の割合
ファーウェイ	1,481	637	51	51	49.5%
エリクソン	1,411	599	5	26	25.2%
インターデジタル	103	37	4	7	6.8%
クアルコム	541	331	6	6	5.8%
LG	366	29	2	5	4.9%
インテル	468	321	4	4	3.9%
ポーラロン	4	4	4	4	3.9%
サムスン電子	1,082	1,082	0	0	0.0%
シャープ	495	469	0	0	0.0%
アップル	11	1	0	0	0.0%
ブラックベリー	7	7	0	0	0.0%
NEC	1	1	0	0	0.0%
合計	5,970	3,518	76	103	100%

出典：『金融界』（jrj.com）

8年にトルコのErdal Arikan教授が発明したもので、2010年にファーウェイがその秘めたる大きな可能性を見抜き、巨額の研究費と科学者を投入して、最終的に5Gの標準に組み込むことに成功したという経緯がある。そういった流れを通しながら、ファーウェイによる新たな技術が発明されたのちに、標準化と製品化に対してさらに巨額の経費と多くの研究人材を投入した結果、ファーウェイは50％ほどの特許に基づく権利金を得ることになった。

図3－4に示すのは、Polar Codeの特許に関するデータである。

このデータから分かるように、Polar Codeの公開された特許は103件あり、そのうちファーウェイが所有しているのは51件で、49・5％となる。Polar Codeは5Gの標準の一部となっているので、他社がこれを使う場合、特許に基づきファーウェイに権利金を支払う必要が生じる。

発明者（研究者）に対して巨額の対価を払っているので、発明者本人がそれで納得しているならば、これは「窃盗」には属さないと考えていいだろう。のちにエリクソンもインテルもクアルコムも参画しているので、こういう場合は正当と言えるのではないだろうか。

第四章

米中インタビュー合戦

ファーウェイがエンティティ・リストに加えられると、任正非は国内外の多くのメディアのインタビューに答えている。これまでメディアを避けてきた任正非にしては、実に珍しい行動だ。
一方でアメリカ側では、ポンペオ国務長官が5月23日、米CNBCのインタビューを受けて「ファーウェイは嘘つきだ」と発言している。続いてハガティ駐日アメリカ大使（当時）が6月15日に日本のテレビ朝日の番組で「ファーウェイは国有企業だ」と発言。

1カ月の間に、米中双方の大物が突然インタビューを受ける形で報道合戦を展開した形だ。双方の言い分を分析するとともに、この章ではファーウェイが、どのようにして海外発展を遂げてきたかに関しても考察を試みる。

一、任正非が集団取材で語った「本音」

任正非は、5月21日、中国メディアの集団取材に応じ、150分間にわたって本音を語った。中国のメディアが一斉に報道した。

CCTVは任正非を「民族の英雄」とさえ言った。世界に対して「革命」を起こさんばかりの勢いだ。抗日戦争時代に生まれた、現在の中国の国歌の中にあるフレーズ「中華民族は最も危険な時期に達した」をファーウェイの現状に当てはめていることから、国家全体として「人民戦」を闘い抜こうという意思が読み取れる。

それならなぜ中国政府は、第二章で述べたように、100人リストから彼を外したのか、そして中国のAI巨大戦略における中国政府指定の先端企業5社（BATIS）から、なぜその最高レベルの半導体チップを持っているファーウェイを外したのか。

　この報道ぶりの「激変」自体から、米中貿易戦争あるいは米中ハイテク戦争において中国が切羽詰まったところに追い込まれている状況が見えてくる。今ごろになってとは思うが、中国はようやく、ファーウェイを「中国の顔」として使い、「米中貿易摩擦の根幹は、米中ハイテク覇権競争にあり」「アメリカが、中国のハイテクがアメリカを追い抜こうとしていることに恐怖を抱いているからだ」というメッセージを世界に発信しようとしているのだ。

　では任正非氏は、あのぼくとつとした口調で何を語ったのか。

　その全記録をご紹介したいが、あまりに長いので、「これは」と思われる注目点を抜き出してみることにしよう。以下、記者（Q）と任正非（A）との、主たるQ＆Aを列挙する。長い会話は別の言葉に置き換えて表現する場合もある。

　Q：アメリカは昨日、ファーウェイに対して90日間の猶予を与える禁輸延期令を出したが、それをどう思うか？

　A：90日など、別に大きな意義はない。私たちは早くから準備してきた。重要なのは自分のやるべきことをしっかりやるだけだ。ただ、アメリカの企業にはとても感謝している。30年間、共に成長してきた。ファーウェイの顧問企業の多くはＩＢＭなどのアメリカ企業だ。アメリカの多くの部品工場も、ずっとファーウェイを助けてきてくれた。どんなに感謝しても感謝しきれない。昨夜も夜中に電話してきて、ファーウェイのためにサプライチェーンの部品を沢山貯めてあるので、それを緊急に送ると言ってくれた。その友情に涙が出る。今日も、アメリカの多くの関連企業はアメリカ政府に禁輸をするなという申請をしているようだ。中国のメディアは、あまりアメリカのことを罵倒しないようにしてほしい。アメリカ企業とファーウェイは運命共同体なのだ。われわれは皆、市場経済の主体である。アメリカ政府は、企業間のこの力を低く見積もり過ぎている。少なくとも5Gの領域では、アメリカ政府の禁輸令の影響を受けることはない。影響を受けないだけでなく、他の企業は、2、3年ではファーウェイに追いつかないだろうという自信がある。

Q：5月18日に日本のメディアの集団取材を受けたときに、「ファーウェイはアメリカの半導体を必要としない」と回答しているが、これに関してどう思っているのか？

A：いや、ファーウェイは永遠にアメリカの半導体を必要とする。ファーウェイは決してアメリカを排除したりしない。アメリカ企業とともに成長したいと思っている。ただ、実は最先端の半導体は、全てファーウェイ自身で製造できる。しかし、平和な時期には（アメリカが攻撃してこない状態なら）、半分はアメリカから購入し、半分はファーウェイで作っていた。自分の会社で製造する方が、明らかにコストが安いが、世界で孤立してはいけないから、わざとアメリカから購入していた。だから今も、アメリカ企業がワシントン政府に申請を出して輸出許可を受けたら、私たちはやはりアメリカ企業から購入する。こうして世界の中に融け込んでいき、ともに発展するようにしなければならない。日本のメディアが原稿を整理するときに、少し過激になったのではないだろうか。たしかにファーウェイはアメリカと同じレベルの半導体を製造することができる。しかしそれは、必ずしもアメリカから買わないということではない。

Q：現在のアメリカの保護主義により出された禁輸令は、世界のサプライチェーンを破壊し市場に混乱を招いているのではないだろうか？　アメリカはファーウェイの何を疑っていると思うか？

A：アメリカの政治家が何を考えているのか、私には本当に分からない。たぶん、ファーウェイがアメリカを凌駕しそうだからだろうが、だからって叩かれるのは筋違いではないか。なぜなら5Gは原子爆弾ではない。人類に幸せをもたらすものだ。5Gの容量は4Gの20倍で、消費電力は4Gの10分の1。特に水に強いので、古い街並みが多いヨーロッパでは便利だ。5Gの通信速度をもってすれば、8Kのハイビジョンテレビ信号でも、簡単に送受信することができる。しかもその費用は表向きに10分の1、実際100分の1まで下げることが可能になる。5Gは社会を変えていく。

Q：（アメリカの禁輸令は）国際市場の秩序に混乱を招くか？

A：いや、招かない。なぜならヨーロッパはアメリカの言う通りには動かないからだ。アメリカだって、多くの企業はファーウェイとの関係を今までより緊密にしている。

Q：それでもアメリカが半導体の供給を完全に止めたら、顧客へのサービスに支障をきたすのではないか？

A：アメリカが、中国のハイテクがアメリカを超えてしまうことを絶対に阻止しようとする日が来ることを私たちは早くから知っていた。その闘いを避けるために（私はそういう闘いをしたくなかったので）２０００年に入った頃、ファーウェイを１００億ドルでアメリカの某企業に売ってしまおうとしたことがあった。サインまで漕ぎ着けるという状況になって、私たちはお祝いのパーティをやろうとしていた。ところが、そのとき相手の企業の社長が交代してしまって、突然売らないことになってしまった。私はそれに反対したが、多数決で売らない方に決まってしまったので逆らえなかった。それでも、いずれこういう日（アメリカと闘わなければならない日）が来ることは分かっていたので、実は半導体に関しては準備してある。ただ、山頂で最後の決戦をするためにまみえるのではなく、私は山頂で抱き合って共に人類社会のために貢献したいと思っている。

（筆者注：任正非がファーウェイをアメリカ企業に売ってしまおうとしたという事実は大きい。もしアメリカの情報を抜き取って中国政府に渡そうとしていたのだとしたら、アメリカ企業への売却という選択はあり得なかっただろう。このアメリカ企業の名前はモトローラである。２００３年のことだ）

Ｑ：それでもアメリカの圧力により、顧客へのサービスが落ちてしまうと思うが。

Ａ：いや、そうは思わない。ファーウェイは世界の最先端を行っている。少しは成長速度が緩慢になるかもしれないが、たとえば今年の第１四半期の前年度同期成長率は39％だった。４月はたしかに25％に落ちたが、大きな影響はない。

Q：グーグルがファーウェイにサービスを提供しないと言っている。ヨーロッパなどでは非常に心配しているが、アンドロイド・システムを更新することができなくなるのではないのか？

A：グーグルは責任感の強い、とても素晴らしい企業だ。今アメリカ政府を説得しようとしている。今は、これ以上は言えない。

Q：こういう状態がいつまで続くと思うか。

A：それはトランプに聞いてくれ。もっとも、私たちは多くの他の国にイノベーション基地を建設してもいい。あるいは、他の国から中国に来てもらってもいい。方法はいくらでもある。

Q：任総裁には、なぜか非常に落ち着いた穏やかな姿勢を感じるのだが、それはなぜか。そして、こういったリスクに備える意識はどこから来たのか？

A：いつもファーウェイは叩かれてきた。だから常に危機感を抱き続けてきたので、いつどのような形でやられてもいいように準備してきた。生存のために早くからスペア・タイヤを用意している。これまで使わなかっただけだ。

（筆者注：取材では長い時間をかけてこの「スペア・タイヤ」に関する問答が繰り返された。それをそのまま書くのはあまりに文字数を使うので、ここでは簡単にまとめたい。

5月17日、ハイシリコンのCEO何庭波がすべての職員に向けて公開状を発表した。そこには「ファーウェイは数年前から、すべてのアメリカの半導体チップと技術が規制される事態を想定し、スペア・タイヤを用意し始めた。今回のアメリカ規制を受けて、すべてのスペア・タイヤを正式に起用することを宣言する」と書いてあった。他のインタビューで任正非が言及したように、ファーウェイは常に危機感を抱いており、自社で製造できる製品に関しても、アメリカとの衝突を避けるために、敢えてアメリカから多くの製品を仕入れている（たとえばクァルコムから毎年５０００万セットのチップスを仕入れるなど）。

ファーウェイはもともと中国政府に潰されるという危機感があったから、海外に事業展開を始めた。だから『下一个倒下的会不会是华为（次に倒れるのはファーウェイか）』（２０１2年、中信出版社）という本があるくらいだ。任正非が最初に中国メディアによる集団取材を受けたのは２０１9年1月17日（深圳のファーウェイ本部）で、このとき「次に倒れるのはファーウェイですか？」と、記者が書名をもじって聞いたところ、任正非は即座に「そうだとも！」（次に倒れるのはファーウェイだ！）と答えている。ＣＣＴＶが１２０日前と言ったのは、このときの取材のことである。記者は、「過去30年間、絶対にメディアに顔を出すことがなかった任正非が、こうして大勢のメディアの取材を受けるのだから、よほどのことが起きていると推測し、もしかしたら本当に『次に倒れるのはファーウェイだ』という危機感を持ったのではないかと思ったので聞いたのだ」と、後日談として述懐している）

Q：孟晩舟事件にしても、アメリカは対イラン問題を理由としている。この誤解を解くため、あなたはアメリカ政府、特に商務部や司法部と協議するつもりはあるか？

A：何を言っているんだい。私は既にアメリカ政府を起訴したではないか。法廷でアメリカが証拠を出せば済むことだ。私は法廷で弁護士とわたりあう。
Q：水面下のルートから話をするつもりはないのか？
A：私は水面下のパイプを持っていない。それとも君は私にトランプの電話番号をくれて、トランプとこっそり話をしろとでも言うのかい？
Q：「996」という問題があるが、西側諸国の働き方と中国とでは、大きな価値観の差がある（筆者注：「996」とは「朝9時に出勤して夜9時に退社、週6日勤務」という意味）。社内では、このバランスをどのように取っているのか。
A：労働時間に関しては西側諸国の労働法という価値観を尊重する。労働者の合理的な時間を保護しなければならない。しかしファーウェイには使命感がある。使命感に燃えている。それがなかったら、何も創りだすことができない。今年の春節には社員は誰も故郷に戻ろうとせず、社内で寝泊まりして頑張った。帰れと言っても帰らない。我が社にいる外国人の科学者でさえ、中国の科学者よりももっと強い使命感を抱いてくれているくらいだ。だから結婚する時間さえ取れていない。
（筆者注：ファーウェイはハイレベルの人材を獲得するためなら、年俸200万元（日本円で3000万円以上）を払うことも厭わないが、しかしその一方では、実は離職率が高い。なぜなら内部における競争が激しく、勝ち抜くために22カ月間も家に帰れず職場で過労死する例さえあるからだ。また社内異動も困難で、「2012ラボ」という研究開発部局では、社内異動を禁止さえしている。さらには入社後、自分の専門領域と一致しない部署に配属された人材（博士）が、ゼロから他領域の研究開発に強制的に従事させられることもあり、離職率は40％に至っている。だから「結婚するどころではない」という状況に至っているという側面もある。）

以上、一部しかご紹介できなかったが、任正非氏はほかにも「ハイテクのレベルにおいて米中の間には総体的に見てまだ大きな差があるが、しかしファーウェイとアメリカ企業を含めた他の企業との差は大きいとは思っていない」と自信のほどを覗かせている。

この「5月21日」を境目として、明らかに中国政府とファーウェイは一つになって闘い始めたということが見て取れる。その意味で、「5月21日」は一つの「分岐点」だったということができよう。ファーウェイはそれまでのファーウェイとは違ってしまった。

二、ポンペオの「ファーウェイは嘘つき」発言を検証する

「ファーウェイによるスパイ活動」の証拠は何か？

任正非の中国メディアによる集団インタビューが華々しく報道されると、アメリカのポンペオ国務長官はその2日後の5月23日に、米CNBCのインタビューを受けた。テレビ番組に生出演した形だが、そこで「ファーウェイは嘘つき」と発言したことが日本でも報道された。

そのニュースを見た時、ポンペオは何を根拠に「ファーウェイは嘘つき」と言ったのだろうかと気になった。また、どういう文脈の中でそう言ったのかを見てみないと、ポンペオ発言の

真意は分からない。そこで原文を見てみることにした。読者とともにたどってみよう。

アメリカのＣＮＢＣのNews Releasesの中に、現地時間5月23日付のCNBC Transcript：United States Secretary of State Mike Pompeo Speaks with CNBC's "Squawk Box" Todayというのがある。インタビューの全記録が書いてある。このページにANDREW ROSS SORKINという記者がポンペオ国務長官(MIKE POMPEO)に尋ねている以下の文章があるのを見つけた。英語は省略して日本語訳だけで表記する。ANDREW ROSS SORKINはアンドリューで表す。

●アンドリュー：国務長官、私は潜在的なリスクを減らすことに興味はありません。教えていただきたいのですが――ファーウェイがハードウェアを利用して、スパイソフトや何かスパイ行為を行うことを明確に示唆する証拠を今日は提供できますか？

●ポンペオ：うーん、そうだね。それは間違った質問だよ、アンドリュー。もしあなたが自分の情報を、つまり自分の情報をだね、中国共産党に渡すのは、あなたにとって実際上、凄まじいリスクを伴う行為になるわけだよ。彼等（中国共産党）は、今日は利用しないかもしれない。明日も利用しないかもしれない。

（筆者注：この最後の部分の原文は"They may not use it tomorrow."である。文脈的には、"They may use it tomorrow."〈明日は利用しているかもしれない〉とならなければおかしい。しかし動画では、ポンペオはしどろもどろしているので、論理性の欠如した回答になってしまったのだろうと推測される）

●アンドリュー：私はリスクを減らすことに興味ありません。私が質問しているのは、ファーウェイのCEOが「ほら、私たちは他者と情報を共有していません。私たちは中国政府と協力していないのです」と主張しているからです。だから何か明確な証拠を示してください。

●ポンペオ：それは正に嘘だよ。それは正に嘘だ。中国政府と協力していないというのは、嘘の声明だ。

こうして、ポンペオの「ファーウェイは嘘つき」という言葉がニュースとして流れるに至ったのである。

アンドリューは「具体的な、正確な証拠を示してくれ」と要求しているのに、ポンペオは証拠を示すことはせず、「ファーウェイの言っていることは嘘だ」とのみ回答している。

ここで、アンドリューが例として挙げたファーウェイCEOの言葉「ほら、私たちは他者と情報を共有していません。私たちは中国政府と協力していないのです」に関して、「いつの」、そして、「どのような場面での発言」なのかを追跡してみた。

すると2019年1月15日に、AP通信やCNBCを含めた英語圏の海外記者の集団インタビューに任正非が応じている記録“Huawei's Founder Ren Zhengfei: Huawei will never provide government with customer information”を見つけた。

この記録の「3　AP通信」や「13　CNBC」などの記者による「(国家情報法に基づいて)中国政府に情報提供を要求されたら、顧客の個人情報を中国政府に提供してしまうのではないか」という安全上の質問に対して、任正非は以下のように回答している。回答した量が多いので、回答をまとめて簡略化した形で記述する。

●過去30年間にわたって、我が社は170カ国の30億人以上の顧客にサービスを提供してきたが、非常に良好な安全を保ち続けている。ファーウェイは一つの独立したビジネス企業だ。ネット上の安全や個人情報保護に関しては絶対的に顧客の側に立つ。私たちは絶対にいかなる国のいかなる個人をも傷つけない。そもそも中国政府にはいかなる中国の企業に対してもバックドアを付けろと要求する法律はない。ファーウェイも私個人もまた、ただの一度もそのような要求を中国政府から受けたことはない。

●もし国家情報法で要求されたら、私は私の会社（ファーウェイ）をあなたに売ってもいいですよ。

●もしあなたが、とても買い取る力はないというのなら、私はファーウェイという会社を閉鎖してしまいます。顧客の利益を侵害するような事態になるのなら、私は絶対に会社を閉鎖してしまう。それだけは確かだ。

●今日のインタビューが報道された後の将来20年から30年、もし私がまだ生きていたとしたら、私がいま言った言葉を覚えておいてほしい。そして私が行動を以てこの言葉を証明することを見届けてほしい。

「国家情報法」と「中国の密告文化」の真実

ポンペオ発言の文脈が分かったので、ここで中国の「国家情報法」に関して一言だけ触れておこう。多くの人が「中国には国家情報法があるから政府の要求に応じないということなど、出来るはずがないだろう」という疑念を抱くのはもっともなことだと思うからだ。

多くの日本人も「あの一党支配体制の中国共産党に抵抗できることなど、あり得るはずがないだろう！」と、きっと誰もが思っているにちがいない。実際、私自身も講演が終わった後の質疑応答などで類似の質問をよく受けるので、それは日本人にとっても根深い、そして「正当な」疑問であることだと理解している。

たしかに中国には国家情報法があり、その第7条には「いかなる組織および国民も、法に基づき国家情報活動を支持、協力し、知り得た国家情報活動についての秘密を守らなければならない。国は、国家情報活動に対し支持、協力をする個人及び組織を保護する」という条項がある。

もともと国家情報法は、「中国人の中に民主化を求めて政府転覆を図る者があちこちに潜んでいるので、そういう反政府分子を匿《かくま》ってはならない」、つまり「密告せよ」ということが目的である。

中国は1940年代の国民党と共産党との間の国共内戦時代から、互いに騙し騙されあいながら、スパイを通して政権の争奪戦を展開してきたので、中華人民共和国誕生後も、ともかく反政府分子摘発のための密告文化が根深く根深く、蔓延している国家だ。この中で翻弄されてきた者でないと、この密告文化の根深さは理解できないかもしれないが、習近平政権に至っても「人民の声」が怖くてならない。だから徹底した監視社会を構築してきた。

実は、これこそが「国家情報法」を制定しなければならない根本的な原因だった。香港で起きているデモを見れば、習近平政権がどれほど「人民の声」を恐れているか、どれほど、民主活動家の芽を摘み取ろうとしているかは、ご理解いただけるものと思う。香港のデモは「逃亡犯条例改正案」への抗議運動から始まった（第七章で詳述）。

今年2019年は中国建国70周年記念なので、何もこのような年に改正案など出さなくても良かっただろうにとも思うが、2年前の国家情報法同様、どのようなことがあっても民主活動家（＝中国政府にとってのスパイ）の芽を摘んでおかないと、民主化を求めた政府転覆の危険性を回避することができない。だからAIなどのハイテクを駆使して監視体制を強化している。

国家情報法は、この線上に位置づけられる性格のものだ。

他国の機密情報なら、何もファーウェイなどを通さなくとも、ストレートにサイバー活動をしている部隊が多数あるのだから、そこを通せばいいわけだし、アメリカがファーウェイになど注目するために、逆にサイバー部隊の活動を容易にしてしまっている。

中国政府によるスパイ行為の「真の実行犯」

そもそも第三章でも触れたように、情報を持っているのはGAFA（Google, Apple, Facebook, Amazon）とかBAT（Baidu, Alibaba, Tencent）などビッグデータを持っているアプリケーション企業であって、ファーウェイではないということだ。だから個人情報を出そうにも出しようがない。

任正非はよく「スマホは水道管のようなものだ」という譬《たと》えをする。ファーウェイが製造しているスマホは水道管の役割をしているだけで、中にどのような水が流れているかを掌握しているのはGAFAであり、中国に限って言うならばBATであるという意味のようだ。ビッグデータを扱う企業が、そのデータの中身を知っているのであって、ファーウェイはビッグデータが流れる水道管という器を提供しているだけなので、データの中身を知る手段を持っていないというのが彼らの説明である。

もっとも、その水質を調べるためのフィルターなどを水道管にくっ付けることも不可能ではないが、そのような「余計なもの」がくっ付いていれば、すぐに検出できる。2018年12月、「政府与党関係者」と名乗る者が「ファーウェイのスマホを分解したら余計なものが見つかった」と言ったらしい。日本のメディアは大喜び。ついに証拠を見つけたかと大騒ぎしたのだが、証拠は出てこず、逆に半導体研究者の権威であるテカナリエの清水洋治氏（分解技術の最高峰）がファーウェイのスマホを分解したところ、「余計なもの」は見つからなかったと報告している。「政府与党関係者」はきちんと名乗り、顔を出して日本国民に「余計なもの」を見せてくれないと困るが、雲隠れしてしまった。日本国民を守るために、発言が本当ならばそれを見せる義務が「政府与党関係者」にはあるだろう。これはポンペオの「ファーウェイは嘘つき」発言と同類のものだ。

いずれにせよ、中国政府が個人情報を欲しければ、ビッグデータを持っているBATと癒着すればいいわけだ。ファーウェイに焦点を当てすぎている間に、本物の情報を抜き取る相手は邪魔されることなく抜きたい放題抜いているということになろう。

三、駐日米国大使「ファーウェイは国有企業」発言を検証する

ファーウェイの「本当の株主」は誰なのか？

２０１９年６月14日夜９：54から始まったテレビ朝日の「報道ステーション」はハガティ米駐日大使を取材するコーナーを報道した（ハガティ氏は２０１９年７月16日に大使辞任を発表してしまったので、正確には「元大使」と呼ばなければならないが、ここでは報道時の呼称とする）。いつもは穏やかで上品な顔つきをしたハガティ大使が、「ファーウェイは国有企業だ」と言った時には、実に厳しい表情をした。

念のため、「国有企業」と言った前後を文字化してみると以下のようになる（ザックリと文字化したものである。NAは「ナレーション」の略。富川は当該番組のキャスター）。

ＮＡ：米中の対立の象徴となっているのが中国企業ファーウェイの排除です。日本でも取引を停止する動きが官民で広がっています。

富川：私はファーウェイの任ＣＥＯをインタビューしたことがあるのですが、彼はアメリカの安全保障を脅かすようなことは絶対にしていないと、スパイ行為もしていない

と言っていますけれども、アメリカにとっては、それでもファーウェイというのは脅威であると？

ハガティ：中国では政府が企業から情報を得ることが法律で認められています。ファーウェイもそうした企業で安全保障の明らかな脅威です。

NA：ファーウェイ側は「政府から独立した民間企業だ」と主張していますが、大使は語気を強めて、こう断言しました。

ハガティ：**ファーウェイは国有企業なのです。**国有企業は自由市場を汚染し不公正な競争をします。アメリカ市場だけでなく日本やオーストラリアなど、志を同じにする国からファーウェイを排除することで、（アメリカは）公正で不正のないオープンな市場を創ろうとしています。

以上が関係部分に関する番組内の会話だ。

国有企業の部分に関して、ハガティ大使は英語で“State-owned enterprise”と表現しており、これは間違いなく「国有企業」の意味で、通訳ミスはない。

それでは、ハガティ大使が「ファーウェイは国有企業だ」と言ったことが正しいのか否かに関してもう一度別の角度から検証してみよう。

ファーウェイが「従業員持ち株制度」を実施していることは、関心のある方なら誰でもが知っている周知の事実だ。その経緯は本書の第二章でも述べた。

その株主の割合に関して、オランダの国際会計事務所であるＫＰＭＧが会計監査をしているデータがある。ＫＰＭＧは１８７０年に設立された国際会計事務所で、今では世界４大会計事務所の一つになっている。現在の会社名はパートナーとして加わった設立者の名前の頭文字を取って付けられた（K:Piet Klynveld, P:William Barclay Peat, M:James Marwick, G:Reinhard Goerdeler）。

中国政府が管理している公開情報「国家企業信用信息（情報）公示系統（公開システム）」（National Enterprise Credit Information Publicity System　広東省）によれば、ファーウェイの株の持ち主に関する割合は２０１８年12月28日の時点で、任正非が１・01％で、ファーウェイの工会委員会（労働組合＝従業員）の持ち株が98・99％であることが明示してある（この割合は、年によって０・１％～０・４％前後で変動がある）。ここには明らかに「中国政府」の持ち株がない。

これが正しいか否かを監査しているのが、上記の国際会計事務所ＫＰＭＧだ。ファーウェイは２０００年からＫＰＭＧの監査を受けてきており、ＫＰＭＧは外部監査人として毎年サインしてネットでも公表している。ネットで公開されているファーウェイの「アニュアルレポート（年次報告書）」を見れば、誰でもすぐに確認することができる。

国有企業には、必ず中国政府の持ち株がある。ＫＰＭＧが、中国政府の持ち株はゼロであるということを証明しているので、やはりファーウェイが国有企業でないことは、国際的基準で証明されていると言っていいだろう。

それなのになぜ、米国大使ともあろう大物が、このような、誰にでもすぐに分かってしまう

「事実と異なること」を堂々と言ってしまったのだろうか？

　これは明らかに第三章で述べた国防報告書があまりにショッキングで、何が何でもファーウェイを危険だとして宣伝し排除する以外にないというトランプ政権の判断から来ているものと言えよう。米中インタビュー合戦は、かくして繰り広げられたと見るべきだろう。

　しかし、このような明白な「虚偽の根拠」に基づいてファーウェイを危険だとして排除しているということは、いかにもアメリカが根拠なしにファーウェイを攻撃しているかのような印象を与えて、アメリカにとっても逆効果となり、それが残念でならない。したがって、何としても一党支配体制を維持している中国を倒すという気持ちがアメリカにあるのなら、弁明の余地のない客観的事実を突き付けていかなければならないのである。

　なぜなら、言論弾圧を続ける中国共産党の一党支配体制を崩壊させる力は、今のトランプ政権以外には、この70年間、誰も持っていなかったからだ。これは自由主義陣営と社会主義陣営の闘いであり、価値観の闘いでもあるとして、大きな期待をかけていた者も少なくないだろう。

　もしアメリカが中国共産党による一党支配体制を打倒したいのなら、ＺＴＥやユニグループのようなハイテク産業を主導している国有企業を狙い撃ちしなければならない。彼らは中国政府そのものであり、中国共産党と共にいる。

　ファーウェイを攻撃すれば、これまで中国政府と距離を置いていた民間企業のファーウェイも中国政府に近づかざるを得ないところに追い込まれる。中国政府側も、これまではファーウェイを虐めていたくせに、ここまで強大化してしまうと、国有企業にとっては「あまり好ましくない」民間企業でも、それが「中国の企業」であるが故に、支援せざるを得なくなっているのが現状だ。5Gにおいて最先端を行くとなればなおさらだろう。このロジックを理解しない限り、アメリカの戦略に脆弱性を潜ませる余地を与えることになる。それを憂う。

アメリカには問題の本質が見えていない?

なぜ私がこのことをここまで深刻に受け止めているかというと、実はアメリカの識者には「ファーウェイは国有企業だ。民間企業ではない」という概念が植え付けられているようで、決してハガティが特殊ではないということを知るに至ったからである。

「はじめに」にも書いたが、私は2019年に入って、新たに中国問題グローバル研究所を設立した。世界の関連主要国から代表を招いて研究員になって頂き、その国から見た中国問題の議論をして頂いているのだが、アメリカ代表のアーサー・ウォルドロン教授がファーウェイを以下のように定義している。

——中国の軍事情報機関ファーウェイ（言うまでもなく「民間企業」ではない。民間企業というものは中国には存在しない）

ウォルドロン教授はペンシルバニア大学で教鞭をとっておられる著名な中国研究者で、一般に対中強硬派として知られる。トランプ政権の第4次〝Committee on the Present Danger：China〟（現在の危機に関する委員会：中国）の創設メンバーやアメリカ外交問題評議会のメンバーとして活動を続けている人物だ。その人がファーウェイを軍事情報機関で民間企業ではない、すなわち国有企業だと定義するようでは、アメリカには「いま中国で何が起きているか」に関する危機は見えなくなってしまうのではないかという危惧を抱く。

その原因の一つは、もしかしたら第三章で述べた国防報告書にあるのかもしれない。国防報告書では明らかにファーウェイを指しているのに、「国有企業」と位置付けている。その影響を受けている可能性は否定できない。

2017年に発表したデータ（2016年の集計）だが、新華網は「我が国の国有企業の数の企業総数に占める割合は40％で、安定的な比率を保っている」と発表している。また今年2019年のデータでは、中国の国家統計局が国有企業の全企業数に対する割合を「33％」（民間企業は67％）とはじき出している。

中国の統計など信じられるものかという方たちのために、日本のリサーチャーが調べたデータをご紹介しよう。みずほ総合研究所のアジア調査部中国室主任研究員の三浦祐介氏が、2019年4月25日に「中国の民営・小規模零細企業動向」という論考を「みずほインサイト」で発表しておられる。それによれば、以下の通りだ。

――「私営企業」の数は企業法人全体（香港・マカオ・台湾・外商も含む）の68・3％、「私人」所有の数は86％と、いずれの区分でみても民営企業が国有企業に比して大きなシェアを占めている。また、小規模零細企業についても、企業法人の95・6％と大半のシェアを占めている。さらに、これに個体戸（筆者注：個人事業主）も加えれば、民営・小規模零細企業のシェアは一層高まることになる。その他の統計指標でみても、経済活動の中で民営企業が一定の役割を果たしていることが分かる。例えば、統計によって対象の定義が異なる点に留意が必要だが、民営企業のシェアは、都市部就業者数では少なくとも57%、固定資産投資額では62%、輸出額は46%（いずれも2018年）となっている。

みずほ総合研究所のデータは68・3%と、中国の統計より1・3%大きくなっているものの、大差はない。

さらにシンクタンク・中国問題グローバル研究所の中国代表である研究員・孫啓明教授（経済学者）は、「2019年発表の国家統計局データの国有企業には混合所有制の国有企業が含まれており、もし純粋な国有企業だけを選別するなら、国有企業20%、民間企業80%という分け方をするのが適切かと思う」と述べている。20%の国有企業はエネルギー、交通、鉱産物採掘あるいは通信など国家が運営しなければならない分野に集中しているとのこと。「それ以外の分野で国有企業が多くなり過ぎると効率や管理能力が低下し、市場経済に弊害をもたらすだけでなく社会資源を浪費してしまうことになる」と孫教授は続けた。

結論的に言えることは、「中国には民間企業はある」ということであり、「民間企業の方が国有企業よりも多く」かつ「ファーウェイは民間企業だ」ということである。そして今や中国の経済、特に最先端のイノベーションを推し進めているのは国有企業ではなく民間企業だ。もしすべてが国有企業だったとすれば、その企業には国が投資していなければならないので、国家予算は持ちこたえられないだろう。

２０１９年における世界銀行のデータによれば、国有企業の中国全体のＧＤＰに対する貢献度は２０１７年で23％〜28％であるという。残りの70％強は民間企業の貢献によることになる。中国の国家統計局のデータによれば、２０１５年度では国有企業のＧＤＰに占める割合は39％であったというから、民間企業のＧＤＰ貢献度は年々高くなり、国有企業の貢献度が低くなっているという傾向にある。

事実、企業数で言うならば、中国のエネルギーや電力、インフラ、交通などの骨幹を担う中央国有企業（央企《ヤンチー》）でさえ、習近平政権に入ると胡錦涛政権時代の１１７社から97社にまで減少している。前に述べたアリババやテンセント子会社のＣＥＯたちが退いたことを以て「ほら、習近平の先祖返りだ。毛沢東時代のように国有企業を強化しようとしている」と囃《はや》すのは、お門違いだろう。特にアリババの馬雲は、馬雲という個人が引退した時の会社のリスクを考えて10年ほど前から「パートナーシップ制」によってそのリスクを補おうとしてきた。これはファーウェイがＣＥＯを輪番制にしているのと同じく、会社を存続させるためのリスク回避の手段でもある。その意味でも、今般の馬雲引退は習近平による国有企業強化とはいかなる関係もなく、そのような分析は日本を誤導する。

一方、習近平側から見れば、国有企業の非効率性を避け、国際競争に勝つためには、グローバル性を持った民間企業を強化するしかないのである。グローバル経済を中国の武器としている習近平にとってはなおさらのことだ。

今では民間企業が巨額の税金を国に納めてくれているため、中国はその経費をチャイナ・マネーとして諸外国を中国側に引き寄せるためにふんだんに使うことができる。国が株を持っていない（投資していない）企業（民間企業）に対しては、国は企業経営に口出しできない。一党支配体制だから「国は何でもできるはずだ」と思うのは、中国を外から見ている、言うならば素人の考え方だ。実態は、民間企業どころか、国有企業に対してさえ、それが地方の国有企業であるならば、国の発言権は弱いのである。

なぜなら１９７８年12月に改革開放の号令を鄧小平が掛けた時、中国経済は文化大革命（１９６６年～76年）により壊滅的打撃を受けていた。中央が地方に配分する予算など欠片もない。そこで各地方人民政府に自助努力をして地方人民政府同士が互いに競争するように促したのである。ＧＤＰを高めたところにだけ予算を配布する。だから地方人民政府には「偽のＧＤＰ成長率」を中央に報告する「癖」ができてしまい、海外からも「中国のＧＤＰ成長率など信用するな」という定評を受けるようになってしまった。

中国国内で、これがもたらした弊害は計り知れない。

地方役人の独立王国のような腐敗地獄。おまけに地方に権限を与え「増長させてしまった」ので、言うことを聞かない。無理矢理に言うことを聞かせようとすると、不穏な動きを見せようとする。だからゾンビ企業（生産性を無くしてしまった地方の国有企業）の整理整頓がいつまでもできないのである。その結果、中国がどれほどひどい地方債務に悩まされているかは第七章で考察する。

ファーウェイは国有企業ではないからこそ、自由に発展できたのであって、国有企業なら、何かすごく恵まれているようなことは考えない方がいい。

四、毛沢東の「農村を以て都市を包囲せよ」戦略を模倣した任正非

ファーウェイ「急成長」の驚くべき真相

では、ファーウェイは、どのようにして海外進出していったのかを、最後に少しだけ見てみよう。

任正非の海外進出の第一歩はロシアであると、中国メディアは伝えている。本当は香港なのだが、香港は「中国の特別行政区」で「海外ではないから」という断り書きもある。もっとも、香港がイギリスから中国に「特別行政区」として返還されたのは1997年で、ファーウェイの香港入りは1996年だから、海外進出の中に入れていいだろう。年代順に見れば、

1996年：香港
1997年：ロシア
1998年：インド
2000年：中東とアフリカ
2001年：東南アジアやヨーロッパなど40カ国と地域
2002年：アメリカ

となっており、現在では170カ国に拠点を持つ。

任正非は中国人民解放軍に所属していただけのことはあって、企業戦略として、毛沢東の国共内戦における戦術を模範にすることが多い。

たとえば武器を持たない毛沢東率いる中国共産党軍（当時の通称は八路軍）側は、日中戦争が終わった後に日本軍が捨てていった武器を掻き集めようと必死だった。蔣介石率いる国民党軍は、日本が戦ったのは「中華民国」なので、その中華民国の政権である重慶の国民政府が日本軍の武器を受け取るのは当たり前だという認識だった（このときの両者の争奪戦の詳細は拙著『毛沢東　日本軍と共謀した男』で考察した）。国民党軍にはさらにアメリカからの支援があったので、当時の国民党軍は子供の目にも「ピカピカの軍服を着て」、「新しい銃を持っている」お金持ちの軍隊として私の記憶にも残っている。

そこで毛沢東は「農村を以て都市を包囲せよ」という指令を出した。

国民党は都市を占拠しているので、その都市を遠くから包囲し、やがて殲滅させるという戦略だ。私が生まれた吉林省長春市には国民党が南京に次ぐ拠点を構えていた。長春市を陣取っているのは国民党軍。最新鋭の武器で身を固めている。

そこで毛沢東は遠くから長春を包囲し、徐々にその包囲の輪を縮めていって、1947年秋から遂に食糧封鎖に入り始めた。包囲網がさらに厳しくなったのは1948年5月からで、餓死者の数は急激に増えていった。こうして1948年10月、遂に長春市は陥落して八路軍の手に墜ち、毛沢東は一気に全国解放を成し遂げるのである。

これが有名な「農村を以て都市を包囲せよ」という毛沢東の戦術だ。任正非の物語を読むと、いたるところにこの戦術が出て来る。

１９８０年代末から１９９０年代初期にかけて、中国の大都市には海外の電話交換機が入っていて、とてもファーウェイなどが入り込める余地はなかった。ところが、たとえば福建省の泉州市などには日本の富士通のＦ１５０型電話交換機が入っていたが、周辺の農村には電話回線がなく、あっても故障した場合の修理に来ることはない。故障したからと日本の営業所に通知しても、１年後になってようやく来てくれるというような状況だったという。

ファーウェイはそこに目を付けた。農村で、過疎であるがゆえに多回線の交換機を必要とはしないが、しかし人は住んでおり、急病などの際には絶対に電話を必要とする村がある。そういった所をくまなく回り、徐々に村から郷鎮へとビジネスの範囲を広げていき、やがて、日本の交換機で占められていた福建省泉州すべてがファーウェイの交換機を使うようになったというエピソードもある。

世界の拠点に関しても、ともかくサービスはまったく行き届いていないけれどもニーズはあるというところを開拓し、一つひとつ拠点を広げていったのだという。

その積み重ねがこんにちのファーウェイの強さを支えていると任正非は語っている。

「制裁後のシェア」に見るファーウェイの「真の実力」

事実、2019年7月30日、ファーウェイが発表した上半期決算は、売上高の伸びが23％以上と、前年同期の15％を上回った。アメリカの制裁により落ち込むのではないかと世界の誰もが思っていた（期待していた？）だろうが、そうはならなかった。他の主要メーカーが中国スマホ市場でシェアを落としたにもかかわらず、ファーウェイの市場シェアは第2四半期に38％に拡大している。

ネットで発表されているデータを見ると、どうやらキャリア業務と企業業務はそれほど大きな変化はなく、消費者向けのスマホなどが大幅に増加したようだ。その一つの原因はおそらくファーウェイ制裁の反動で中国国内の消費者がファーウェイを支持するために購入したと考えられる。

たとえば2019年7月26日に発表された市場調査機構CINNOのデータによれば、2019年上半期の中国市場におけるスマホの販売台数は1・9億台で、同時期の昨年比に比べると、6・0％も落ち込んでいる。にもかかわらず、ファーウェイのスマホだけは（「栄燿honor」という低価格ブランドも含めると）全販売量34・3％を占め、独走状態だ。その売り上げ台数ランキングは**図4―1**のようになっている。

アップルなどは8・6％に落ち込み、第5位でしかない。

これが、トランプ政権がファーウェイを攻撃したことに対して、中国の一般消費者（特に若者）が出した答えということができよう。

［図4-1］2019年上半期の中国市場におけるスマホの販売台数（企業別）

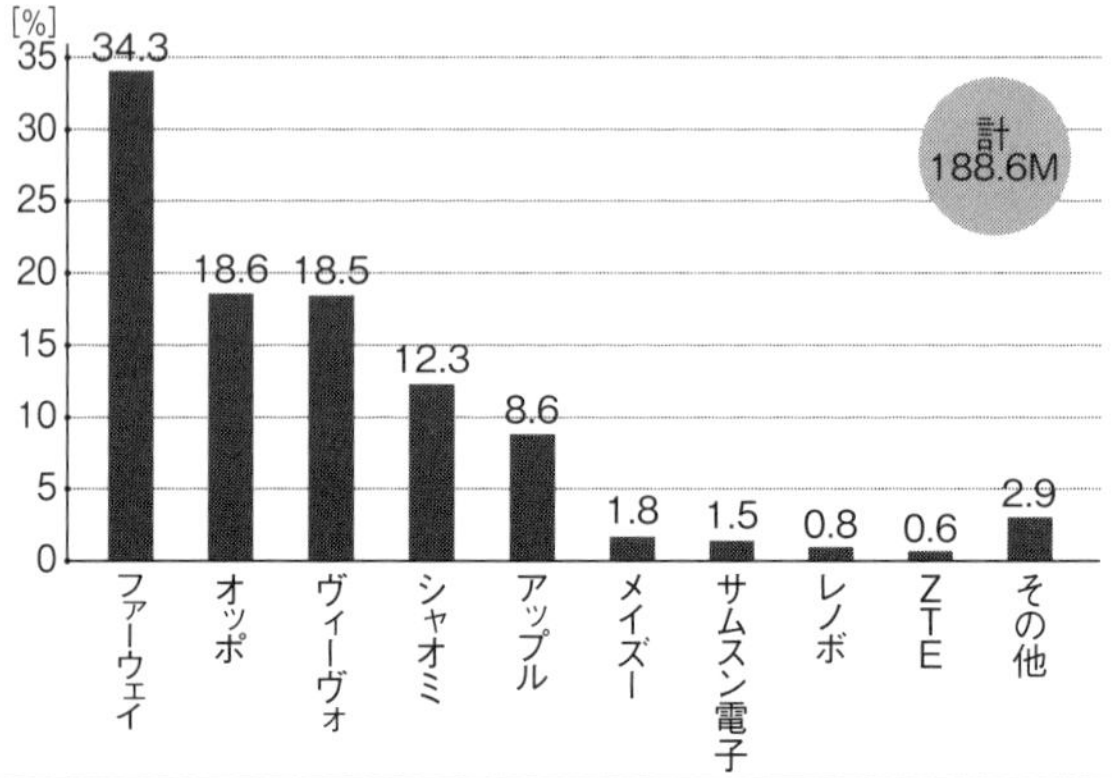

出典：CINNO Research

国有企業のＺＴＥなどは、目を覆わんばかりの惨憺《さんたん》たる状況だ。

これこそが全てを物語る絶対的データだ。なぜ第四章を設けてわざわざアメリカ側の「ファーウェイは国有企業」発言を取り上げたかというと、このデータを説得力のある形でお見せしたかったからだ。トランプ政権は中国が不当に企業に投資して国際社会における平等な市場競争を乱していると非難しているが、中国が投資しているのは主として国有企業。その国有企業はグローバル経済における競争に基本的に参加していないだけでなく、参加していてもグローバル経済の担い手にはなれない。国有企業は基本的にエネルギーやインフラ、鉄鋼など保守的な国家の骨幹に寄与しているだけで、軽やかに羽ばたくイノベーションには「精神的にも」向いていないのである。

なお、ファーウェイの最新型のスマホ Mate

30シリーズは２０１９年9月19日に発表、26日に中国で発売された。ＯＳはＡＯＳＰ（Android Open Source Project）ベースのEMUI 10であり、アメリカの禁輸措置による影響でGoogleモバイル サービス（ＧＭＳ）は非対応となっている。ＧＭＳ非対応のため、Google Playからアプリをインストールできず、ファーウェイ独自のアプリストアを利用するか、いわゆる野良アプリをインストールせざるを得ない状態になっている。また、「Gmail」「Google Map」「Google Chrome」「Youtube」などのGoogleアプリもインストールできなくなっている。発売直後はバグ（コンピュータープログラムの欠陥）を利用したインストール方法が存在したが、10月２日、このバグが封じられ、使えなくなった。これにより、ヨーロッパと日本での利用者は購入を断念する人も多く、実際ヨーロッパと日本での発売はまだ予定されていない状況である。ファーウェイは禁輸措置を受けた直後、鴻蒙［Hong-Meng］（ハーモニー）OSの開発を公表し、８月９日の開発者会議で正式に「鴻蒙OS」を発表したが、未だ実際搭載する商品はなく、また発表したマイルストーンを見る限り、「鴻蒙OS 1.0」はまだAndroidのカーネルを利用することとなり、自身が開発したカーネルを利用する「2.0」の発売は２０２０年だと予定されている。

これらはあくまでもスマホに関してであって、基地局に関しては従来通り変化はない。

第五章

二極化する世界

一、「ツキディデスの罠」に備えてきた中国

米中衝突は「歴史の必然」なのか？

今から２４００年ほど前（紀元前４３１年）、陸上における軍事的覇権を握っていたスパルタが、海上交易をおさえながら経済大国として台頭してきたアテナイを倒すべく、30年間におよぶ戦争（ペロポネソス戦争）を続けたことがある（アテナイというのは現在のギリシャの首都アテネの古称で、イオニア人による古代ギリシャの都市国家のこと）。

古代ギリシャの歴史家ツキディデスは、「ペロポネソス戦争を不可避なものとしたのは、新興国アテナイに対するスパルタの恐怖心であった」と記している。これにより「新興勢力が台頭し、既存勢力の不安が増大すると、しばしば戦争が起こる」という現象を指す分析として有名になった（史実的には必ずしも正確ではないが、ツキディデスが言った意味合いは変わらないのでそこは無視する）。

そこで２０１１年、アメリカの政治学者グレアム・アリソンは、「従来の覇権国家と新興の国家が、戦争が不可避な状態になるまでぶつかり合う現象」を「ツキディデスの罠（The Thucydides Trap）」と名付けた。

これを現在の国際社会に当てはめれば、第二次世界大戦後、世界のナンバーワンであり続けたアメリカが、台頭する中国によりキャッチアップされ、経済的にもハイテクの世界において

も、中国に追い越されるかもしれないという「恐怖心」（あるいは「警戒心」）に駆られて、何が何でも中国を圧し潰そうとする状況にたとえることができる。

　ただ、たまたま台頭する国が一党支配体制で言論弾圧をしている社会主義国家であるがゆえに、ついつい、「これは民主主義陣営と社会主義陣営の価値観の闘いである」という正義感というか、期待のようなものがこみ上げてくるのは致し方のないことだろう。

　片や中国側からすれば、２０１０年にＧＤＰにおいて日本を抜いた時から、次の目標は「アメリカに追いつき追い越すこと」と定めるのも自然の流れと言えよう。なにしろ14億に達する人口を抱えている国。どんなに強権的な一党支配体制を強行していても、中国人民はバカではない。かつて孔子や老子あるいは孫子といった哲学者を生み出した国だ。人口が多い分だけ、知恵者も多く、また「世界の現実」を見極めている冷静な知識人もいないわけではない。

　そんな人民を黙らせるには、経済的に繁栄し続けて「中国共産党が統治しているからこそ、中華民族はこれだけの経済発展を成し遂げたのだ」と納得してもらうしかない。そこで中国共産党・中央政府としては、必ず突き当たるであろう「ツキディデスの罠」に落ち込まないで済むように、何年にもわたって戦略を練ってきたのである。

　それが第一章で述べた「グローバル社会の強みを中国側に引き寄せる」という「中華の知恵」であった。

「一帯一路」巨大経済圏構想は、習近平が思いついたものではなく、実は胡錦濤《こきんとう》政権時代にすでに「新シルクロード経済ベルト構想」として打ち出されていた。だからこそ、習近平政権が誕生した時には、西安（古代シルクロードの東端）からドイツのデュッセルドルフへの直通列車が開通していたのである。国家主席になって初めて訪欧した時に、西安を経てデュッセルドルフに降り立った習近平は深く感動したことだろう。その胡錦濤の「新シルクロード経済ベルト」を拡大延長させて「一帯一路」と命名したのだ。

つまり、2010年に中国のGDPが日本を追い抜くその前から、中国は「日本を追い抜いた時の準備」、さらには「アメリカに追いつき追い越そうとした時の準備」＝「ツキディデスの罠に陥らないための準備」をしていたのである。

習近平にとっては、まるで「天の采配」のように、「一国主義」を唱えて「グローバル的連携」を嫌うアメリカ大統領が誕生してくれた。TPPから離脱したのを皮切りに、パリ協定からの離脱、イラン核合意からの一方的離脱と、トランプ大統領は習近平に都合のいいことを、次から次へと繰り広げている。

もちろん高関税を掛けてきたりファーウェイを攻撃してきたりと、中国の経済成長に打撃を与えるように見えるアメリカの存在ではあるが、しかし「グローバル的連帯」にトランプ大統領が背を向けてくれるのは、なんとありがたいことか。

こうしてこそ、中国はグローバル社会を中国側に引き寄せることができる。

国際社会に向けて発するスローガンは、「人類運命共同体」――。

中国による「新国連」結成の衝撃

２０１９年４月25日から27日にかけて北京で開催した第２回「一帯一路国際協力サミット・フォーラム」には、世界１５０カ国の代表（そのうち37か国は首脳。他は政府高官）および90以上の国際組織の代表、計５０００人が参加した。実質的に「一帯一路」に加盟している国の数は、この時点で１３３カ国ではあるものの、日本からは二階自民党幹事長が参加していることから見ても、「協力を表明した国」の数が１５０カ国に及んでいるわけで、国連加盟国が１９３カ国であることを考えると、まるで国連に迫る勢いなのである。

開幕式でスピーチをした習近平が連発した言葉は、やはり「人類運命共同体」。グテーレス国連事務総長も参加して、まさに「新国連」の色彩を添えた。

その１カ月前の３月21日にイタリアの首都ローマに到着した習近平は、22日にマッタレッラ大統領による盛大な歓迎式典を受け、23日にはコンテ首相（２０１９年８月20日辞任）と会談した。

その席で習近平は「古代シルクロードの両端は中国とイタリアだった。両国の歴史は２０００年以上前に遡ることができる。われわれは今、そのシルクロードに新しい活力を漲《みなぎ》らせようとしている」と切り出した。

かつてのローマを出発点として西安まで連なっていたシルクロードで絶対的権勢を誇っていたのはローマ帝国だった。しかしいま北京を始点として西へ西へと広がりを見せながら、その終点をローマにまで伸ばそうとしている「陸と海のシルクロード」（一帯一路）を支配しているのは「チャイナ・マネー」だ。

特にイタリアは「2008年~2009年、そして2012年~2014年と2回にわたる経済危機に陥っており、2018年はEU諸国の中でGDP成長率が最も低く、EU諸国の足を引っ張っているとさえ言える」と、中国の中央テレビ局CCTVは解説している。それによれば、2000年~2018年のイタリアのGDP成長率は年平均0・2%と、ほぼゼロ成長にまで落ち込み、EU全体の過去10年の平均である2%を遥かに下回っているとのこと。したがって中国がイタリアに手を差し伸べるということが、イタリア経済にとって、どれだけ恩恵を与えることにつながるかと、CCTVは誇らしげに分析した。

こうして3月23日、イタリアは「一帯一路」に参画する覚書に署名した。

中国が目指すのはアドリア海に面するイタリアのトリエステ港だ。「トリエステが第二のジブチになる」という批判など、「知ったことではない」。

この戦略的拠点を押さえさえすれば、ローマ帝国を中心に栄えた「古代シルクロード」は、中華帝国を中心に制覇しようとしている「新時代のシルクロード」となり、中国は「一帯一路」戦略をほぼ完成させることができる。これこそは「中華民族の偉大なる復興」を実現する大きな要の一つなのである。

覚書ではトリエステ港の港湾整備に中国企業が参入することなど、20数項目のプロジェクトが締結され、その規模は200億ユーロ(約2・5兆円)に上るとのこと。2018年8月に大崩落事故を起こしたジェノバ橋に代表されるように、財政難にあえぐ、リグリア海に面するジェノバ港も中国の手中に落ちて、中華帝国「新時代のシルクロード」の終点を飾ることだろう。

こうして習近平はＧ７の一角を切り崩すことに成功したのである。

第一章で述べたように、アメリカの大統領（＝トランプ）を世界のリーダーと認めない、地球上の最大ブロックはヨーロッパである。このヨーロッパを攻め落とせば、天下は中国のものになると中国は思っている。世界のリーダーシップにおいて、中国のリーダーが世界の覇者となる可能性を秘めているのだ。そのことをギャラップ社のデータは示している。中国の戦略通りに動いているではないか。

このときヨーロッパ23カ国は既に「一帯一路」協力を表明しており、残るはＧ７の切り崩しだけだったのだが、イタリアを陥落させれば、アメリカを除いた先進国は中国側につくと、中国は踏んでいる。

中国はそもそもＧ８の時代から、その存在は「虚構に過ぎない」として強く批判し、特にロシアがＧ８から外されてＧ７となった後は、まるで恨みでも持っているかのように「先進７カ国」の集まりを蔑視的に批判してきた。

したがって「一帯一路」とペアで動いているＡＩＩＢ（アジアインフラ投資銀行）設立に当たっても、まずはイギリスを巧みに誘導して参加させ、一気に雪崩を打ったように創設メンバー国にフランス、ドイツ、イタリアなどを加盟させることに成功している（２０１５年）。ＡＩＩＢに関しては、Ｇ７の結束はこの時点で崩壊しているのだ。

この「一帯一路」にはさらに次世代移動通信システム規格「5G」を重ね合わせた「デジタル・シルクロード」戦略が潜んでいることを見逃してはならないだろう。

すでに「一帯一路」に協力する覚書に署名したヨーロッパの国々には「オーストリア、ギリシャ、ポルトガル、ポーランド、ハンガリー、ルーマニア、ブルガリア、スロバキア、ウクライナ……」など23カ国があり、イタリアを入れて24カ国となる。

これらの国々が5Gに関してファーウェイを排除する可能性は非常に低いのである。

一方、2018年9月3日と4日、アフリカ53カ国が出席して北京で「中国アフリカ協力フォーラム」(Forum on China-Africa Cooperation　FOCAC。2000年成立。3年ごとに開催)が開催された。ここでもまた、まるで中国が宗主国となって異形の「新国連」を立ち上げたような勢いがあった。中国と国交を結んでいない唯一の国、エスワティニ(旧称:スワジランド)を除いたアフリカ53カ国の首脳とその随行員らが人民大会堂を埋め尽くしたその姿は、「圧巻」という印象を参加者に与えたにちがいない。

すっかり中国に取り込まれている国連のグテーレス事務総長が習近平を絶賛する形でアフリカ53カ国に呼びかける演出も、「異形の新国連」を彷彿とさせた。

特に体型的に堂々たる巨漢ぞろいのアフリカ諸国の首脳たちが座る座席は、中国で毎年開催される全人代(全国人民代表大会)の時の着座間隔と違い、3人に1人くらいの幅を持たせており、前後にも何割増しかの奥行きがあるような錯覚を与える。ふんぞり返るのに十分だ。全人代の時には緊張し委縮した3000人の代表が生真面目な表情で座っているものだが、アフリカの首脳となると、一人一人がさながら王座に座っているような感を与える。

「いま新しい世界が開けた！」と習近平は挨拶で述べたが、それは絵空事ではないという危機感を覚えた。習近平はアメリカの「一国主義」に対抗して「多国間の自由な貿易」を呼びかけている。アフリカ53カ国が中国側に付けば、国際社会における発言権も違い、世界制覇も夢ではないかもしれない。

アフリカへの拠出資金も今年は600億米ドル（約6兆6000億円）。この数値を習近平が口にした時には、すべての列席者の目が輝き、どよめきが起きた。「王」も金には弱いのか。

しかし拍手が最も大きかったのは、習近平が「中国とアフリカの団結を誰も破壊できない！中国とアフリカは運命共同体だ！」と叫んだ時だった。

アフリカ諸国と中国との結束力を高めたのはトランプの一言だ。トランプの「くそったれ国家が！」という言葉がアフリカ諸国の背中を押した。

トランプは2019年1月11日、ホワイトハウスで移民制度について議員らと協議した際「くそったれ国家（shithole countries）から、なぜ多くの人がここに来るのか」などと侮辱する言葉を使い、アフリカ諸国やカリブ海の島国ハイチから来る移民の多さに不満を示した。アメリカのメディアが出席者の話として伝えた。

トランプは翌日、「これは私が使った言葉ではない」とツイッターで否定したが、しかし一方では、「アフリカなどではなく、ノルウェーのような国からもっと人を招くべきだ」と指摘したとされ、「白人は歓迎するが、黒人は歓迎しない」という印象をさらに深くした。

トランプのこの「くそったれ国家」発言に対して全アフリカ諸国54カ国の国連大使が緊急会合を開催して、1月12日、「常軌を逸した人種差別的な発言だ!」と非難し、謝罪を求める共同声明を発表した。また、アフリカ連合(AU)の報道官は「くそったれ国家」発言について、「多くのアフリカ人が奴隷としてアメリカに連れて行かれたという歴史的事実に照らせば、到底受け入れられるものではない」として在米のアフリカ系住民にも抗議活動を呼びかけた。

全米各地でも抗議デモが起きたが、アメリカとアフリカ以外の国で、これを「チャンス」とばかりに大きく取り上げたのが、ほかならぬ習近平なのである。

だからこそ習近平は9月3日の中国アフリカ協力フォーラムの開会挨拶で、「アフリカ諸国の皆さんは、中国の永遠の友人だ。私は皆さまとの友情を大切にしたい。この熱い団結を誰も破壊することはできない!」と呼びかけたときには、拍手が鳴りやまず、挨拶が終わると、3000人を超える着席者が立ち上がり、スタンディング・オベーションが人民大会堂の、あの広い会場を揺り動かした。

こうして、習近平はアフリカを自らの傘下に収めることに成功したのである。

ほかにも「BRICS+22カ国」や、「発展途上国77+China」などがあるが、重なる国が多いので省略する。

二、アメリカなしでも中国経済は成り立つのか

「米国抜き貿易圏の確立」のインパクト

この事実を踏まえたうえで、次に貿易データが示す中国の今後の動向を見ていこう。

中国共産党が管轄する中央テレビ局ＣＣＴＶは２０１９年5月9日、「海関（税関）総署が8日に中国の対外貿易輸出入の２０１９年第１四半期（今年1月〜4月）総額が9・51兆元（１５７兆円）を超えたと発布した」と報道した。全体の前期比は４・３％増。

特徴的なのは、民間企業の輸出入増加が11％に達したことと貿易相手国が多元化したことだという。ＥＵ諸国やＡＳＥＡＮ諸国および日本との輸出入が伸びているそうだ。なかでも、「一帯一路」沿線国との輸出入の絶対値が大きく増加している。ＡＳＥＡＮは9％、ラテンアメリカは15・１％、アフリカは８・９％の増加率で、「一帯一路」沿線国との貿易総額は２・73兆元（45兆円）と規模が大きく、前年度増加率は９・１％である。つまり、貿易相手国が多元化していることを物語っている。

中国はこれを「新興市場」と名付け、これからは「新興市場との貿易」が中国の貿易の「ブースターロケット」の役割を果たす、と税関総署の分析官は分析している。

中国が言うことなど信用できないと思う方が大勢おられると思うので、ここで日本の経済産業省が IMF DOTS に基づいて作成した資料（２０１８年発表）をご覧いただこう。

[図5-1] 中国と米国、EU、一帯一路関係国との貿易額比較

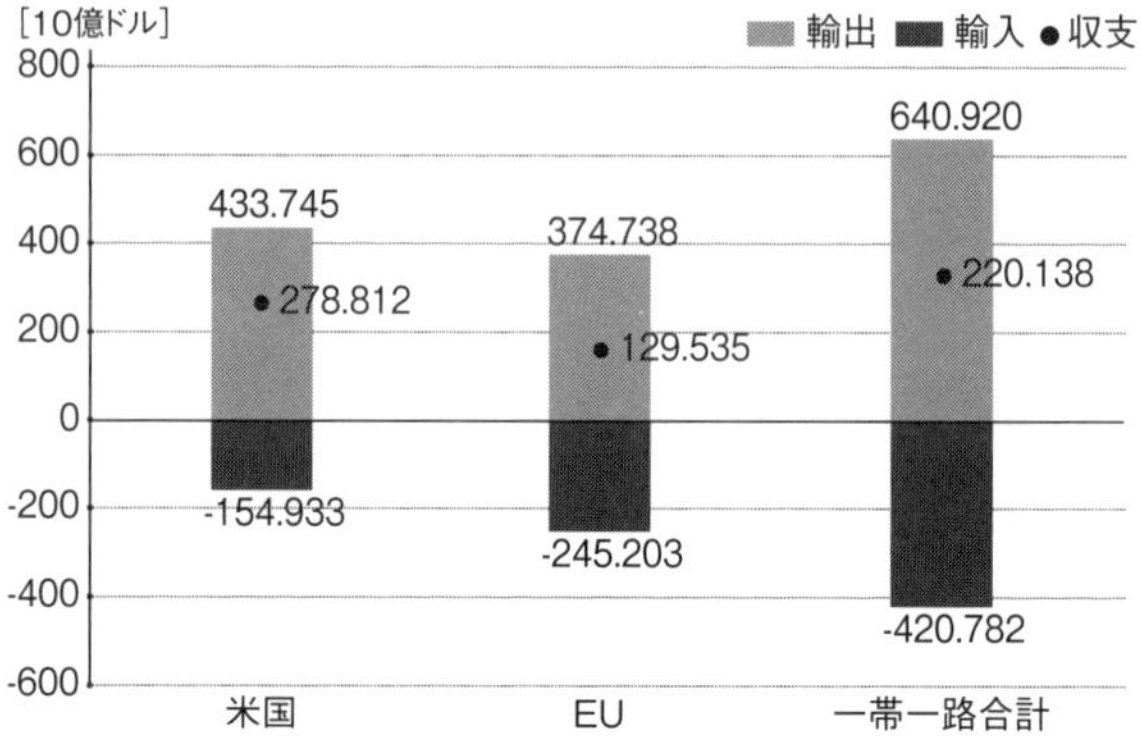

出典：経済産業省（2018年発表、このデータのみ2016年）

図５－１に示したのは「中国と米国、ＥＵ、一帯一路関係国との貿易額比較」だ。ただしこのグラフのみ２０１６年度のデータを用いており（一帯一路参加国62カ国）、現在参加国は１３３カ国になっているので、一帯一路関係国との貿易総額はさらに大きくなっているだろう。

中国側の発表によれば、一帯一路関係は２０１８年度は８・37兆元（１３８兆円）で、一方、アメリカに関しては２０１８年統計ではまだ伸びているものの、米中貿易戦争は２０１８年後半から２０１９年現時点にかけて厳しくなっているので、来年２０２０年に出る２０１９年の統計では、きっと大きく委縮しているだろうと推測している。それでも、万一にもアメリカとの貿易が完全になくなったとしても、ＥＵと一帯一路関係諸国が残っただけでも、中国経済は成立しないわけではないとのこと。なぜなら内需として14億の国民がいるので、それも無視で

きないという。

CCTVの番組の中で専門家は、「中国には最も大きな速度で成長を日々遂げている世界最大規模の中間層がいる。これは消費成長に関して巨大な潜在力を持っていることを意味する。つまり開放発展を拡大している中国は、〝世界の工場〟の機能をまだ持ちながら、同時に〝世界の市場〟なのだ」と解説した。

その1年ほど前の2017年12月22日、私がかつていた中国政府のシンクタンク中国社会科学院は『2018社会青書』（政府発行の白書に相当。以後、青書）を出版している。いつも年末に刷り上がり年初に発表する。年が明けると毎年、同僚の机の上にまだインクのにおいがする青書がうず高く積み上げてあって、「いる？　持ってく？」と聞かれ、「いるいる」と答え、2、3冊ほどもらったものだ。2004年まで続いた。

例年通り、2018年1月7日、中国社会科学院は記者発表し、関連のテーマに関して開いたフォーラムの結果に関しても報告している。注目されたのは「中間所得層の分布と中間所得層の拡大に関する戦略の選択」というタイトルのレポートだ。それによれば、「中国では4億5千万人が中間所得層に属しており、中間所得層と高所得層を合わせると、約6億人が中間所得以上の収入がある世帯に属する」とのこと。

中間所得層に関する定義は世界銀行が定めた基準（成人1人の年収が3650〜6500米ドル）を用いている。2018年7月から始まった米中貿易戦争にとって、多少の減少はあるだろうが、それでも中国の人口と現状のニーズから考えると、内需の上昇傾向は、当分は続く

［図5-2］中国と米国、EU、一帯一路関係国との貿易額比較（独自調査）

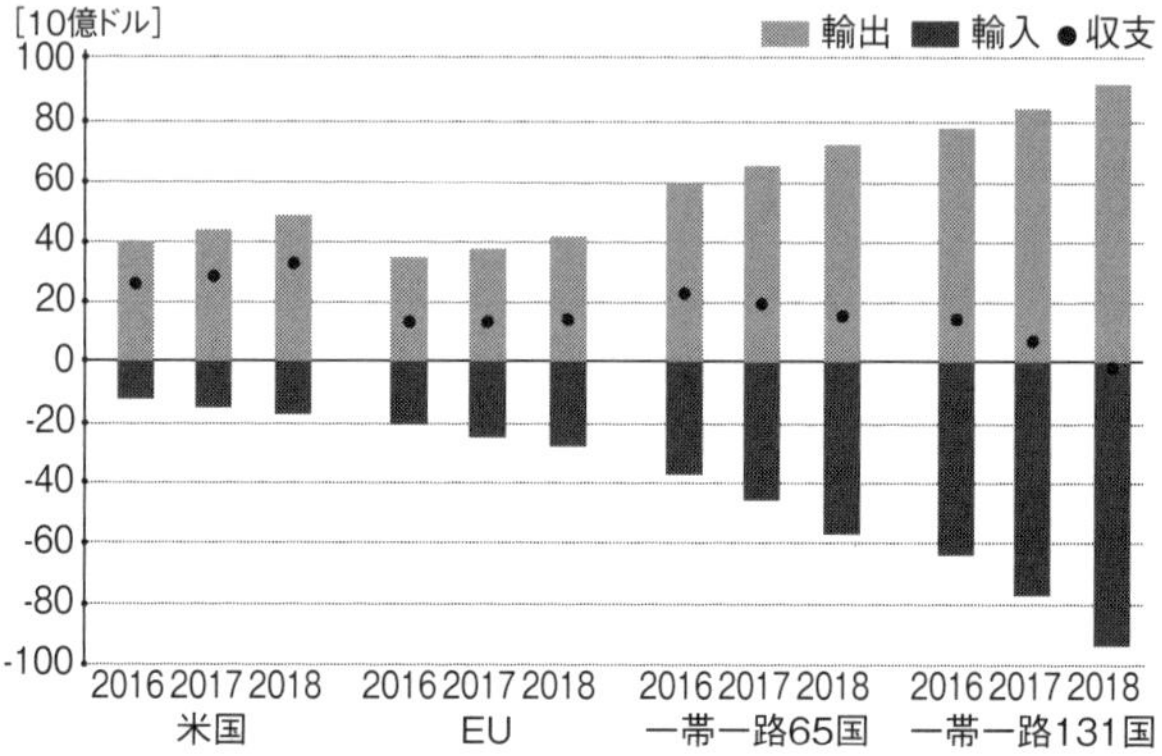

出典：筆者作成

だろう。

２０１９年５月９日のＣＣＴＶの番組でこれらを強調する目的は、「中国は何もアメリカ一国だけと貿易をしているわけではないので、アメリカが脅しを掛けてきても、痛くも痒くもない」ということを言いたいのだと判断される。

そこで、中国の主張にどれだけの正当性があるのかをチェックするために、現時点に最も近いデータに基づいて、日本の経済産業省が出しているデータと同じものを独自に計算して作成してみた。

その結果、**図５―２**のようなグラフを描くことができた。**図５―２**と**図５―１**（経産省データ）とを比較するには、**図５―２**の２０１６年の部分を見ていただくといい。ただし、「一帯一路」に関しては「一帯一路65カ国」のデータが、経産省のデータに相当したものである。経産省では62カ国を対象としており、中国のデータでは65カ国を対象としている。経産省がどの「3カ国」を省略したかが分からないので、この「3カ国」の差は、「誤差範囲」とみなして、お許しいただきたい。となると、経産省のデータによる「アメリカ・EU・一帯一路」の比と、図5－2の2016年データの比は、概ね一致している。したがってデータの信用性は、まず一定程度あるものと考えていいだろう。

「一帯一路」の加盟国は現時点で「133カ国」だが、中国の統計が「131カ国」を対象としているので、そのままにしてある。これもほぼ「誤差範囲」とみなしていいだろう。

経産省データと比較するために、「一帯一路」の合計に焦点を当てたが、それ以外に「アフリカ53カ国」「BRICS＋22カ国」「発展途上国77＋China」あるいはラテンアメリカ諸国などの中に含まれる国々など、さらに多くの貿易相手国との交易がある。しかし多くの国が重なっている上、ここでは経産省データと比較することによって、中国から得られた新しいオリジナルデータの信憑性を確認していただくためにも、「一帯一路の合計」に留めておきたいと思う。

２０１９年7月12日、中国税関総署は２０１９年上半期の対米輸出が前年同期比８・１％減になり、輸入額は29・９％減となったと発表し、さらに10月14日、２０１９年9月の前年同月比で対米輸出が22％減になったと発表した。対米貿易総額の減少が加速している。

ということは逆に、ＥＵと一帯一路を対象とした交易の合計を見ただけでも、中国は、「万一にもアメリカとの貿易が途絶えたとしても、それ以外の国・地域との交易によって、十分に国家経済が成り立つ」と考えていることが窺えよう。

その構図を構築するためにこそ、「人類運命共同体」をスローガンとして、アメリカ以外の諸外国を中国側につけるべく、巨大戦略を練ってきたのである。

したがって、米中対立は今後しばらく続き、やがて世界は、アメリカを中心とした経済圏と中国を中心とした経済圏に分かれていく可能性がある。その期間はとてつもなく長い。なぜなら「ツキディデスの罠」の教えにもあるように、現在の覇権国家（アメリカ）が台頭する新興国（中国）に対する「恐怖心」を無くすところまで行くのは、中国を完全に打ちのめして中国共産党による一党支配体制を崩壊させるか、あるいは中国が完全にアメリカを凌駕してアメリカが完敗を認めるか、それが見極められるまで、この戦いは続くからである。米国防報告書もまた、その可能性を示唆している。

その間に世界経済の二極化が進み、日本など、両方の顔色を窺っている国は、明確な選択を迫られるところに追い込まれるだろう。

第三章の二で述べたように、米国防報告書でさえ、5Gに関してだが、中国は「たとえアメリカから除外されていても世界の主流になる可能性がある」と書いている。やがて5Gが中心となってデジタル世界を形成していくことを考えると、この二極化は必ずしも中国の独断と偏見によるものでしかないとも言えないのかもしれない。

ゴールドマン・サックス100％出資を認めた中国の思惑

追加になるが、2019年8月8日、中国の税関総署は上半期の新しい貿易総額を発表した。

CCTVは以下のような報道を行った。

――本日（8日）、税関総署が今年7月までの対外貿易輸出入集計を公表した。7月まで我が国の輸出入総額は前年同期比4・2％増の17・41兆人民元となった。その内、輸出総額は前年同期比6・7％増の9・48兆人民元であり、輸入総額は前年同期比1・3％増の7・93兆人民元となっている。対外貿易輸出入は安定的な勢いで成長している。7月まで、EU、東南アジア諸国連合、アメリカは依然として我が国最大の貿易パートナーである。そのうち、EUとの輸出入総額は前年同期比10・8％増の2・72兆人民元で、東南アジア諸国連合との輸出入総額は前年同期比11・3％増の2・35兆人民元。アメリカとの輸出入総額は前年同期比8・1％減の2・1兆人民元となった。特に注目したいのは以下の二つのデータである。まずは、我が国の一帯一路諸国との輸出入総額は前年同期比10・2％増の5・03兆人民元となり、つぎに、民間企業が対外貿易成長の主力になっているということだ。民間企業の輸出入総額は前年同期比11・8％増の7・31兆人民元で、企業分類別の同期比増の中ではトップを占めている。

なお、CCTVは盛んに「いかに外資企業が中国に投資しようとしているか」を強調している。つまり、アメリカによる高関税を掛けられても、外資企業は中国から逃げ出さないということを言いたいようだ。

2018年10月の時点で、中国における外資系企業の数は約95万社に上り、外資導入額は約2332兆円に達した。おまけに2018年になって新しく中国に入ってきた外資企業の増加率は、前年度比で70％増だとのことである（2019年3月の政府活動報告）。

そこで中国政府は技術移転強制を禁止する「外商投資法」を２０１９年３月の全人代で可決している。外商投資法では「技術移転強制禁止」とともに、「外資１００％の企業を認める」ことなども盛り込まれているが、それを改めて報道するということは、海外に向けてアピールする目的であろうと推測される。

現に米金融大手のゴールドマン・サックス（中国名「高盛」）は８月21日、中国金融監督当局に対し、現地法人への出資比率引き上げを申請した。従来は出資比率33％（北京高華証券が67％）だったが、「外商投資法」により、これまで超えてはならなかった49％（中国側51％）を超えていいだけでなく、１００％まで許されるようになったので、模範例としてその限界に挑戦するようだ。

ゴールドマン・サックスのデービッド・ソロモンCEOは、第一章の**表1**で示した顧問委員会の委員の1人として習近平のお膝元にいる。たしかに模範を示さねばなるまい。

また、同じく米企業でミネソタ州に本部を置くペンテア（PENTAIR）は、２００１年から中国のベニスと言われている水の都、蘇州（浙江省）に生産拠点を置き洗浄機などの生産をしているが、８月21日、さらにシカゴから新たな生産ラインを引き込んで従業員を募集していることが分かった。CCTVなどが大々的に宣伝している。

アップルに関しては日本でも報道されているので広く知られているかもしれないが、アップルのスマホ iPhone（アイフォーン）の画面に、中国パネル大手・京東方科技集団の有機ELディスプレーの採用を検討していると、中国メディアが報道している。中国では「安倍首相がトランプの対中貿易制裁をまねて、歴史問題を貿易問題にすり替えて対韓貿易制裁をしているため、韓国からの部品調達が困難になる危険性があるので、それを回避するため」と解説している。ここでも中国は日韓対立による漁夫の利を得ている。

三、「ファイブ・アイズ」の一角を崩したファーウェイ5G

ファーウェイを支援する香港華人の「正体」

習近平政権が進める「デジタル・シルクロード」の一環として、スパイにうるさいイギリスがファーウェイの5Gを採用する模様だ。EU離脱問題で混乱し経済が落ち込むイギリスが中国と組めば、ヨーロッパ市場が動き、ファイブ・アイズ構図が崩壊する。背後には香港華人・李嘉誠氏のファーウェイ応援がある。

ファイブ・アイズ（Five Eyes）というのは、かつてのイギリス帝国の植民地を発祥とするアングロサクソン諸国の諜報協定で、もともとはイギリスが言い出したものである。そのためUKUSA（United Kingdom - United States of America）協定と呼ばれていた。イギリス、アメリカ以外にカナダ、オーストラリア、ニュージーランドが参加してから「5カ国」となり「ファイブ・アイズ」と呼ばれるようになった。加盟各国の諜報機関が傍受した盗聴内容や盗聴設備などを共有し相互利用する約束になっている。

第二次世界大戦中にドイツの暗号「エニグマ」を解読したのはイギリスの若き数学者アラン・チューリング（１９１２年～１９５４年）だ。同性愛者だったことにより自殺している。それも毒を塗ったリンゴを食べるという手段を選んだため、のちにベンチに座って片手にリンゴを持っているチューリング像が建立された（詳細は『「中国製造２０２５」の衝撃』）。このとき協力したのがアメリカ陸軍と海軍の暗号部。のちにＮＳＡ（National Security Agency 国家安全保障局）になっており、アメリカは日本を含め同盟国に対する諜報活動も行っているので、必ずしもファイブ・アイズの結束が固いわけではない。

それでも、ファーウェイが機密情報を抜き取って中国政府に渡しているとして、アメリカはファーウェイ排除を呼び掛けているにもかかわらず、そのファイブ・アイズの一角が、それも「言い出しっぺ」のイギリスにおいて崩されようとしているのだから、これは特別に考察を要する事象であろう。

アメリカのファーウェイ排除呼びかけに対して、２０１９年2月17日、イギリスはファーウェイの次世代通信システム５Ｇ参入に関して「リスクは制御可能だ」と表明した。

２０１８年12月の初旬には、イギリスは同盟国であるアメリカの呼び掛けに呼応してファーウェイ製品を排除することに「基本的に（あるいは一部）」賛同していたのだが、12月末に入ると、イギリスの通信大手3社がファーウェイの５Ｇシステムを引き続き使用すると発表し、同月初旬の判断を翻し始めた。

イギリスがファーウェイ製品排除に関して、いつも「基本的に（あるいは一部）」賛同という条件を設けながらアメリカに回答していたのは、イギリスの通信会社 Three UK が２０１８年2月にファーウェイと契約を結んでおり、イギリス各地に5Gネットワーク構築を準備していたからだ。２０１９年には運営を開始する態勢に入っていた。

この状況の中で、イギリス大手の固定電話事業者およびインターネット・プロバイダーであるＢＴ（元 British Telecom）傘下のＥＥ（Everything Everywhere）、イギリス大手携帯会社のＯ２、イギリスに本社を置く世界最大の多国籍携帯電話事業会社であるボーダフォンの３社がファーウェイ設備のテストを開始していたのである。

だから、アメリカに同調すると言いながらも、どうも歯切れが悪かった。

それが２０１９年2月17日に入って、複数のイギリスのメディアが一斉に「ファーウェイ製品を使うことによるリスクは制御可能であると英情報当局が結論づけた」と報道したのだ。

つまりは、「イギリスはファーウェイ設備を導入し、ファーウェイ製品を使いますよ」と表明したのに等しい。

背景には何があったのか？

外部から見れば、イギリスはＥＵ離脱で混迷しており、経済的にも破たん状況に追い込まれそうなので、中国がチャイナ・マネーでもつかませて籠絡《ろうらく》させたのだろうと推測したくなる。困窮しているイギリスと、ファーウェイ問題で追い詰められた中国が手を握ったと解釈すれば、「なるほど」と合点がいく。もっともなことだ。

ところが真相は別にあり、実は背後には、華人最強の大富豪である李嘉誠氏が動いていたのである。

李嘉誠は、今さら説明するまでもないだろうが、１９２８年に広東省に生まれ、１９４０年に戦火を逃れて、小さな船で香港に渡った。極貧の中、高校を中退してセールスマンとなり、香港フラワーという造花を売り出したところ大当たりし、１９５８年に不動産業に転身して長江実業有限公司を創立。大成功を収め、１９８５年には香港島の電力供給を独占する香港電灯を買収するという、スケールの違う巨大ビジネスに着手し始めた。

香港が１９９７年に中国に返還されるまで香港を統治していたのはイギリスだ。

李嘉誠の事業は、自ずとイギリスへと拡張していった。

中文メディアによれば、現在イギリスの35％以上の天然ガス、30％以上の電力は李嘉誠の手中にあり、イギリス経済は李嘉誠がどう動くかによって決まっていくと言っても過言ではないほどその財力に頼っているようだ。

そもそもイギリスの Three UK は李嘉誠の会社、長和電信のイギリス法人だ。Three UK は、ファーウェイと20億ポンド（約２８８０億円）のネットワーク契約を結んでいる。

これまでにも、李嘉誠の長江実業とその傘下の多国籍企業ハチソン・ワンポア（和記黄埔）はイギリスに、国を動かすほどの莫大な投資をし続けてきた。中文圏では「イギリスの半分は李嘉誠が掌握している」という言葉で表現されるほど、イギリス経済には圧倒的な影響力を持っている。O2だろうとBTだろうと例外ではない。

２０１８年が終わろうとしていたころ、中国大陸の各企業は、２０１８年の企業実績を次々に発表していったが、その中で、最近では中国政府から距離を置き始めた李嘉誠がファーウェイに200億人民元（約3300億円）を投資して、すでにファーウェイの5Gシステム購買契約を済ませていたことが分かったのである。

「ファーウェイ製品にリスクはない」イギリス「掌《てのひら》反し」の裏事情

慌てたのはイギリスの通信関係の企業だ。

アメリカの要求通りに「（基本的に）ファーウェイ製品（の一部）を排除する」と、歯切れ悪く宣言していたイギリスは、いきなり掌を反すように、ファーウェイ受け入れに回ったのである。

イギリス政府国営のNCSC（National Cyber Security Centre　国立サイバーセキュリティセンター）さえも、「ファーウェイ製品のリスクを抑える方法があると結論づけた」と宣言したと、イギリスメディアは報じている。

スパイ活動に関しては、その昔からMI5やMI6（軍諜報部第5、6課）などで有名なイギリスは、新たにNCSCを設立してサイバー空間におけるスパイ活動調査に力を入れている。もしアメリカが言うようにファーウェイが安全保障上の情報を抜き取って中国政府に渡しているのだとすれば、イギリスにとっては最も「興味深く」徹底調査をする領域のはずだ。

しかし、スパイ活動に最も敏感なはずのイギリスが、「ファーウェイ製品のリスクを抑える方法があると結論づけた」ということは、実際上、「ファーウェイ製品には情報漏洩のリスクはない」と結論付けたのと同じようなもの。

となると、ファイブ・アイズの構図がファーウェイ5Gを通して崩壊していくことになるかもしれない。

小賢しいというかなんというか、これまでファーウェイと距離を置いてきた中国政府は、李嘉誠がファーウェイ側に付いたのを知ると、これも慌てて2019年の1月8日に授与した「2018年国家科学技術進歩賞」123項目の中の一つにファーウェイを入れた。たかだか123項目の中の一つではあっても、中国政府がファーウェイを肯定し表彰するのは実に珍しく、注目に値する。

これに対してネットでは、「なんと言っても自分の国家に初めて認められたのだから、これ以上の喜びごと（めでたいこと）はないだろう」という趣旨の論考が春節を前に現れたほどだ。

李嘉誠の鋭いビジネス感覚がファーウェイを選ばせたのか、あるいは幼いころの極貧生活経験から来る正義感のようなものが任正非を選ばせたのか、そこは定かではない。

2019年7月に入ると、イギリス政府は「ファーウェイ機器をネットワークインフラから排除しなければならない技術的根拠はない」という結論を出したが、一方では「アメリカやオーストラリアといった（ファイブ・アイズ）同盟国との間の政治的および倫理的問題や認識について考慮する必要がある」としている。

EU離脱で優柔不断なイギリスらしいダブルスタンダード的結論だが、4Gまでの基礎設備の多くがファーウェイによって構築されているので、実際上は変更が難しいことになりそうだ。

四、中国が胸を張る「ハイテク産業の成長ぶり」の真実

中国の通信産業が見せる「著しい急成長」の正体

２０１９年５月９日のＣＣＴＶは、「今年の第１四半期の、人工智能（ＡＩ）を含む戦略的工業である新興産業の伸びは、前年比で６・７％となった」と発表した。

中国ではハイテク国家戦略「中国製造２０２５」が対象としたハイテク技術によって一気に加速した産業群を「戦略的新興産業」と命名して、猛烈な勢いで研究開発を促進している。ハイテク医療機器設備などの製造業は14・０％、電子通信設備製造業は７・９％、航空航天（宇宙）製造業も７・９％の増加率をそれぞれ示しているという。

たとえば４Ｋなどの「スーパー・ハイビジョン」は広東を中心とした地域で生産されているが、その生産高は、全広東省の総生産高の３分の1を占めている。これは広東経済を牽引する新たな駆動力となっており、山東省でもスマート交通運輸の導入により、第１四半期の前年度増加率21・２％となっているそうだ。

今後はビッグデータ、ＡＩ、ＩｏＴなどを中心としたスマート化が中国全土で爆発的に飛躍することが考えられるとしている。なぜなら、そのためのネット使用の前年度比成長は１３６・１％に及んでいるからだという。特にファーウェイのクラウドＡＩチップや５Ｇ技術が顕著な発展を遂げ、こういったデジタル技術による経済規模は、中国のＧＤＰ規模の34・８％を

占めるとのこと。

中国商務部系情報サイトの「中商情報網」は2019年5月6日、「中国の第1四半期の貿易黒字は昨年同期と比べて、75・2%拡大した」と報道した。特に一帯一路沿線国との輸出入額の増大が顕著で、ロシア9・8%、サウジアラビア33・8%、エジプト18・3%などの増加率となっている。

また、2019年8月5日の「人民日報」は「ハイテク製造業の研究開発費の年平均増加が12・9%に達した」と報じており、7月27日に行われた国務院新聞弁公室の記者会見で、工業情報化部の辛国斌副部長（副大臣）は、「今年上半期の製造業の増加率は同期比で6・4%増加しており、その中でもハイテク製造業の増加率が高く、9%に達している」と述べている。

但し純利益に関しては、製造業の利益は2・4%減、特に自動車・石油化学・鋼鉄業の利益減が著しい。それに対してハイテク製造業の利益は増加しており、特に通信業の増加が著しいそうだ。

中国のAI研究に対する「世界の学術的評価」

中国が発したこのメッセージには、どれほどの客観性があるのかと疑問を持つ方もおられることだろう。そんな折も折、イギリスの学術雑誌 Nature（ネイチャー）は8月21日（2019年）、“Will China lead the world in AI by 2030?”（中国は2030年までに世界のAIをリードするか？）というタイトルの報告書を発表した。

［図5-3］「中国研究者によるAI研究論文」の平均引用数

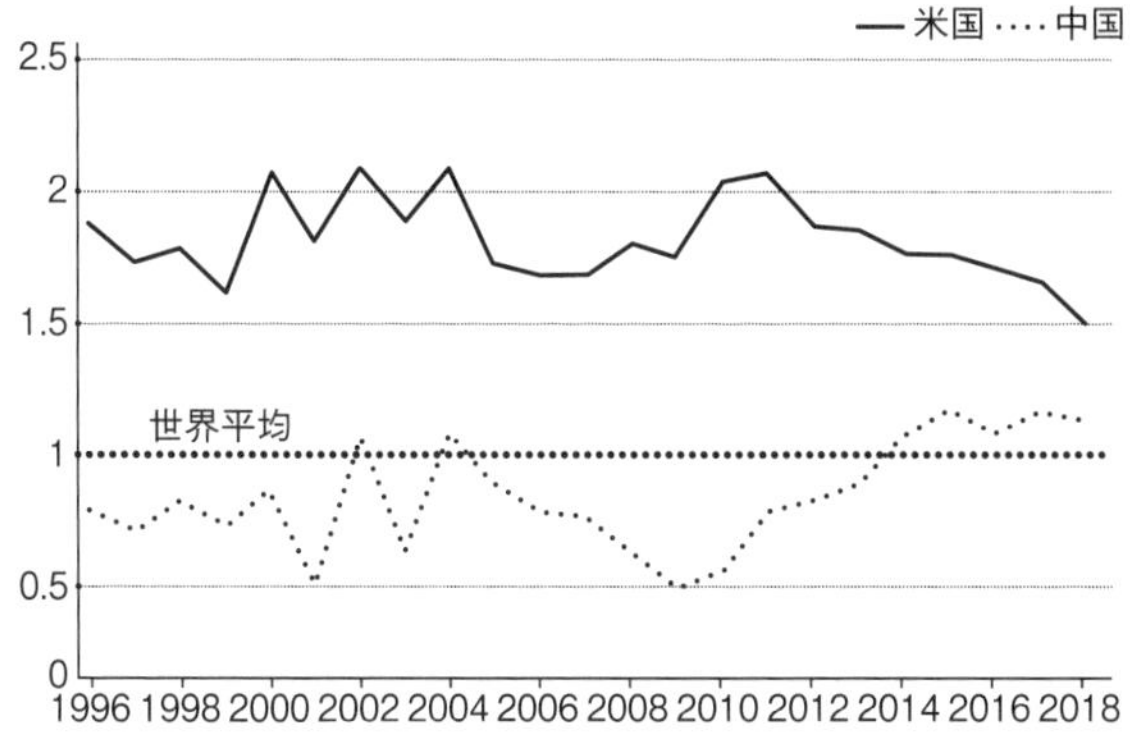

出典：ネイチャー

それによれば、二つの注目すべき点がある。まず一つ目は、「中国のＡＩ研究の質は上昇しているが、しかしコアの技術はまだ遅れを取っている」とのこと。たとえば、「世界で最も多く引用された10％のＡＩ研究論文のうち、中国人研究者のシェアが上昇しており、２０１８年で26・５％に達し、アメリカの29％に追いつこうとしている」。その推移は**図５－３**に示すようになっている。

中国研究者の論文の平均引用数は世界平均を超えているが、アメリカ研究者よりはまだ少ない。但し、その推移を見ると、アメリカが下降傾向にあるのに対して、中国は２０１０年以降、上昇傾向にある。

ＡＩのコアのツールにおいて、中国はまだ遅れを取っている。例えばアメリカには TensorFlow と Caffe があり、世界中で工業・学術を問わず広く応用されている。中国には

Baidu の PaddlePaddle があるが、主にＡＩ製品の快速開発に使われているだけである。

中国のＡＩハードウエアもまだ遅れを取っている。世界でもっとも優れたＡＩ半導体チップは NVIDIA（エヌビディア）, Intel, Apple, Google, AMD などで製造されている。先進的なＡＩシステム用のチップをデザインする知識は、中国にはまだ足りない。

中国が、アメリカやイギリスのような基礎理論とアルゴリズムの技術革新レベルに達するには、あと5~10年は必要だが、それは実現可能だろうと論じている。

二つ目の注目すべき点は「ＡＩ人材」である。

２０１７年年末の集計で、中国のＡＩ人材数は世界2位の１・82万人で、1位はアメリカの２・９万人である。しかしトップレベルの中国のＡＩ人材数は世界第6位と、かなり低い。２００９年~２０１９年におけるＡＩ五分野（人工知能、コンピュータビジョン、機械学習&データマイニング、自然言語処理、情報検索）から評価した世界のトップ20の大学・研究所には清華大学（2位）、北京大学（5位）、中国科学院（6位）、香港科技大学（14位）がランクインしている。その意味では今後の可能性は小さくない。

ＡＩ顔認識監視カメラ「世界一」に見る中国の本音

しかし、話が顔認識を中心としたＡＩの活用となると、状況はガラリと変わってくる。特に監視カメラの中国における活用度と規模は世界一だと言っていいだろう。

監視カメラの設置台数に関して中国政府自身は決して明らかにしようとはしていないが、よく知られているデータとしては、ＩＨＳマークィットが２０１６年に出した1・76億台という数字を上げることができる。もっとも、この段階はまだ「かわいいものだ」と言っていいかもしれない。

それでも2億台近い監視カメラが中国の街中に張り巡らされていることを知った世界の人々は、中国が突き進む監視社会の現状と未来像に驚愕し危機を感じた。

人民の私生活をまで監視して、ほんのわずかでも政府転覆を狙う者の動きを察知する。その兆しを見つけた者は、直ちに中国政府に報告せよと指示を出しているのが「国家情報法」だ。

それほどに習近平は「人民の声」を恐れている。ここまで情報のＩＴ化が進み、世界の現状を知ることができるＩＴ環境の中で生きている中国人民にとって、西側世界の価値観に触れさせず、閉ざされた情報の監獄の中に人民を閉じ込めておくことなど、もうできないのである。だから政府転覆の兆しや民主化を望む「中国政府にとってのスパイ」を発見したら、必ず政府に報告する義務を全ての中国人民は負っていることを強圧的に知らしめたのが「国家情報法」の精神なのである。

この事実を直視しない限り、建国70周年という、最も平和裏に記念祭を挙行したい習近平政権が、なぜ敢えてこの年に「逃亡犯条例改正案」などを香港政府に通させようとしたか、理解に苦しむだろう。この根幹と「国家情報法」との因果関係を理解しない限り日本国民を誤導していくだろう。

「国家情報法」を発布した2017年末日、習近平は「中共中央一号文件」として「雪亮工程」を発布した。公式に発布されたのは2018年2月だが、そもそもこの工程に着手することを宣言したのは2012年11月の第18回党大会においてである。

中国には胡錦涛政権時代の2005年から「天網工程」というのがあった。これはもともと「天網恢恢疎《てんもうかいかいそ》にして漏《も》らさず」（天の神が地に張り巡らした網は、ゆったりして粗いようであるが、決して漏らすことはなく、それに搦め捕られる）という言葉から来ているが、実際上は、中国人民の全ての行動を「天から監視する」という意味で、この時から監視カメラが全国のあちこちに張り巡らされるようになった。

2017年の「雪亮工程」は「雪に照らされたように地面から全てを監視する」という意味だ。だから同時に発布された「国家情報法」は「家の中に隠れても無駄だよ。すべて摘発するからね。山中だろうと隠れ家だろうと、全ての不穏分子の情報を国家に出しなさいよ」という位置づけなのである。

2019年2月、ハイテク産業マーケット調査会社IDC（International Data Corporation）は、2022年までに中国は27・6億台の監視カメラを中国全土に張り巡らし、13億以上（約14億）の人民すべてに1人につき2台の監視カメラで監視するようになるだろうと予測している。習近平はそれを貫徹するために300億ドル（約3・15兆円）を注ぐだろうと言われている。

RFA（Radio Free Asia）もまた、2022年までに中国人民1人につき二つの監視カメラが配置されるのだったら中国は世界最大の監視カメラ市場となるだろうと述べ、ＩＨＳマークィットは世界の顔認識サーバーの４分の３は中国が購入するだろうと予測している。

一方、日本のハイテク産業に関する調査会社テクノ・システム・リサーチは２０１６年、世界の監視カメラのシェアに関して興味深い分析を出している。当時は全世界の出荷台数が４４５３万８千台と母数が小さいが、そのうち中国の国有企業「杭州海康威視数字技術（ハイクビジョン/HIKVISION）」は世界トップで32・３％のシェアを占めていると報告している。ハイクビジョンは国有企業の中でも「央企《ヤンチー》」と呼ばれる中央政府が管轄する百社ほどの国有企業の中の一つだ。トランプが次に潰しに掛かるのはハイクビジョンだろうと言われていたが、案の定、米商務省は２０１９年10月７日、ハイクビジョンや公安機関など28団体・企業をエンティティ・リストに追加した。中国政府によるウイグル族などイスラム系少数民族への弾圧に関与していることが理由だとしている。注目すべきはその中に本書の第二章で述べたＡＩ国家戦略指定企業ＢＡＴＩＳの中のアイフライテックとセンスタイムが入っているということだ。

特にセンスタイムはＡＩ顔認証に関して世界のトップに躍り出た企業で、２０１４年９月に香港中文大学の湯暁鴎教授が創立した。

２０１８年９月に日本のソフトバンクが10億ドルも投資し、２０１９年９月６日には、企業評価75億ドルを突破して、ＡＩを手掛けるスタートアップ企業として世界最大となった。そのＡＩトレーニングチップは、業界をリードするアメリカの NVIDIA の製品を補完する可能性があるという。

なお、ソフトバンクの孫正義氏は、清華大学経済管理学院顧問委員会の委員の一人で、習近平のお膝元にいる。

そして香港デモ参加者がマスクで顔を覆っているのは、世界トップを行く顔認証技術を生み出した香港中文大学のセンスタイムが関係する監視カメラから逃れるためなのである。何という皮肉であろう。

五、アメリカが「宇宙軍」を正式発足させた「真意」

中国の衛星を「頭を下げて」借りるアメリカ

２０１９年8月29日、トランプは米宇宙軍（スペースコマンド）の正式な発足を発表したとワシントン（ＣＮＮ）などが伝えた。

それによれば宇宙軍は中央軍や特殊作戦軍と並ぶ11番目の統合軍となる。正確に言うならば、宇宙軍は米ソ冷戦下の１９８２年から２００２年にかけて存在しており、２００２年以降活動を停止していたので「宇宙軍復活」と表現した方が正しい。しかしここでは紛らわしさを回避するために、それを「発足」と称することにする。

さてトランプはその発足式典で「米国に危害を加えようと望む者、宇宙空間という究極の頂点における高地で我々に挑戦しようとする者にとって、今後は全く異なる戦いになるだろう」

と述べた。また宇宙軍司令官に就任するレイモンド空軍大将は、国防総省で記者団に「我々にはもう宇宙での優位性を当然視する余裕はない」と指摘した。

これは拙著『「中国製造2025」の衝撃』で詳述したが、宇宙空間におけるハイテク競争や量子暗号を搭載した通信衛星などでは中国がアメリカの先を行っている。トランプの発言もレイモンドの言葉も、これを指しているものと考えることができる。

習近平は2014年4月14日、中央軍事委員会主席として「天空を一体化する軍隊を立ち上げ、攻撃と防御を兼ね備えた強大な人民空軍を建設していくことを加速させねばならない。そうしてこそ、〝中国の夢〟と〝強軍の夢〟を実現させるために堅固な力を掌握することができるのだ」と強調した。中国語で「天」とは「宇宙」のことである。つまり「宇宙軍の創設」を唱えたのだ。

その概念は2015年12月31日の軍事大改革において具現化した。この改革において全ての軍種を中央軍事委員会の直轄とし、それまで陸軍に「第二砲兵部隊」として付属していたミサイル発射部隊を「ロケット軍」として、陸軍・海軍・空軍と同等の軍種に引き上げたのである。これは宇宙軍の性格を持っている。同時に軍事衛星の運用や宇宙監視を行ない、敵情偵察などのサイバー空間を担う「戦略支援部隊」を創設して宇宙を対象とした軍隊を支援する。

これに対してオバマ政権時代は反応が悪かったが、トランプは2017年12月11日に「宇宙政策大統領令」を発令している。これはペンス副大統領を議長として「国家宇宙会議」を復活させ、ホワイトハウス主導で宇宙政策を進めることを目的としたものだ。2017年10月5日に開催された国家宇宙会議で、ペンスは「アメリカが再び宇宙分野でリーダーシップを取ることを全世界に宣言する」と言っている。これは明らかに、「このままでは中国がリーダーシップを取ってしまい、アメリカがトップリーダーの地位から転落する」という危機感の表れだと言っていいだろう。「再び」という言葉を用いているのは、そういう意味だ。

２０１９年1月3日に、中国は月の裏側への軟着陸に成功しているが、月の裏側には地球からは電波が届かないので、地球上でリモートコントロールするには中継衛星がいる。しかし地球からの電波をキャッチし、かつ月の裏側に送信できる「アンテナ」のようなものを、何の支えもない宇宙空間に固定しておくことなどできない。

そこで中国はラグランジュ点という、引力も斥力も働かない（＝物体は動かない）天空の、ある一点に向けて、通信中継衛星「鵲橋《じゃっきょう》号」をピンポイントに打ち上げた。そのため如何なる支えもない宇宙空間にピタリと止まってアンテナの役割を果たしているのである。

アメリカの研究者が、是非ともこの「鵲橋号」を使わせてくれと中国の宇宙局（航天局）に申し出た。「自分たち（アメリカ）も月の裏側に軟着陸したいが、何しろこの通信中継衛星がないと行けないので、使わせてほしい」とのこと。中国は「喜んで、どうぞお使いください」と快諾した。

この時点で宇宙におけるハイテク競争は中国に軍配が上がったのだが、それだけではなかった。

「暗号を制する者が世界を制する」と言われるが、人類が解読できない「量子暗号」を中国は生み出すことに成功した（２０１６年、オーストリアと協力）。そして２０１８年1月、その量子暗号を搭載した通信衛星「墨子号《ぼくし》」の打ち上げと、中国―オーストリア間を結んだ量子映像通信（テレビ会談）に成功したのである。

この墨子号打ち上げチームに対して、２０１９年2月、アメリカの科学振興協会はクリーブランド賞を授与したのだ。中国という国家が始まって以来、初めてのことである。このクリーブランド賞というのは、アメリカ科学界におけるノーベル賞に相当するような賞で、その前の年に世界で最も輝かしい業績を収めた研究者を1人（あるいは研究グループを一つ）だけ選んで授与する。授与を決定した科学者側はフェアで尊敬に値するが、トランプは怒り、入国ビザを発給せず授賞式に出席させないという抵抗を示した。

この瞬間も、中国がアメリカを通信界で凌駕した分岐点であった。

しかし中国が月を目指すのには特別な理由がある。月の表面に大量に蓄積しているヘリウム3を採取するためなのである。

いま人類が使っている原子力エネルギー、原発は「核分裂反応」の際に放出されるエネルギーを用いている。核分裂は同時に人類に果てしない災禍を残し、ほぼ永久に処理しきれないほどの有害な放射性汚染物質を放出する。ところがヘリウム3を用いると「核融合」による原子力エネルギーを得ることができる。「核融合」はいかなる汚染物質も放出しない。全く無害でクリーンだ。ただ実用化まではまだ道が遠いのと、何よりも地球上にはそれほどまとまったヘリウム3があるわけではない。そこで、ほぼ無尽蔵に堆積している月面を狙い、そこに資源基地を作るつもりなのである。

南シナ海同様に、資源基地がやがて「宇宙における軍事基地」に移行していくであろうことは明らかだ。

アメリカは中国のこの一連の動きを警戒している。だから宇宙軍の創設を正式に宣言したのである。

第六章

金融戦争に突入した米中貿易戦争

一、「対中制裁関税第4弾発動&為替操作国認定」の裏側

世界を混乱させる「トランプ大統領のツイート」

２０１９年６月29日のＧ20大阪サミットにおける米中首脳会談の約束を守るべく、７月31日に第12回の米中貿易協議を上海で終えたその日、ホワイトハウスは「協議は非常に建設的だった」と前向きの評価を発表した。

ところが翌８月１日、トランプは突如、協議は満足なものではなかったとして「中国からの輸入品３０００億ドル（約32兆円）相当に10％の制裁関税を課す」と宣言。ほぼ全ての中国製品に追加関税を課す第４弾の対中制裁を９月１日から発動するとした。これは大阪サミットにおける米中首脳間の約束に違反するとして、中国は激しく抗議したが、トランプの対中攻撃は、それだけでは終わらなかった。

実は８月１日のトランプ発言が中国の全てのメディアで大きく取り上げられると、米中貿易戦争がさらに激化するという動揺が中国内で広がり、人民元の対ドル相場が８月５日、１ドル７元台に下落したのだ。それは11年ぶりのことだった。

するとすかさずトランプは中国を「為替操作国だ」とツイート。８月５日、アメリカの財務省は中国を為替操作国に認定したと発表したのである。

それに対して中国がどのような反応をしたのか、今後の予測のためにも順を追って一つひと

つを詳細に見てみよう。

8月1日、トランプ大統領はツイッターで「中国は米農産物を大量に購入することに最近同意したが、そうはしなかった」と発信し、中国がG20大阪サミットにおける米中首脳会談での「約束を果たしていない」と強調した。

それを受けて、発展改革委員会や商務部は「中国は約束通り、どれだけ多くのアメリカ産農産物や畜産物を仕入れているか知れない。現に数百万トンのアメリカ産大豆が今現在船便で太平洋上を運航中だし、さらに13万トンの大豆、12万トンの高粱《こうりゃん》あるいは4万トンの豚肉やその製品を買い付けている最中ではないか！」と強く反論した。中央テレビ局CCTVをはじめ、中国の全てのメディアがトランプを激しく非難し、「報復措置で応じる」とも伝えた。

たとえば外交部の華春瑩《かしゅんえい》報道官は定例記者会見で、「中国は強い不満と断固たる反対を示す。米国が関税措置を実行するなら、中国は自国と国民の根本的な利益を断固として守るために必要な報復措置を取らざるを得ない」と述べた。そして米中貿易摩擦が始まって以来、常套句となっているような「中国政府は貿易戦争を望んでいないが、全く恐れていないし、必要ならば断固として戦う」を繰り返した。

ネットでも「せっかく一休みしたかと思ったのに、トランプは何を取り乱しているのか」といった声が沸き上がり、「民主主義は本当にいいものなのか。大統領再選を目指すために、世界中をかき乱している。みっともない」という反応もあった。

8月1日の対中制裁第4弾発動宣言に対して、世界の株式市場に動揺が広がったが、中国においても例外ではない。いや、自国の問題なのだから、最も敏感に反応したと言っていいだろう。その分慎重になり、元に対する需要を手控える動きが見られた。

その結果、8月5日に1ドル＝7元にまで人民元が下落すると、冒頭に書いたようにトランプは「待ってました」とばかりに「中国を為替操作国と認定する」とツイートし、米財務省が正式に認定を発表したわけだ。

アメリカが中国を為替操作国と最後に認定したのは1994年（5回目）で、8月5日の発表は25年ぶりのこととなる。

CCTVを始め、中国の全てのメディアは、8月1日の時点よりもさらに激しく反応した。ニュースキャスターも怒りを込めて、噛みつくような勢いで解説し、多くの専門家や政府関係者の発言を報道しまくった。そのような中、商務部は「中国の関連企業は米農産品の新規購入を一時停止する」という通達を出した。

「新しく購入するのを一時停止」と宣言したわけだが、「新」の一文字を読み落としたのか、日本の一部メディアが、これを以て「習近平政権内の権力闘争」と報道しているのには驚いた。国家発展改革委員会が、それまでの発表と異なる発表をしたのは、「習近平指導部の内部での意見の対立や混乱を指摘する声もでているからだ」と、日本のそのメディアは書いている。

「指摘する声はどこから？」と言いたい。記者自身がそう思っているから、適宜「声もでている」などと不特定多数のせいにして、どうしても「権力闘争」へと日本の読者を誘導したいのだろう。これでは中国の真実あるいは世界の真相を追いかけることなどできない。

「中国は為替操作国か否か」を検証する

中国の「新京報」は金融リスク管理関係の専門家・陳思進氏の分析を掲載しているが陳氏は2カ月ほど前にも人民元は1ドル「6・5元〜7・5元」の間を動くだろうと予測していたとのこと。米中貿易摩擦の先行きがこれだけ不透明な中、この程度の変動幅で7・0元になるのは全く正常な市場の変動だと分析している。

シンクタンク「中国問題グローバル研究所」の研究員の一人である北京郵電大学の孫啓明教授と意見交換をしたところ、彼は以下のように語った。

1．中国に対して「為替操作国」のレッテルを貼るということは、米財務省が自ら規定しているところの「為替操作国」の条件を満たしておらず、アメリカの一国主義あるいは保護主義に基づくわがままを表している。これは国際的な規則を破壊するだけでなく、全世界の金融経済に対して重大な影響をもたらすだろう。

2．中国は市場のニーズを基本にして通貨バスケットを参考にしながら調整し、管理フロート制（管理変動相場制）を実施している。「為替操作」というのは存在しない。

3．米財務省は為替操作国として認定する基準を自ら設定している。2016年2月、米財務省は以下の三つの条件を全て満たした国を為替操作国と認定すると決めている。

第1：対米貿易黒字（サービスを含まない）が200億ドル以上。

第2：経常収支黒字の対GDP比が3％以上。

第3：外国為替市場での持続的かつ一方的な介入が繰り返し実施され、過去12カ月間の介入総額がGDPの2％以上。

もし、ある経済体（国家）が上記三つの条件を全て満たしているなら「為替操作国」と認定し、二つの条件を満たしているなら「為替操作観察国」のリストに入れる。もし一つだけしか当てはまらない場合は、観察国に入れる場合もあるが、そうでない場合もある。このように米財務省は決めている。

この基準に従えば、中国は第1の条件だけは確かに満たしている。なぜなら貿易黒字が3233億ドルだからだ。200億を優に超えている。

しかし、第2の条件に関しては、2018年の中国の経常収支黒字の対GDP比は0・37％なので、当てはまらない。また第3の条件に関しては、2016年下半期から今日に至るまで中国の外貨準備高は3兆ドル前後を安定的に保っているので、これも当てはまらない。したがって米財務省は自分が決めたルールに違反したことをやっているのである。

4．そもそも2019年5月末の米財務省の報告書の中では、中国は「為替操作国」には入っていない。「中国、ドイツ、アイルランド、イタリア、日本、マレーシア、シンガポール、韓国、ベトナム」の8カ国が平等に「為替操作観察国」の中に入れられていただけだ。

孫教授との意見交換は非常に長く、また有意義だが、一応ここまでにして、以下に少し解説を加えたい。

まず彼が「2」で書いている「中国に為替操作というのは存在しない」に関してだが、これはあくまでも孫教授がそう言ったということを客観的にそのまま書いているだけであって、必ずしも私自身がそう思っているわけではない。中国の中央銀行である中国人民銀行がまったく介入していないかというと、そうではないだろう。

たとえば、2018年8月28日、ムニューシン米財務長官がアメリカのテレビ局CNBCのインタビューで「人民元高なら為替操作ではなく、人民元安なら為替操作になる」という趣旨の発言をしていることから分かるように、アメリカは人民元安になると不機嫌になる。そこで中国人民銀行は、アメリカのご機嫌を取るために、むしろ1ドル7元以下にならないように「調整している」という傾向にさえある。

したがって皮肉なことに、もし中国人民銀行が多少の「調整」をせずに、市場の変動に任せていると、逆にすぐさま元安の方向に動いてしまうのが実態だ。

もっとも日本でも日銀（日本銀行）がまったく介入しないのかというと、そうではない。ときどき俗称「日銀砲」と呼ばれるように、日銀による直接または間接的な為替市場介入がなされている。市場を安定させるためという大義名分があるとは言え、故意に円相場を操作していることに変わりはない。

トランプなどは、FRB（Federal Reserve Board の略。連邦準備制度理事会。日本における日銀に相当）に圧力を掛けて、「もし言う通りにしなかったらFRB議長を首にするぞ」と脅し、遂に政策金利の引き下げを強引に実行させている。たとえばトランプは2019年6月

23日におけるアメリカのNBCテレビのインタビューで、「FRBのパウエル議長を解任し理事に降格させる権限が私にはある」と述べている。ブルームバーグも6月18日、「ホワイトハウスは2月にFRBのパウエル議長を理事に降格させる場合の法的な論点を検討した」と報じている。

これら一連の報道は、トランプが自分の大統領選に有利な方向に市場を持っていこうと思えば、FRB議長の人事権をちらつかせてまで強引に市場介入をするということを示しているわけだ。人民元の為替操作どころの話ではない状況がアメリカでは存在している。

事実、なぜトランプが突如、8月1日に対中追加関税第4弾の宣言をツイートしたかに関しても、実はそのきっかけにはFRBの政策金利の利下げに関する強烈な不満があったからだろうと推測される事態がワシントンでは進んでいた。

7月30日から31日にかけて、米連邦公開市場委員会（FOMC）の会議が開催されていた。この日FRBは、0・25％の小幅な利下げを決定したが、トランプは利下げ姿勢が十分ではないと批判している。ここで動画をお見せできないのが残念だが、おそらく少なからぬ読者の方が見ておられるだろう。FRBのパウエルが「利下げが0・25％である」ことを発表するそのやや後ろ側にトランプが立っていたのだが、軽蔑と不満に満ち満ちた目つきと表情でパウエルを侮蔑的に見ていたトランプの姿をカメラはしっかり捉えていた。そして案の定、その1時間余りでツイッターに投稿し、「いつも通り、パウエルはわれわれを失望させた」とした上で「金融緩和に動く中国や欧州中央銀行などに追いつくためには、米国も大胆な利下げに踏み切るべきだった」として不満を爆発させた。

こうして対中第４弾制裁が宣言されたのである。

孫教授は、「トランプは為替と関税が一体となって連動しているとみなしている」と解説する。だから、「ドル安の効果を期待していたのに、そうはならなかったので、中国に高関税をかけることによって、その埋め合わせをしようとしたのだ」という見方を示した。

人民元安はアメリカによる対中制裁関税の影響を相殺して、中国からの輸出を有利にする効果を持つ。その半面、中国国外への資本流出を加速させ、対中投資が減少する懸念も強くなる。つまり、人民元安が進めば、中国からの資本流出を招く恐れもあり、中国経済にとってはさらなる打撃になり兼ねない。また中国の非金融企業も銀行も数千億ドル以上のドル負債を抱えているので、人民元安が進むと対外債務不履行を招く恐れがある。だから意図的な操作というならば、中国としてはむしろ大幅な人民元安は避けようとしているはずだ。

それでも「為替操作国」のレッテルを貼られた場合にどういう影響が出て来るか、孫教授は以下のように回答してくれた。

——実際には何もできないが、しかしアメリカ政府は「モラルと法律」の上で有利な立場に立ち、攻撃の度合いを強めて来るということは考えられる。なぜなら、もし為替を操作しているとなると、それによって取得したその国の利益を正当に評価することができなくなるからだ。そういう心理的な効果は持つだろう。それは他の国がどれだけトランプの措置を重要視するかによって変わってくる。重要視しなければ国際秩序の混乱を招く要素は少なくなり、逆にアメリカが孤立することを招く。中国は粛々と自国のやるべきことを進めていくだけだ。

「悪いのは中国ではなくFRB」トランプ発言の「真意」

8月8日、中国共産党の内部情報を伝える「参考消息」が「何が起きたのか？　トランプが突然、『我々の問題は中国にはない』と言っている」という見出しの報道をした。それによれば、トランプ大統領が現地時間の7日（日本時間では8日）に「アメリカの経済発展の問題はアメリカ中央銀行の機能であるFRBにあるのであって、決して中国にあるのではない」とツイートしたという。

トランプのFRBに対する一連の口先介入を受けて、8月5日、ウォールストリート・ジャーナルはオピニオン欄で「アメリカは独立した連邦準備制度を必要としている」という主張を掲載した。4人の元FRB議長（フォルカー、グリーンスパン、バーナンキ、イエレン）の意見として「FRBは政治的小集団の利益を追求するのではなく、最高の国益に基づいて決定を下す能力を維持することが重要だ」と記している。つまり、「大統領が個人の思惑で（＝大統領に再選されるためという個人的な利益を求めて）アメリカの金融を操作している」ことを、堂々と指摘し批判している。

一方、8月8日付のブルームバーグの記事「トランプ氏の貿易戦争、不覚にもドル高要因に――安全逃避で米債急騰」には明確に「トランプ大統領は繰り返し米金融当局に利下げを要求し、その一方でドルは強過ぎるとの不満を表明してきた。ただし米当局が追加利下げに踏み切った場合、実際には景気が押し上げられドルを支える可能性がある。こうなった場合トランプ大統領のいらだちが募るだけかもしれない。オプショントレーダーの間では対ドルでの人民元安を予想する見方が強まっている」（ここまで記事からの引用）と書いてある。

つまり、「弱いドルを望むのであれば人民元とユーロの上昇を望むべき」だが、実際はその逆の方向に動いて「人民元安」を招いた。そこで苛立ったトランプ大統領が、中国を「為替操作国」と認定したと解釈しているわけだ。これは孫教授の解説と一致している。

二、「金融核弾道ミサイル」米国債売却はあるのか
――中国が取り得る報復措置を探る

中国が取り得る報復措置には、いくつもの選択肢が考えられる。

その内最も強烈なのが、「アメリカ国債を売り飛ばす」ことである。

中国では「中国が持っているアメリカ国債」のことを「金融核弾」（金融核弾道ミサイル）と称する。それくらい強力な報復措置だということを意味する。

このミサイルを飛ばすのか、すなわちアメリカ国債を売るのか否か、孫教授に再び聞いてみた。以下、彼の回答を記す。

――中国はアメリカ国債を最も多く持っている国である。こうしておけば、中国の運命とアメリカの運命を一つに縛っておくことができるからだ。アメリカ国債を売却してしまうか否かは、米中双方に絶大な影響を与える。だから業界ではアメリカ国債を「金融核弾」と称している。もし中国が大量にアメリカ国債を売り飛ばしてしまったら、アメリカ国内の経済は一気に弱まり、力を無くしてしまうだろう。そのためアメリカはその対抗措置として中国への関税をさらに高めて来るだろうことが考えられる。つまり、その時は双方が傷ついて双方が敗者になってしまう。しかし、アメリカが先に、対中制裁関税をさらに上げて来るとすれば、中国はその時にはアメリカ国債を売ってしまうという可能性が大きくなる。

売ってしまうときは、これは3000億ドルに対する報復措置と考えていい。その時は米中貿易戦争が一段と厳しい段階に突入することを意味する。果たして中国がアメリカ国債を売ってしまうか否か、そして売るとすればどれくらいを手放すか、またいつそれを実行するか。これらは全て戦術的なものなので、今は何も言えない。

一定程度のアメリカ国債を中国が保持し続けるということは、中国の為替安定の基礎でもある。今のところ、中国が大規模にアメリカ国債を売り飛ばすという可能性は大きくない。ただし、もしもアメリカが貿易戦争のレベルをアップさせるなら、中国もそれに応じた報復措置を講じることは確かだ。米国債を売るか売らないかは、その報復措置の中の戦術の一つに過ぎない。アメリカが関税を追加させればさせるほど、その分だけ中国がアメリカ国債を売る頻度も量も多くなり、悪循環に入っていく。双方ともに被害者となるが、その際、どちらの「持久力」が強いか。どれだけ持久戦に持ちこたえられるか、最後はその力になる。

たしかにその通りなのだが、孫教授から回答があった後の8月15日になって米財務省は米国債の保有残高に関して「２０１９年6月に日本が2年ぶりに中国を追い抜き、世界一になった」と発表している。日本は1兆１２００億ドルで中国は1兆１１００億ドルとのこと。わずか１００億ドルの違いなので、そう大きな差ではないだろう。傾向としては大きく変化はしていない。

それ以外の持久戦に関しては全くその通りだ。

だからこそ習近平は「新長征」と称して、国民党と共産党の国共内戦の初期時代における戦いである「長征」を常に口にするようになった。

「長征」とは１９３４年10月から36年10月にかけて、毛沢東率いる中国共産党軍の「紅軍（中国工農紅軍）」が中央ソビエト区の拠点であった江西省瑞金を放棄して北へ北へと1万２５０0キロの距離を徒歩で逃走したことを指す。行きついた先が陝西省の延安（革命根拠地）だったが、そこには習近平の父親・習忠勲がいて、毛沢東に手を差し伸べた。したがって習近平は自分を「延安の人」と呼ばせ、また殊のほか「長征」を大事にする。

２０１６年9月に私はワシントンのナショナル・プレス・クラブで、拙著『毛沢東　日本軍と共謀した男』に関して講演をしたが、そのとき私を招聘した「Project 2049 Institute」の主催者であるランディ・シュライバー（現在、トランプ政権の国防次官補アジア・太平洋安全保障担当）は「習近平が長征を重視していること」に関してスピーチをした。つまり習近平が言うところの「新長征」は、必ずしも米中貿易摩擦が始まってからではない。

もちろん持久戦に備えて、これまでよりも更に「新長征」を強調するようになったのも確かだが、しかし日本では誤解も根強い。

たとえば2019年9月3日、習近平は中央党校で開催された中国共産党中青年幹部養成班開講式で「中国が現代化を果たすまでの道のりは長く、二つの百年を絶対に実現させなければならない。そのために奮闘努力せよ」と強調した。

日本の一部のメディアでは、あたかも「現在直面している闘争＝米中貿易戦争」が「建国100周年である2049年まで続く」と習近平が言ったかのように報道しているが、どうも混同しているように思われる。「闘争」という言葉を数十回使ったことも話題になったが、これも、あくまでも党の思想を引き締め、「四つの意識」や「四つの自信」などを実現しようという、いわば中国共産党的常套句の一つなのである。

中国の庶民は、これら「四つの・・・」に関する「闘争」を「寿限無、寿限無・・・」と笑っている。米中貿易戦争に対する「新長征」と、この数十回叫んだ「闘争」とでは話が違う。これを区別しておかないと中国分析の目が曇る。2012年、習近平政権誕生前夜、反日デモの若者たちは、最終的に抗議の矛先を中国政府に向けていった。だから習近平は反日デモを許さないほど人民の声を警戒し、思想教育と言論統制を強化しているのである。

三、「レアアース・カード」を準備する中国

「新長征」を宣言した習近平の「勝算」？

こちらは正真正銘の「米中貿易戦争に対する新長征」である。2019年5月20日から22日にかけて、習近平国家主席は江西省贛《かん》州市于《う》都《と》県を視察した。そこはまさに毛沢東が率いる「中央紅軍長征集結出発点」と言われている、いわゆる「長征」のスタート地点だ。瑞金もその一つだが、さまざまな地域から「集結」したので、集結点という意味ではここ「贛州」が挙げられる。

習近平は先ず「中央紅軍長征出発記念碑」に献花し、「中央紅軍長征出発記念館」を視察した。この視察期間、習近平は「新長征の道」に関してスピーチをしている。

習近平が2012年11月に中共中央総書記になり2013年3月に国家主席になって以降、しばらくの間は「長征」を「抗日戦争のための勇敢な行動」と位置付けてきて、「抗日神話」に沿い「北上抗日」という言葉さえ使っていた。日中戦争当時、北西には日本軍などいなかったので、「北に上っていくのが、なぜ抗日なのか」と、私はその度に「中国共産党による歴史のねつ造だ」と批判してきた。ところが、トランプ大統領が誕生し、特に米中貿易摩擦が始まってからは、習近平は「長征」を「抗日行動」とは位置づけなくなった。

新しい世代には、その世代なりの「苦難の闘い＝長征」があり、中国共産党員は「初心」に

戻らなければならないとして、最近では「新長征」という言葉を使うようになっている。これは2017年10月に開催された第19回党大会で党規約に「習近平新時代中国特色社会主義思想（習近平新時代の中国の特色ある社会主義思想）」という文言が入れられたために、それ以降、何でも「新」という文字を付けるようになったことが由来である。

この「新長征への道」は、まさに「米中摩擦」がどんなに厳しくとも、あの「長征」により結局は敵（＝日本。本当は国民党）に勝ったように、今どんなに敵（＝アメリカ）が不合理な外圧を掛けてきても、「中国人民は闘い抜き、勝利を手にするのだ」と呼びかけている。

習近平の江西視察に合わせて、5月20日、人民日報は「中美貿易戦　極限まで外圧を掛けても無駄だ」という論評を出して、「歴史を思い出せ」と「新長征への道」を示唆した。

このコラボレーションを中国流に翻訳すれば、「（日本軍という外圧に対して）中国人民は長征を乗り越えて最後に勝利を手にしたように、今はアメリカという外圧と闘って『新長征への道』を歩み切り、最後には勝利を手にするのだ」となる。

なぜ習近平は多忙のスケジュールの中、ふと江西省視察に3日間も費やしたかと言うと、この中国流のメッセージを発したかったからである。

さらに注目すべきは、同じ日（2019年5月20日）に、習近平は江西省贛州市にある「江西金力永磁科技有限公司」を視察している。この企業はなんと、中国最大のレアメタル（&レアアース）の一つであるタングステンの産業基地なのである。そのため、贛州市は「レアアース王国」とか「世界タングステンの都」などと呼ばれている。

この事実こそが重要で、「習近平総書記・国家主席・軍事委員会主席が、レアアース産業の発展状況を視察するために訪れた」と新華網や人民網が大々的に伝えている。

また米中貿易交渉団を率いた劉鶴副首相が随行していたこともポイントだ。これが「江西視察」は「米中貿易戦のためだよ」というメッセージを黙って裏付けるファクターの一つになっている。

ちなみに、レアメタルは47（＋2）種類の希少金属から成っており、その中の17種類はレアアースという希土類である。中国が世界の70％を占めているのはレアアースだ。もちろんレアメタルの産出量も中国が圧倒的に多い。

アメリカはレアメタルの約75％を中国からの輸入に頼っている、と中国側は言っている。となれば、中国が「レアメタルの対米輸出を禁止する」とひとこと言えば、「アメリカのハイテク製品および武器製造は壊滅的打撃を受ける。何も作れなくなると言っても過言ではない。アメリカの完敗が待っている」と、中国のネットは燃え上がっている。

ところが、この「ひとこと」を5月28日に環球時報が報じた。最初は胡錫進編集長がツイッターで「その可能性がある」という程度につぶやいただけなのだが、アメリカのメディアは、飛び上がるほどに驚き、その情報を受けて、中国のネットもまたもや炎上した。

「レアアースは中国の対米抵抗の武器になりますか？」という、某記者の非常に刺激的な聞き方に対して、国家発展改革委員会の関係者は「もし、中国から輸入したレアアースで作った製品を使いながら、中国の発展を阻止する者がいれば、江南の人民も、中国人民もみな、嬉しくは思わないだろう」と回答した。

これもすべて、5月20日の習近平による「ゴーサイン」を受けた、一斉の行動だった。

そのため、「中国が対米反撃のためにレアメタルの輸出を禁止するのか」というテーマで、中国のネット界だけでなく、全世界がざわめき出したわけだ。

そして「えっ、中国にもこんなすごいカードがあったんじゃない！」ということになった。

それを受けて、29日、環球時報は「中国はこんな凄いカードを持っていたの？ これって、〝キング・カード（ロイヤル・ストレートフラッシュ）〟じゃないか」という趣旨の見出しの報道をしている。

中国以上にレアアースを含めたレアメタルの埋蔵量が多い国が、地球上に一つだけあると言われている。北朝鮮だ。埋蔵量であって、生産量ではない。レアメタルの種類によっては中国の10倍以上の埋蔵量があるとも予測されている。もっとも、中国は月面のヘリウム3に目を付けるように、「資源」となると、真っ先に飛び付くので、北朝鮮の埋蔵地のいくつかは、既に中国が50年間の使用権とか30年間の発掘権などを所有しているが。

それでもなお、中国からレアメタルを禁輸されれば、アメリカは北朝鮮になびく可能性がなくはない。

アメリカの地質調査所（ＵＳＧＳ）のデータによれば、２０１８年の世界レアアースの生産量は17万トンで、中国12万トン、オーストラリア２万トン、アメリカ１・５万トン、ミャンマー５０００トン、ロシア２６００トンと、中国が全世界の70％を占めている。

埋蔵量の多い国に関しては、中国以外にブラジル、ベトナム、ロシア、インド、オーストラリアなどがある。北朝鮮の場合は、正確なデータが出て来ないものの、国交を結んでいる国がほとんどなので（世界中で日米韓など数カ国だけが北朝鮮と国交なし）、これまでに一定のデータははじき出している。それによれば、中国を遥かに超えるだろうと言われているので、米朝関係がどう動くかで、アメリカのレアアースに関する危機管理に影響をもたらす側面がある。

そのため中国には、米朝を近づけたくはないという複雑な心理もうごめいている。事実2019年10月6日、習近平と金正恩は、中朝国交樹立70周年の祝電を交換した。

レアアースはアメリカにも埋蔵しているのだが、採掘と精製過程で粉塵を巻き起こし激しい環境汚染を招く。効率も良くないのでアメリカは採掘をやめてしまった。これから再開するようだが、相当な時間がかかるだろう。また輸入先の多元化にも動いている。

中国が対米レアメタル輸出規制を発動するか否かは、世界の動向を左右する大きな変数となる。習近平の「江南視察」というゴーサインの下で全てが動いているということが、考察のカギだ。レアアース・カードはいずれは切るだろうが、それがいつになり、又どれくらいの量にするかに関してはタイミングを見計らっているという。

中国は2010年の尖閣諸島問題発生の後、日本に「レアアース」カードを切ったが、失敗に終わっている。日本が対中依存度を低めたのと、WTOが協定違反としたことなどが主たる理由だ。今回はアメリカの対中高関税もWTO違反だと中国は訴えているし、アメリカのハイテクや軍事産業のレアメタル対中依存度と規模は、日本とは比べものにならないほど大きいので、中国がカードを切ればダメージは受けるだろう。

日本は近年、小笠原諸島・南鳥島の沖合５５００メートルの海底にレアメタルが埋蔵していることを確認している。早期開発と実用化に期待したい。

本章のテーマの一つとして、最後に付言させていただきたい。

２０１９年10月17日、中国の商務部は米中貿易戦争と通商に関して「中国はあくまでも貿易戦争を完全に停止し、全ての追加関税を撤廃することを最終目標としている」と述べている。それが達成されるまでは米中間の争いは終わらないというのが中国の立場だ。

一方、中国の経済に陰りが見えてきていることは確かで、２０１９年7~9月期のＧＤＰ成長率は6・0％となっている。米中貿易戦争だけでなく、自動車消費の減少やアフリカ豚コレラによる豚肉の高騰など、中国国内の事情も影響しているだろう。

もっとも中国政府は、これはあくまでも新状態(ニューノーマル)という、ＧＤＰの量よりも質を重んじ、ハイテクの研究開発を優先する先進国型に入るための段階で、ＧＤＰの規模そのものが他国に比べて落ちているわけではないと胸を張っている。しばらくは静観するしかない。

第七章

地殻変動と中国が抱える諸問題

一、韓国の「GSOMIA破棄」と「中露朝」のシナリオ

日本の「韓国に対する抗議」は「中露の思惑通り」？

韓国のGSOMIA破棄は、習近平を中心とした「中露朝」のシナリオ通りに動いている。竹島上空での中露合同軍事演習、米韓合同軍事演習による金正恩の激怒、トランプ大統領のINF（Intermediate-range Nuclear Forces＝中距離核戦力）全廃条約離脱。待つは日韓の決定的な関係悪化だった。

その予兆は第一章の「四」に書いた通り、トランプの電撃訪朝の時から見えていた。

第一章でお約束した通り、ここでは順を追って「東アジアの地殻変動を招くプロセスとメカニズム」に関して詳細に考察してみよう。

2019年7月23日、韓国が自国の防空識別圏内に入ると主張する（日本の領土である）竹島上空で、中露の戦略爆撃機と早期警戒機が飛行した。韓国軍用機は韓国の領空を侵犯したとして警告射撃をしたが、菅官房長官は「竹島の領有権に関するわが国の立場に照らして到底受け入れられず、極めて遺憾であり、韓国に対し強く抗議するとともに再発防止を求めた」と語っている。

中露は、これはあくまでも「中露の包括的な戦略的パートナーシップを強化するための中露合同軍事演習の一環に過ぎない」と反発。特に中国は2017年の第19回党大会で党規約に

「習近平による新時代の中国の特色ある社会主義思想」を書き入れてからというもの、何にでも「新時代」を付け、この軍事演習を「新時代の中露間の包括的な戦略的パートナーシップである」として、今後も常態化するだろうと述べている。その翌日の7月24日に中国は「新時代の中国国防」白書を発表し、同様に中露の戦略的パートナーシップを強調している。それほどにこの中露合同軍事演習は重要だった。

それならなぜ中露はわざわざ「竹島」上空を狙ったかと言えば、それは明らかに日韓関係の悪化によって、どれくらい日米韓の協力関係に「ゆるみ」が出ているかを試すためだ。いわば、リトマス試験紙の役割を果たしたと言えよう。

6月に習近平国家主席が訪露し、プーチン大統領と会った時には、日韓関係はすでに徴用工問題の韓国最高裁判決に対して非常に険悪化していた。7月1日には半導体材料に関する輸出審査を厳格化すると日本は韓国に言い渡し、日韓関係はさらに悪化の一途をたどっていた。米中貿易摩擦でアメリカと対立している中国と、2月にアメリカからINF全廃条約離脱を正式通告されていたロシアは、今やアメリカを軍事的にも共通の強烈な敵としている。

中露は新しい東アジアのパワーバランスを求めて、何とか韓国を「日米韓」の安全保障上の協力体制から引き離したいと企んでいた。そのために中露両軍は韓国が不当にも韓国領土と主張する日本の領土である「竹島」を狙ったのである。

案の定、菅官房長官は「韓国に対する抗議」を真っ先に表明してくれた。「日本海を飛行していたロシア軍用機が2度にわたり、島根県竹島周辺を領空侵犯したことを認識している。韓国軍用機が警告射撃を実施したことは、竹島の領有権に関するわが国の立場に照らして到底受け入れられず、極めて遺憾だ」と述べ、韓国への抗議表明を優先しているのである。中国のメディアは繰り返し、この部分に焦点を当てて報道した。

日米韓で軍事的に固く結ばれているはずの日本は、「自国の領土の上空（＝領空）を中露が侵犯した」ということに抗議する前に、日本の領土に余計な口出し（警告射撃）などをした韓国を先ず非難したのだ。中国に抗議表明をしていないのは、中露両軍が軍事演習として同時並行で飛行していたものの、何よりも韓国がロシア軍用機に対して警告射撃をしたからで、韓国が中国の軍用機には警告射撃をしていなかったからだろう。非常に細かく言えば中国の軍用機はすれすれの領域でUターンしたらしいが、しかし中露両軍はワン・セットで飛行していたのだから日本としては中国にも抗議表明をすべきではないかとも思うが、肝心なのはそこではない。

要するに、「日本がまず韓国に抗議した」ということが重要なのである。

これで「しめた！」と思わない方がおかしいだろう。リトマス試験紙は「日韓の仲はここまで悪い。だとすれば日米韓の軍事的あるいは安全保障上の協力体制にもひびが入っている」ことを示してくれたのだ。

この時点で、第一段階の中露の作戦は成功している。

一方で、第一章で述べたように7月1日から日本に見放されていた韓国は、「アメリカにだけは見放されまい」としたのか、あるいは親米派につきあげられたのか、7月20日、8月の米韓合同軍事演習を実施すると発表した（8月5日から20日まで）。それを聞いた北朝鮮の金正恩委員長は激怒し、7月25日からミサイル発射を再開したのである。日本では「飛翔体」と一歩下がった表現をしているが、北朝鮮自身は「新型戦術誘導弾」や「大口径操縦放射砲」であるとしている。特に8月10日に発射したのは「新兵器」であると発表した。新兵器について、韓国では新たな戦術地対地弾道ミサイルだと表明した。

8月5日から始まった米韓合同軍事演習は武力をともなわないシミュレーションであるとはいえ、北朝鮮の金正恩委員長はトランプ大統領にではなく、文在寅に対して「二度と同じテーブルに就くことはない」と言い放ち、怒りを全開にした。

うろたえたのは文在寅だろう。

何せ彼にとっての唯一の手柄は南北融和のために金正恩と会い、トランプとの仲介をしたことだと、きっと思っているだろうから。また、日本に対抗して「北朝鮮と一体となって経済発展をさせるから、今に韓国の経済は日本を追い抜く」と豪語していた文在寅は、その意味においても完全な四面楚歌に追い込まれてしまった。

日韓のGSOMIAは主として北朝鮮（や中国）の軍事動向をいち早くキャッチして情報を日韓の間でそして米国とも共有するのが目的だ。北朝鮮は早くからGSOMIAに抗議し、韓国に破棄を迫っていた。破棄を迫っているのは中国も同じである。

「お前はどっちの味方なのだ」と北からも中国からも言われて、文在寅はいよいよ立場がなくなっていたのである。

ミサイル配備問題が示す「東アジアの新パワーバランス」

決定打は8月20日に北京で行われた日中韓の外相会談だ。

２０１９年8月2日、アメリカはロシアとのＩＮＦ全廃条約から正式に脱退し、その補強としてアメリカの中距離弾道ミサイルを、韓国をはじめとした東アジア諸国に配備しようとしているが、中韓両外相の会談において、中国側は韓国に強く反対の意思を伝えたという。韓国側は韓国に配備する可能性を再度否定したので、中韓の距離が縮まった。その上でのＧＳＯＭＩＡの破棄なのである。

１９８7年に当時のソ連とアメリカとの間で結ばれたＩＮＦ全廃条約には、中国は入っていない。それを良いことに中国は東風21（ＤＦ21　射程距離２１５０キロ～３０００キロ）や東風26（ＤＦ26　射程距離３５００キロ～５５００キロ）などの中距離弾道ミサイルの開発に余念がなかった（射程距離に関しては政府正式公表はない）。

中国の中央テレビ局ＣＣＴＶも中国の軍事力がどれほど高まっているかを誇らしく報道しまくってきた。したがってアメリカとしてはＩＮＦ全廃条約から離脱して、さらなる高性能な中距離弾道ミサイルを製造、それを韓国や日本あるいはオーストラリアなどに配備し、中国を抑え込み、新しい東アジアのパワーバランスを形成しようとしていた。

もし韓国がアメリカの指示に従ってポストＩＮＦ中距離弾道ミサイルなどを配備しようものなら、中国の韓国への怒りはＴＨＡＡＤ（サード。終末高高度防衛ミサイル）を韓国に配備した時のような経済報復では済まず、中韓国交断絶にまで行くだろうと、中国政府の元高官は筆者に怒りをぶつけた。彼は常日頃から「本当は韓国を信用していない」と言っている。

中国は、高度で重要な戦略であればあるほど表面に出さないので、日本ではここまでの事態が進んでいると思っている人は多くないと思うが、これが実態だ。

アメリカのエスパー国防長官が8月2日からオーストラリアや日本、韓国など東アジア5カ国を歴訪したのだが、これに関して中国共産党機関紙「人民日報」傘下の「環球時報」は「オーストラリアもポストＩＮＦの中距離弾道ミサイル配備を断ったが、韓国も断っている」と、まるで「勝ち誇った」ように報道している。この報道から中国の心の一端を窺い知ることができよう。この時点で韓国の国防関係のスポークスマンは「韓国はポストＩＮＦに関してアメリカから頼まれてもいないし、論議もしてない。もちろん受け入れるつもりはない」と言っているが、それでも信用できずに、中国側は韓国の康京和《カンギョンファ》外相に、8月20日の中韓外相会談の際に最後のダメ押しをしたのである。これに関しては、韓国の一部メディアが報道しているが、筆者はインサイダー情報として知るところとなった。

東アジアの新しいパワーバランスは、このようにして激しい闘いを展開していたのだ。韓国がＧＳＯＭＩＡ破棄を発表したのは8月22日だが、その直後に何が起きたかを見てみよう。

まず中国：8月23日にアメリカの対中制裁関税「第4弾」への報復措置として約７５０億ドル分（約8兆円）のアメリカ製品に5～10％の追加関税をかけると決定した。

次にロシア：8月24日、北極圏に近いバレンツ海から潜水艦発射弾道ミサイル（ＳＬＢＭ）「シネワ」と「ブラワ」の発射実験を行い、成功したと発表した。

そして北朝鮮：8月24日、短距離弾道ミサイル2発を発射した。

このように「中露朝」ともに、韓国がGSOMIAを破棄した瞬間に「もう大丈夫」とばかりに、まるで示し合わせたように、アメリカに対して挑戦的な行動に出ている。

特に、この最後の北朝鮮のミサイル発射に関して日本の関心は、「日本と韓国のどちらが先に情報をキャッチしたか」ということに集中し、いま日本を取り巻く状況がどのように変化しているのか、どのような恐るべき事態が進んでいるのかに関しての関心は薄い。

そのことの方がよほど危険だ。

トランプが漏らした文在寅に対する「本音の評価」

8月24日からフランスで開催されていたG7（先進7カ国）サミットの席上で、トランプ大統領は「韓国の態度はひどい」「賢くない」「彼らは金正恩委員長に、なめられている」と文在寅政権を批判し、文在寅個人を「信用できない人物だ」と語っていたと、日本の複数のメディアが伝えた。

トランプが文在寅政権のGSOMIA破棄に激怒していることは想像に難くないが、「金正恩委員長は、『文大統領はウソをつく人だ』と俺に言ったんだ」とトランプが暴露した（FN N）のには驚いた。これでは、韓国内でも文在寅打倒の声が高まるにちがいない。

何かと物議を醸すトランプ大統領ではあるが、「正直に言ってしまう」性格は、一つの国を潰すのに十分な効果を持っている。

もっとも、トランプが「正直者」で「ウソをつかない人間」なのかと言えば、そうではない。実は同日にトランプは記者たちに「中国側から電話があってね、あちらから貿易交渉を再開したいと頼んできたんだよ」と自慢げに言ったのである。

このニュースに中国は即座に反応。「そのようなことは言ってないし、電話連絡もしていない」と抗議した。

するとトランプ周辺の政府高官が「中国から電話は来ていない」と漏らしたため、8月末にCNNやウォール・ストリート・ジャーナル、あるいはブルームバーグなどが一斉に「嘘つき大統領トランプ」をテーマとして大々的に報道。

中国は如何に中国からそのような申し出をしていないかを証明するかのように、直後に再びアメリカをWTOに提訴した。

しかしトランプが韓国に関して怒っていることは確かで、それも怒っているのはトランプ1人ではなく、アメリカ政府関係者もトランプ以上に怒っていた。

なぜならGSOMIA破棄に関して韓国の金鉉宗・国家安保室第2次長が「ウソ」をついたからだ。彼は韓国人記者団に対するブリーフィングで、「GSOMIA破棄を決定する前にアメリカとは協議している。アメリカには理解を求め、アメリカは理解した」と言ったのである。

この発言に対して複数のアメリカ側は「そのような事実はない！」と激しく反論し「文在寅は嘘つきだ」と批判した。

つまり文在寅は「嘘つき大統領」と呼ばれるようになったのである。

二、「米日豪印」対中包囲網と中露軍事連携

対中包囲網はうまくいくのか？

同盟というのは、その国が安全保障上「脅威」を感じた時に、その脅威を軽減するために結ぶものだ。韓国は今、日本やアメリカとの協力あるいは（米国との軍事）同盟がある方が脅威が増大する。中朝から与えられる脅威は尋常ではない。ところが中朝と連携した時に、わざわざアメリカが韓国を軍事攻撃してくるだろうか。そういう脅威は存在せず、せいぜい在韓米軍を撤退させるくらいのことだろう。

となれば、韓国が中露朝を選ぶ可能性は低くはない。

日韓だけでなく米韓にも溝ができたとなれば、習近平にとっては、どんなに嬉しいことか。この3カ国の連携体制さえなくなれば、もう東アジアは中国のものだ。ロシアも北朝鮮もそちらに付いておいた方が力を発揮することができる。

事実、アメリカ側でも韓国を捨てて、米日豪印などの連盟を形成する可能性が出ている。

これまで何度も述べてきたように、中国はアメリカが韓国にポストＩＮＦのための中距離弾道ミサイルを配備することを断固許さないと言ってきたが、そのとき同時に「オーストラリアもポストＩＮＦの配備を断っている」と誇らしげに報じていた。それは8月初旬にポンペオ国務長官やエスパー国防長官が相次いでオーストラリアを訪問した際の出来事だった。しかしそ

の前の６月24日、オーストラリア放送協会ＡＢＣは、米海兵隊が駐留するオーストラリア北部ダーウィンに米軍が新たな港湾施設（軍事基地）を建設することが計画されていると報道した。場所はダーウィン港から北東約40キロにあるグライド・ポイント（Glyde Point）だ。このニュースは中国では非常に大きく取り上げられ激しい抗議を行っている。

なぜならダーウィン港には一帯一路の拠点としての港湾施設があり、２０１５年に中国の嵐橋集団が99年間の管理権（租借）を取得しているからだ。

アメリカはオーストラリアに対して、「中国の存在はインド太平洋地区の安定を乱すから米豪は連携しなければならない」と説得したとのこと。駐オーストラリアの中国大使がその情報を聞きつけて抗議を表明している。

オーストラリアは有志連合やポストＩＮＦなどのアメリカの要望に関しては断っているものの、ダーウィン港北部の新たな米軍基地に関しては積極的だ。米海兵隊のインド太平洋地域での即応性を高めることを評価するというダブルスタンダードで動いている。

アメリカは２０１８年５月８日、イラン核合意から離脱した。イラン核合意は２０１５年７月にイランと米英仏中露の６カ国が、長年かけてようやく合意に達したもので、アメリカ以外の各国は「平和を破壊する」「イランを核開発に追いやる」などとしてトランプの独断性を非難した。２０１９年７月19日に米政府はイランへの攻撃的姿勢を強化するために、ホルムズ海峡の防衛を名目として「有志連合構想」を発表し、各国に呼び掛けたが、その呼びかけに応じる国は今のところ、ほとんどないと言っていいだろう。

アメリカの言うことなら大概は従う日本だが、日本は輸入原油の多くをイランに頼っている。ここは「はいはい」と従うわけにはいかない。

トランプは何としても次期大統領に再選されたいために、さまざまな問題行動を弄しているが、今のところ「空回り」が多い。

このような情勢の中、日韓問題と日本政府が取ったその措置は、東北アジアに巨大なる地殻変動をもたらしたということができる。

その内に韓国もアメリカも大統領が変わるだろうが、習近平だけはいつまでも国家主席でいられる。米中貿易戦争も米中覇権争いも、長引けば長引くほど中国に有利になるように、中国は予め準備しているのである。

なお、米日豪印対中包囲網という目論見に関して、インドのモディ首相はロシアのプーチン大統領と仲が良いので、ここにも大きな抜け穴があり、必ずしもうまくはいっていない。

中露軍事連携の「真実」——モスクワからのメールが暗示する「未来」

シンクタンク「中国問題グローバル研究所」のロシア代表の1人であるイーゴリ・デニソフ（Denisov, Igor）上級研究員は、8月の初旬に「自分は是非とも中露の合同軍事演習が持っている意味に関して書きたいが、どう思うか」と聞いてきた。

最高だ！

今ちょうどそういった問題を含めた本を書いている真っ最中でもあり、一刻も早く原稿が欲しいと即答した。

「Igor」という発音は、私のようにロシア語を読めない人が見ると、「イゴール」と読んでしまうが、どうやら「イーゴリ」と読むらしい。それをモスクワにいる友人が教えてくれた。小さいころにソ連の映画を素晴らしいものとして観させられていた私にとって、この「イーゴリ」という「音」は、苦しくはあったが、何とも懐かしい天津の日々へと私を誘ってくれる。以来、私は彼のことを「イーゴリ」と称するようにしている。

そのイーゴリはロシア外務省付属モスクワ国際関係大学国際問題研究所東アジア・上海協力機構研究所、ロシア科学アカデミー極東研究所北東アジア戦略問題・上海協力機構研究センター上級研究員という肩書を持つ。さらに、ロシア大統領府直属国立経済行政アカデミーで中国外交政策についての講師を務めてもいる。

こんな人から情報をもらえるのは考えてもみなかった成果だ。

ところが、期待に満ちて待った原稿はなかなか届かない。

どうしたのかと尋ねると「いや、事態が流動的で、何とか今週末まではまとめたいと思うが……」という返事。今週末ならいいかと諦め、1週間待ったが、やはり来ない。そのような往復書簡を何回続けただろうか。

時はすでに10月に入ってしまった。きっと機密情報が混ざっているので、書いてくれないのかもしれない。そろそろ諦めた10月4日のこと。突如、彼の方からメールが来た。

「いま、バルダイ・クラブ・ミーティングが終わったところです。遂にすごい知らせを言ってもいい状況になりました。なんとプーチン大統領は、バルダイ会議で、ミサイル攻撃を探知する早期警戒システムの構築に関して中国と協力体制を進めていると明らかにしたのです。プーチンは、『このような警戒システムを保有しているのはロシアとアメリカだけだ。この早期警戒システムがあれば、中国の国防力を格段と高めることができる』と言いました。7月末の中露合同軍事演習以来、ここまで行き着くかどうか、毎日ハラハラしながら追跡していました。これを見届けるまで、論考を完成させることができなかったのです。お許しください」とある。

おお、なんということか――。

慌てて中国政府側がどのように位置づけているかを検索してみたところ、中国大陸のメディアでは、ただの1文字たりとも報道していないことが分かった。よほど重要なのだろう。中国は戦略性が高ければ高いほど、すぐには公にしないものだ。

それにしても、中露がここまで軍事的に組むならば、なおさらのこと、韓国があの半島で、隣接した陸続きの国と1人敵対して日米と組んでいるわけにはいくまい。

ひょっとして、中露は軍事同盟を結ぶところまで行くのではないだろうか？

イーゴリに聞いてみた。

「ひょっとしたら、中露は軍事同盟を結ぶところまで行くのではないでしょうか？」

「よくぞ、聞いてくれました。それこそが最も大きなポイントです」

「えっ？　ということは、軍事同盟を結ぶということですか？」

「いや、必ずしもそうとも言えませんが、詳細はシンクタンクに投稿する私の論考の中で考察しましょう」

ああ、知りたい！　それくらい言ってくれてもいいだろうにと思うが、イーゴリはひたすら私を待たせるつもりらしい。

するとまるで申し合わせたかのように10月8日、ウラジミール・ポルチャコフ(Portyakov, Vladimir)という、シンクタンクの研究員で、もう1人のロシア代表からメールが来た。ロシア科学アカデミー極東研究所上級研究員（教授）で、同研究所のジャーナル「極東事情」編集長を務めている中国研究のエキスパートだ。やはり同じように、軍事方面における中露の蜜月関係が増しているという。2人ともモスクワにはいるものの、直接の関係はないということは、よほど、プーチンと習近平は軍事協力を強化していくつもりなのだろう。

軍事パレードから見る中国の「ミサイル力」

では、プーチンが連携を強化している中国の軍事レベルはどこまで行っているのだろうか。10月1日の建国70周年記念では建国以来最大規模の軍事パレードが行われ、陸軍、海軍、空軍、ロケット軍（主としてミサイル軍）、戦略支援部隊（スパイ探査、サーバー攻撃も担う）、聯勤保障部隊、武装警察などの隊列があり、さらに陸上作戦、海上作戦、防空対ミサイル、情報作戦、無人作戦などの作戦部隊に関する披露まであった。

列挙しきれるものではないが、この中からイーゴリが知らせてきたミサイル関係を抜き出して一覧表「**表2**」を作成してみた。70周年記念パレードに関しては1秒も漏らさず観察したので、ほぼ網羅したとは思う。しかし筆者が独自に作成したものなので、その辺をご理解の上ご覧いただきたい。但し、射程距離に関して中国は正式には公表していないので推測値でしかない。値は中国メディアでもばらつきがあるので平均値を取った。

ミサイルの型番とかに現れるＤＦなどは、「東風」の中国語ピンイン〔Dong-Feng〕の頭文字を取ったもので、ＨＱは「紅旗」のピンイン〔Hong-Qi〕の頭文字を取ったものである。その他の記号も同じルールに基づいている。

繰り返しになるが、ＩＮＦ全廃条約に中国は入っていなかった。そのころの中国の軍事力など、世界の誰も気にしていなかったほど脆弱なものだったからだ。それでも拙著『「中国製造２０２５」の衝撃』に詳述したように、毛沢東は、あの貧乏だった中国において、原爆実験とロケットの発射に成功している。それはキュリー研究所に留学していた物理学者や、アメリカに留学してロケット開発に従事していたロケット工学の権威を中国に呼び戻したからだ。

日本は何かといえば、アメリカの真似をして「中国は西側の技術を窃取したからだ」としか言わないが、そういう認識では中国に取り残されるのではないのか。彼らは中華民国の時代から中国での戦争を逃れてアメリカやフランスに留学していたのであって、そのころは国民党の時代で、中国共産党の力など、取るに足らなかった。そこからの積み重ねであり、かつＩＮＦ全廃条約に加盟していなかったメリットを存分に発揮してきたのである。

トランプがＩＮＦ全廃条約を離脱した最も大きな目的は、ミサイル領域においても中国に負けそうになってきたからだろう。

［表2］70周年軍事パレードで展示されたミサイル一覧

分類1	分類2	シリーズ	型番	射程距離	速度	補足
弾道ミサイル	中距離	東風(DF)	DF-17	1000-2500km	10M	
弾道ミサイル	遠距離	東風(DF)	DF-26	5000km前後		
弾道ミサイル	大陸間	東風(DF)	DF-5B	9000km（複数小型核弾頭）/14000km（一つの大型核弾頭）	22M+	（中国メディア情報）
弾道ミサイル	大陸間	東風(DF)	DF-31AG	12000km/13000km		
弾道ミサイル	大陸間	東風(DF)	DF-41	15000km	25M	
弾道ミサイル	潜水艦発射	巨浪(JL)	JL-2	10000km以上、最新型は14000kmの説あり		
巡航ミサイル	遠距離対陸	長剣(CJ)	CJ-100	2000km	4M	
巡航ミサイル	対艦ミサイル	鷹撃(YJ)	YJ-12B	500km	3M	陸基
巡航ミサイル	対艦ミサイル	鷹撃(YJ)	YJ-18	540km	0.8M(巡航)／3M（末端攻撃）	
巡航ミサイル	対艦ミサイル	鷹撃(YJ)	YJ-18A	540km	0.8M(巡航)／3M（末端攻撃）	潜水艦発射
防空ミサイル	近距離防空	紅旗(HQ)	HQ-6	10km	3M	
防空ミサイル	近距離防空	紅旗(HQ)	HQ-12 (KS-1)	42km	4M	
防空ミサイル	近距離防空	紅旗(HQ)	HQ-17A	12km	2.8M	
防空ミサイル	中距離防空	紅旗(HQ)	HQ-9B	200km	6M	
防空ミサイル	中距離防空	紅旗(HQ)	HQ-22	100km+		
防空ミサイル	中距離防空	紅旗(HQ)	HQ-16B	70km	4M	
艦隊防空ミサイル	中距離防空	紅旗(HQ)	HQ-9B	200km	6M	HQ-9Bの海バージョン
艦隊防空ミサイル	中距離防空	紅旗(HQ)	HQ-16B	70km	4M	HQ-16Bの海バージョン
艦隊防空ミサイル	近距離防空	紅旗(HQ)	HQ-10	12km		

出典：筆者作成

中でも弾道ミサイルに注目して頂きたい。

たとえば最初に出て来る東風17「DF―17」は、まさにINFの範疇に入る中距離弾道ミサイルで、「極超音速弾道ミサイル」とも呼ばれる新兵器だ。速度はマッハ10。CCTVではパレード中に「これは飛行途中で軌道を自由に変えることができる――!」と興奮した声で紹介していた。軍事パレード後の番組で解説委員が「中国は、軌道を不規則に変えることができる極超音速滑空兵器を実戦配備している。したがって他国(日米など)が迎撃しようとしても、既存のミサイル防衛システムでは対処できないだろう」と誇らしげに解説していた。射程距離は1000~2000㎞なので、優に第二列島線に到達することができる。すなわち日本全土が覆われるということである。

日本は「日中の関係が正常な軌道に戻った」などと喜んでいる場合ではないのである。

大陸間弾道ミサイルの東風5B「DF―5B」もまた脅威だ。10個以上の複数の小型核弾頭を装備しているため、既存のミサイル防衛システムでは対処できない。一つの大型核弾頭を備えている射程距離14000㎞のものもあり、こちらはアメリカ全土を覆いつくす。速度に関してはDF―5がマッハ22だが、5Bに関しては明示されていないので、それより早いだろうという推測から、この表では一応「22M+」と記入しておいた。もっとも攻撃の威力は速度とはあまり関係しない。このデータは相手が迎撃するために必要なだけだ。

すべてを説明するわけにはいかないので、あともう一つだけご紹介するなら、大陸間弾道ミサイル東風41「DF―41」にご注目頂くといいかもしれない。これもまた新型のICBMで、固体燃料で道路を移動することができるため、「敵」に発射基地を見つけられるということがなく、秘匿性が高い。射程距離は１５０００㎞なので、もちろん全米をカバーする。

これらがどれほど強烈な対米核抑止力となっているか、一目瞭然だろう。

これは攻撃面だが、守備面としてプーチンは「敵（アメリカ）からのミサイルが飛んできたときに早期発見できるための協力体制を構築しましょう」と習近平に呼びかけ、中露の軍事体制を万全なものにしてアメリカに対抗しようとしているのである。こうして見ると、中国のミサイル力は、ほぼ世界一であると言っても過言ではないかもしれない。

習近平政権になってから建国以来の軍事改革を断行したり、「強軍大国」を目指すと言ったりして軍事力を強化し、「中国製造２０２５」戦略などを通してハイテク領域を強化し５Ｇにおいても世界の最先端を行っている。この6年の間の発達には侮れないものがあることを認めないわけにはいかない。

日本がこの中国と仲良くやりましょうと言い、かつ韓国まで「そちら様側に付けさせましょうか」と言っているわけだから、日本はどれだけ恐るべき地殻変動を起こさせようとしているか、又どれだけ中国の世界制覇に手を貸しているか、これでお分かりいただけたものと思う。

三、米中金融戦争と「内憂」の真相

地方人民政府の債務という中国の「深い闇」

だからといって、中国にとって都合のいいことばかりかと言ったらまったくそうではない。むしろその逆だ。実は中国は解決し切れないほどの国内問題を抱えている。そういった中国の内憂にも目を向けなければならない。

２０１９年は中国にとっては建国70周年記念に当たるため、本来なら輝かしく華々しく祝いたいところだったろうが、米中貿易戦争だけでなく、香港や台湾問題を抱え、無理して「威勢よく」振舞っている感を否めない。

おまけに「70年」というと、もう一つの節目が待っていたところだった。

実は、「建国70周年記念には、不動産税を導入する」と、早くから決めていたのである。なぜなら中国の土地は全て国家のもので、マイホーム購入の際には土地の使用権を国家から借りており、借用期間の最長のものが「70年」だからだ。

中国政府が１９９０年に公布した「中国国有土地使用権譲渡、賃貸の暫定条例」は、土地使用権の借用期間を最大「住宅用地：70年、工業用地：50年、商業用地：40年、その他総合用地：50年」などと決めている。29年前に決めたのだから、まだ十分に時間はあるではないかと思うだろうが、地方人民政府が、改革開放が始まって間もない80年代頃から勝手に20年や30年などと独自設定して土地使用権を譲渡していた。期限を短くして払い下げ金の納付負担を軽減し、地方における住宅建設や企業進出などを誘い込む狙いがあったからだ。

第四章にも書いたように、鄧小平は文化大革命で壊滅的打撃を受けた中国経済を立て直すために、中央財政が厳しいものだから各地方人民政府に互いに競争をさせていた。そのツケが、土地使用権期間にも表れていた。地方によっては既に借用期間が過ぎてしまい、各地で土地使用権の期限切れに関する紛争が起きている。

そこで中国政府は、この建国70年をちょうど良い節目として、不動産税の導入を考えていたわけだ。それによって、どうしようもなくなっている地方債務の埋め合わせをしようというのが中央政府の目的だったが、米中貿易戦争で不増産税の導入が出来そうにもなくなってきたので、政府にとっては実に手痛い。おまけに手痛いだけではすまない深い闇を抱えている。

２０１９年7月16日のブルームバーグは「中国の債務比率は、経済が減衰するにつれて増加している」という見出しでＩＩＦ（Institute of International Finance）による最新データを報道した。それによれば、中国の債務は「企業、家計、政府」などの類別で、以下のようになっている。

２０１９年のデータは、「家計＋非金融企業＋政府＋金融セクター」＝３０３％、すなわち中国の債務合計はＧＤＰの３０３％に相当しているということを示している。その内訳を見ると、半分ほどは政府ではなく非金融企業の債務であり、しかも前年同期と比べると減少する傾向が見られる。一方、政府の債務の方は、２０１８年がまだＧＤＰの47・４％なのに今年は

51・0%まで増えている。

　2018年の中国のGDPは約90兆人民元であり、IIFのデータが正しいとすれば、中国政府の債務はおおよそ46兆人民元（日本円で約760兆円）になる。もちろん、中国政府の債務が巨額だからと言っても、世界一は日本政府の債務で（ワースト・ワンで）、その額は1000兆円にも上る。

　それならなぜ日本経済はつぶれないのかなどあまり話を広げずに、とりあえずここでは中国国内の地方債務と中央財政の関係および「地方の隠れ債務」の問題を人民元ベースで見てみよう。

　個人的な話をして申し訳ないが、1989年10月、私は単身、中国の中央行政省庁の一つである「中華人民共和国教育委員会」に乗り込んだことがある。現在の「国家教育部」だが、当時は「部」よりも上の（業務がカバーする範囲がより広い）「委員会」というランクに分類され、通称「国家教委（グォージャー・ジャオウェイ）」と呼ばれていた。

　文革により10年間も高等教育が閉鎖されていた中国から日本にやってきた留学生たちの学歴がまるで判然とせず、法務省入管でも（当時の）文部省でも困り果てていたので、中国に存在する高等教育機関をすべて整理整頓して日本の大学や関係行政省庁に情報を提供したいということが目的だった。もう30を超え、中には40近くになっているような中国人留学生が、学歴が判然としない理由から大学に受け入れてもらえずに路頭に迷っていたからだ。悲観して自殺する者も出る中、何としても彼らを救いたかった。それは私の使命だと自分に言い聞かせた。

国家教委は「世界中でこのような目的で乗り込んできたのは、あなたが初めてだ。しかも普通なら中央行政がやる仕事を、たった1人で挑戦しようとは……！」と唖然としながらも私の熱意を認めてくれて、私は国家教委とともに1991年2月に世界で初めての『中国大学総覧』（第一法規）というものを出版したのである。

翌年になると国家教委の方から、大学教育制度や海外が必要とする情報に関して相談に乗ってほしいというオファーがあり、私はたとえば日本では学部の卒業証書とともに学士学位も授与されることなど、ゼロから始めて、さまざまな情報を提供した。中国では当時、学士学位委員会というのがあって、ごくわずかな大学しか「学士学位授与権」を持っていなかったことから、学位委員会の主任なども交えて、中国の大学教育制度のあるべき姿や海外が中国人留学生を受け入れるに当たって最低限必要とする情報などを話し合ったという経験がある。

そのときに先方が、ふともらした言葉があった。

それは「大学の法人化」だ。

法人化――。

それまで学費から寮費まで国家丸抱えだった体制を「私費」にしていくのだ。国営企業も株式会社化されて「国有企業」に生まれ変わっていた。

彼らはこの「法人制度」という言葉を、まるで口にしてはならない罪深い言葉を言うように、重いトーンで囁いたのだ。陰では、中国全体にとって考えられないような大きな転換が進んでいた。

というのも、1991年12月25日にソ連が崩壊したからだ。地球上の最大の共産主義国家の崩壊は中国に計り知れない動揺を与えた。一つはそれまで中ソ対立があった強敵のソ連が崩壊してホッとしたのと、一方では逆に「あれだけ強固に見えた共産主義の国家が崩壊し得るのだ」という激しいショックや切羽詰まった危機感を味わっていた。中国自身も1989年6月4日の天安門事件以来、西側諸国から対中経済封鎖を受けていた。このままだとソ連の後を追って崩壊してしまうに違いない。

それを予感した鄧小平は、老体に鞭打って1992年1月から2月にかけて南巡講話に出かけたのであった。政治闘争ばかりをしている北京を後にして、華僑華人たちがまだ元気に商売をしている深圳を中心に檄を飛ばしに行ったのである。遅々として進まない改革開放に対して「纏足女《てんそくおんな》のようにヨチヨチ歩くな!」という、とんでもない言葉を吐き叱咤激励したのだ。そして同年10月に行われた第14回党大会において、「社会主義市場経済」が決議されて改革開放は新段階に入った。中国は社会主義市場経済体制へと突入し始めたのである。

そこで税制に関しても大きな変革が必要となり、中国政府は1994年に「分税制改革」を行い、中央税と地方税、そして中央と地方が共有する税金を分け直した。

●中央政府に納付する税金:関税、税関が徴収する消費税・増値税、(関税・税関以外の)消費税、中央国有企業の所得税・上納する利益、銀行の所得税、鉄道部門・銀行本部・保険会社の本社が上納する営業税・所得税・利益・都市建設税など(中国でいうところの消費税は主としてタバコ、酒、貴重品、化粧品などに対して徴収される。日本でいうところの消費税は、中国の増値税に相当する。増値税は、ほぼすべての物に対して徴収する)。

とした上で、

●一般増値税：中央75％、地方25％
●資源税：中央50％、地方50％
●証券交易税：中央50％、地方50％（2016年から中央100％）

と区分けし、残りの税金（営業税・個人所得税・地方企業所得税・不動産税等）が地方政府の収入となった。

何よりも重要なのは、土地譲渡収入（国有土地使用権譲渡収入）だ。これが地方政府のポケットに入ることになったため、いわゆる「土地財政」という「地方政府の最大の収入源」となり、不動産価格の高騰など、社会問題を引き起こしている。

さらに注目しなければならないのは、この改革により「おおかたの税金収入は中央政府に移行した一方、地方政府の支出は従来通りだったので、中央政府の財政難は解決されたが、地方政府は非常に厳しい財政難に直面することになった」という点だ。

おまけに1994年3月22日、新たに『予算法』が可決され、それによって、地方政府は「債券を発行して融資することも、赤字を出すことも禁止」された。

これでは地方政府は踏んだり蹴ったりではないかと思うが、鄧小平が改革開放に当たって地方政府に自由度を与えた結果、中央財政が厳しくなったことを改善するための「揺れ戻し」だったと解釈していいだろう。

「隠れ債務」が破裂する日は来るのか？

しかし悪夢はやって来た。

1997年～1998年のアジア通貨危機以降、地方政府は日々高まるインフラ整備の出費を担うことになるが、赤字を出すこともできず、銀行から金を借りることも、債券を発行することもできないため、非常に厳しい財政難に陥ってしまった。そこで登場したのが、各商業銀行のアドバイスのもと、地方政府が融資の受け皿となった「融資プラットフォーム会社（融資平台公司）」だ。

2008年のリーマン・ショック以降、この風潮はますます激しくなり、さらに銀行からのローンのみならず、社債・プロジェクト収入債・短期金融債・政策銀行ローン・特別建設基金・P2P・インターネット金融など様々な借金に手を出し始めた。もちろん、あのシャドーバンキングもここに含まれる。

これら、手の施しようのない悪名高い闇融資はしかし、中央財政が潤うために生み出してしまったモンスターたちだ。

しかし、中央政府がこれを見逃すはずもなく、2010年から融資プラットフォームを管理し始め、2014年には地方政府債務の選別作業に着手し、そして2015年には『予算法』を改定し、地方政府債券（地方債）を設立した。改正予算報は「地方政府債券を地方政府の唯一合法な融資方法と規定」し、それと同時に、「他の債務を地方政府債券へ置換する作業」を始めたのである。

これによって地方政府の債務が、ようやく一部「見える」ようになったのだが、しかしながら、それと同時に地方政府はＰＰＰ（官民連携事業）や地方建設基金などの名目で、新たな「借金」をし始めた。それ以外にもさまざまな非合法的手段による融資方法を生み出して、違法な形での借金を大量に背負い込むことになる。

そこで２０１７年、中央政府はついにＰＰＰと地方建設基金の精査をし始め、水面下の隠れ債務がようやく氷山の一角として姿を現すことになった。

その総額は、40兆人民元を下らないであろうと言われている。

今もまだ全貌が見えないこの氷山に対しては、様々な推計がある。いくつかの例を上げると、「ＩＭＦは19・1兆、フィッチ・レーティングスは35兆、中国社会科学院の张暁晶は30兆、清華大学の白重恩は47兆、海通証券の姜超は30・6兆、全国人民代表大会財経委員会副主任の贺铿は約40兆」などがある。いずれも２０１７年頃に行われた調査推計値だ。平均すれば、40兆人民元を下らないとみなすのが妥当か。

結果的に、地方政府の「見える債務」と「隠れ債務」を合わせると、なんと「約70兆」にも上ることになり、これは中央政府債務の４・67倍になる。

このような現状に対して、それなら地方政府にはどれほどの収入があるのだろうか？

２０１９年３月17日、新華社電は中華人民共和国財政部の「２０１８年中央と地方予算執行状況と2019年中央と地方予算草案に関する報告」を発表した。

それによると、2018年の財政収入は中央政府で8・54兆元、地方政府で9・79兆元となっているが、これは即ち、「地方政府の債務は、歳入の7倍以上である」ことを示している。地方政府だけでは返済不可能であることが明らかなデータだ。

たとえば、江蘇省のようなGDP第2位の省でも、2019年に償還すべき債務が財政収入の59・1%に達している。しかも隠れ債務を計算に入れると、この返済額は2倍以上になるため、実際に償還すべき債務は確実にその年の財政収入を超えることになる。

現在、地方政府が自力で債務償還を継続できるのは、「北京、上海、広東省、浙江省、福建省」のみと言われている。

それ以外の直轄市・省・自治区では、既に地方政府だけでは解決できない問題になっており、最終的には中央政府に解決を求めることになるだろうことは目に見えている。中にはすでに「返済する気など毛頭ない地方政府」もあり、その数の方が多いくらいだ。これらの地方政府は「中央政府にはまだまだ余裕があるはずだから、地方政府の債務を肩代わりすべきだ」とさえ思っている。

事実、その動きは出ており、2019年4月、国家開発銀行が江蘇省鎮江の債務に対して400億元の隠れ債務を肩代わりする処置が初めて行われた。こういう前例を作ったが最後、次から次へと「ならば、私のところでも」と地方政府からの申し出が殺到することになるだろう。

そのようなことをされたのでは、今度は中央財政が脅かされると警戒し、中国政府は「米中貿易戦争が一段落したら、不動産税の導入に踏み切ろう」と胸算用をしていたわけだ。それが叶わなくなった。

長いスパンで見れば、これは毛沢東の文革が残した負の遺産だ。

鄧小平は1978年10月に日中平和友好条約を結ぶために来日した際、新幹線に乗って「後ろから鞭打たれているようだ」と感慨を漏らし、帰国して自国の空港に降り立った時に「我が国はまるで廃墟のようだ」と怒りを込めた。

だから、文革で壊滅的打撃を受けた中国経済を何が何でも回復させると決意して、地方人民政府に互いに競争するように自主権を与えてしまったのである。その後始末に後継者たちは悩まされ、結局のところ、まるで「中央政府vs.地方人民政府」のような闘いが展開されてきたと言っても過言ではない。それは民間企業と国有企業との間の、外部からは見えていない闘いにも通じる。

日本の中国研究の権力闘争説愛好者たちは、習近平が権力闘争のために腐敗撲滅運動を展開してきたような「絵空事」を述べては喜んでいるが、そのような分析をしていたのでは中国の強かさも弱点も見えてこないだろう。

毛沢東が残した負の遺産は、やがてバブル崩壊を招く寸前まで来ている。

なぜなら地方人民政府はその債務を必ず中央政府に肩代わりさせようと要求してくるだろうし、万一にも中央政府が米中貿易戦争によって不動産税の導入に踏み切れずその要求を呑んだとすれば、その時こそは中央政府は中央銀行に量的金融緩和策を取らせ、結果、バブル崩壊につながっていく可能性は否定できないのである。
もっとも2019年8月11日、日経新聞は「ゾンビ企業、世界で5300社　規律緩み10年で2倍」という記事を報道している。実に素晴らしい記事であり調査だ。視点がいい。その冒頭に以下のような文章があるので引用させていただく。
――借金の利払いを利益で賄えていない「ゾンビ企業」が増えている。2018年度は世界で約5300社と10年前の2倍超に膨らんだ。金融緩和の影響で収益力や財務が弱い企業でも負債に頼って「延命」できてしまうためだ。米連邦準備理事会（FRB）が10年半ぶりに利下げし、世界の中央銀行は緩和強化で追随し始めた。ゾンビ企業は今後さらに増殖し、市場混乱などのショックが加われば破綻が相次ぐ恐れがある
日経新聞社（QUICK・ファクトセット）の調査によれば、ゾンビ企業は欧米に多く、以下のようになっているようだ。但しかっこ内は、その国・地域における企業全体に占める比率とのこと。
欧州：1439社（27・4％）／米国：923社（32・1％）／インド：617社（26・3％）／中国：431社（10・8％）／韓国：371社（18・4％）／台湾327社（19・1％）／日本109社（3・3％）
このデータから分かるように、必ずしも「ゾンビ企業」は中国の特徴ではないようだ。欧米に多いという意外な結果が出ている。欧州はさておき、アメリカに多く、しかもアメリカ企業の32・1％がゾンビであるというのは、かなりショッキングな結果である。

となると、米中貿易戦争は、結局とのところ、どちらが先に「金融」あるいは「債務」において敗けるかという問題に帰することになるのかもしれない。

四、燃え上がる「香港デモ」と「台湾問題」の行方

「香港最高裁判所の裁判官は17人中15人が外国人」という「盲点」

逃亡犯条例改正案をめぐって香港市民の抗議デモが激しく展開された。本来、逃亡犯条例というのは「香港以外の国や地域などで罪を犯した容疑者が香港に逃げて来た時、容疑者引き渡し協定を結んだ国や地域からの要請があれば容疑者を引き渡す」ことを規定した条例で、これまではその国・地域の中に「中国大陸＝北京政府（中華人民共和国）」は入っていなかった。しかし「改正案」では、「中国大陸を含める」ことにする。この「中国大陸」という言葉を簡単に「中国」と書いてしまえばいいのだが、1997年からの「一国二制度」の実施により、香港もまた「中華人民共和国」という「国家」に所属するということになっているので、簡単に「中国」と書いてしまうわけにいかない。

それをご理解いただいた上で、頭に入りやすいようにするために、一応「中国」と書くことにする。

これまでなぜ中国が容疑者引き渡しの対象国になっていなかったかというと、1992年、

まだ香港がイギリス領だった時に「逃亡犯条例」が制定され、そのときに「中国が人権問題に関して道義的であり、民主的な扱いをする国とは到底思えない」という理由から、中国を除外していたからだ。

おそらく日本の多くの方はご存じないと思うが、なんと驚くべきことに、香港の最高裁判所の裁判官のほとんどは外国人だ。現段階では裁判官17人のうち、15人までがカナダやオーストラリアなどの外国籍（あるいは二重国籍）を持った人たちで占められている。元大英帝国が統治していた国々の裁判官が香港市民の揉め事を裁く。但し最高裁判所長官（裁判長）だけは香港人がその任に就く。他の最高裁判事には国籍の制限がないという仕組みだ。

なぜこのようなことが存在するのかというと、アヘン戦争後の１８４１年からイギリスによって統治されてきた香港の司法は、大英帝国とその植民地国の裁判官によって占められていた。

１９８０年代初期、イギリスのサッチャー元首相と鄧小平との間で香港の中国返還へのさまざまなやり取りが成されたのだが、１９８３年に香港から12人の青年訪問団を北京に招聘して中南海で習仲勛（習近平の父親）と面会をしたこともある。その結果、１９８４年に「中英連合声明」が出され、そこでは香港に外国籍裁判官を置くことが認められている。香港特別行政区の憲法であるような「香港特別行政区基本法」（以下、基本法）は、この声明を尊重し、基本法では外国籍裁判官を置くことを認めることになった（基本法82条、90条および92条などに関連項目）。

なぜ中国がこれを認めたかと言うと、当時中国大陸の方はまだまだ未発展で、香港は輝かしい国際都市だった。だから外資を呼び込み世界の金融センターとしての役割を果たすために、訴訟が起きた時の裁判は外国人の方が外国企業が投資しやすいだろうという計算が働き、イギリス側の主張を呑んだのだった。

実は、「逃亡犯条例改正案」の根幹は、ここに潜んでいるのである。これが最大の盲点だ。改正案のきっかけとなったのは、２０１８年2月に香港人が台湾旅行中に殺人を犯したからだという。２人の若い男女（香港人）が台湾に旅行したのだが、女性が他の男性の子供を身籠ったことに激怒した男性が女性を殺害して台湾に遺棄したまま香港に帰国（逃亡）。後に犯罪がばれて逮捕されたが、犯罪が起きた地点が香港でないことから香港の司法では裁けない。しかし台湾と香港の間には容疑者引き渡し協定がないので、条例を改正して引き渡せる国・地域を増やそうというのがきっかけだと香港政府は説明している。

これが本当なら、たとえば「中国（大陸）人が大陸で罪を犯して香港に逃亡した場合、あるいは香港人が大陸に行って大陸で罪を犯した場合、中国政府が香港政府に容疑者を引き渡してくれと頼むことが可能になる」という論理になり、なぜ香港の若者が抗議活動を行うのかという因果関係が見えてこない。香港人は大陸に行かなければいいわけで、ここまで大規模の長期間にわたるデモを展開する必要はなかっただろう。

しかし実際には最多で２００万人に至るほどの香港人が抗議デモに参加したということは、「これが本当の原因ではない」ことを証明しているのではないだろうか。

それなら中国は何を狙っているのかと言えば、これまで述べてきたように国家情報法や監視カメラなどと同じように、「中国共産党が一党支配する政府を転覆しようとする民主活動家の芽を早くから摘み取ってしまいたい」ということを改正案に込めているのである。

香港地区内で民主運動を起こしても、香港警察が香港政府の言いなりになって逮捕したところで、最高裁判所は民主的価値観を持った外国人が多いので、厳しい判決を出さない。香港政府がどんなに中国、北京政府の言いなりになっていたとしても、これでは香港市民の民主の芽を摘むことはできないのである。

基本法を改正してしまえばいいが、そのようなことをすれば、中国は法治国家ではないとして諸外国からも糾弾され、「一国二制度」の約束が完全に崩れる。

国際金融センターとしての役割に変化

1997年から発効した一国二制度は、50年間は不変で、50年間、香港の自治を守ると謳っている。これは中国一国で決められることではなく、香港を中国に返還したイギリスとの約束であり、かつ国際金融都市としての関係国との暗黙の了解でもある。だからこそ世界の金融センターとして世界は香港を通して中国に投資し、中国は香港を通して儲かってきた。

しかし中国に対する香港のその役割は薄れつつある。習近平はＡＩＩＢ（アジアインフラ投資銀行）と「一帯一路」を動かし、金融の中心を香港の他に深圳やマカオにもシフトさせ、香港には「一帯一路」への投資窓口の役割を果たさせようとしている。

２０１９年8月18日、新華社は中共中央・国務院が「深圳を中国の特色ある社会主義先行モデル区に指定することを支持することに関する意見」（以下、「意見」）を発布したと伝えた。その目的は「広東、香港、マカオ」を連結した粤港澳《えつこうおう》大湾区経済構想を通して一国二制度と金融センターを大陸と結びつけながら進めることにある。「粤港澳大湾区」とは、「広東（粤）・香港（港）・マカオ（澳、澳門）」を結びつける「グレーターベイエリア」のことで、この構想自身は２０１７年から提唱されていたが、２０１９年2月に中共中央・国務院が正式に発展綱要を発布し、本格的に動き始めた。「土地が狭く不動産価格が高騰して困っている香港市民は、さあ、深圳にいらっしゃい。深圳にくれば、深圳市の市民権もあげるし、さまざまな優遇先が待っていますよ」と香港市民を誘い込み始めたのだ。

つまり特別行政区である香港とマカオは、大陸の広東省と一体となるので、もう「二制度」などはあって無きがごときものだということにもなる。

だから、「一国二制度」の中の「一国」という概念を香港に巨大な冠として被せ、「香港人が香港で犯した犯罪」は「母なる国、中華人民共和国において犯した犯罪」として位置づけ、その母なる国の一部分である香港の裁判所で裁くのではなく、母なる国が裁くという論理なのだ。こうすれば、少しでも早く、そして少しでも多くの民主活動家の芽を摘み取ることができる。つまり、一般の香港人が香港において政府転覆的な怪しい動きをすれば、「引き渡し手続きを簡略化して、すばやく大陸に送り込み大陸の司法で裁くことができる」というのが改正案の神髄だ。

なぜ民主活動家を摘み急ぐのかと言えば、中間所得層が増えてきたからだ。人は誰でも経済的ゆとりが出てくれば発言権を求めるようになる。これだけインターネットやスマホが発達し、どこからでも情報が得られるようになれば、意識の改革だって起きてくるだろう。ましてや世界中の観光客の中で最も多いのが中国人だ。実際に西側諸国の価値観と自由度に触れて意識が変わらない方がおかしい。だから国家情報法や監視カメラ、そしてこのたびの改正案と、とかく民主の芽は早くから摘み取らなければならないのである。「人民の声」が怖い。

「二制度」の上に、「一国」という冠があるという論理を中国が最初に使い始めたのは、雨傘運動の時だった。

基本法を司り香港を管理監督する全人代常務委員会は「一国二制度の根幹は一国にあり、香港特別行政区といえども、必ず中華人民共和国憲法に先ずは従わなければならない」と明言している。残念ながら雨傘運動は成功せず、基本法が約束してきた「普通選挙」は、「中国を愛する者によって遂行される」形となってしまった。

その無念さが、逃亡犯条例改正案への抗議活動に思いきり注がれ、9月4日に遂に改正案撤廃にまで持ち込むことに成功したという側面は否めない。

しかし、これも実は9月11日と12日に香港で開催されることになっていた「一帯一路」香港サミット2019を何としても中止させるわけにはいかないという中国側の思惑があったからである。だからその1週間前の9月4日に全人代常務委員会が林鄭月娥行政長官に命じて改正案撤廃を宣言させたのだ。これを林鄭月娥の中国政府へのクーデターと評する一部のチャイナ・ウォッチャーがいるが、あまりに中国政治の内側を知らなすぎると言えよう。

１９８９年6月4日の天安門事件に抗議するデモには、最大で約１５０万人の香港市民が参加したと言われている。その後大きかったのが、２００３年の「香港基本法23条　国家安全保障条例」案に反対したデモで、参加者は50万人。それでも法案の撤廃にまで持っていった力は大きい。廃案だけでなく、その時の行政長官を辞任にまで追いやったことにより、香港市民の言論の自由を守る熱情は自信を増していった。２０１１年に中国から要求された「愛国主義教育」導入に抗議する運動も成功して、翌年には無期延期に追い込んでいる。

しかし２０１４年の雨傘運動では外部勢力、特にアメリカの全米民主主義基金（ＮＥＤ）が入り込んでいたために、内部でベクトルが混濁し、求心力を失ってしまった。ＮＥＤは各国の民主化に貢献する役割を果たしているので悪いことではないが、２００３年の「香港基本法23条　国家安全保障条例」案に反対した時のような真っすぐな意思統一がややそがれていた。

中国側では今回も香港デモの背後にアメリカがいて、ペンス副大統領やポンペオ国務長官が、香港の大手メディアグループ「壱伝媒」の創業者である黎智英（ジミー・ライ）とアメリカで会っていたのを目撃していると報道している（8月11日）。事実、ペンス大統領とジミーが会談している画像がＣＣＴＶの画面いっぱいに映し出された。「壱伝媒」は反中的で民主を掲げるメディアである。

さらに8月3日の香港の親中メディア「点新聞（Dot Dot News）」は、「黎智英と元政務司司長・陳方安生（アンソン・チャン。民主派）と香港民主党創設者・李柱銘および公民党主席・梁家傑（反共）」の4人が、西洋人と中環歴山ビルの高級レストランに入っていくのを見たと報道した。その日レストランは「満員御礼」の貸し切りになっていて、誰も入れないようにしてあったとのこと。

この4人が揃えば、「反共・反中・親米」と三拍子そろっている。点新聞は、黎智英が英語で“Welcome to HK and well done with the situation（香港にようこそ。この状況はうまくいっている）”と言ったと報道している。

香港は早くから、西側文明と社会主義国家という共産主義的思想のぶつかり合う場所でもあり、共存する場所でもあった。

1949年に現在の中国、すなわち中華人民共和国が誕生すると、大陸にいた多くの資本家や自由を求める人々は中国共産党による一党支配体制から逃れるために香港に逃げた。それまでの国民党政権であった中華民国時代は、少なからぬ大陸の人々は中国共産党のことを「共匪」（匪賊・共産党）と呼んで恐れていた。1966年に文化大革命が始まると、まだ大陸に残っていた庶民の一部は闇に紛れて、迫害から逃れるために、やはり香港に逃げ込んだ。香港にはまだイギリスの植民地としての「西側文明」が存在していたのである。

1978年に中国が改革開放を始めると、香港は大陸にとって金融センターとしての輝やかしい憧れの都市になり、ますます西側諸国と社会主義国家・中国の橋梁としての存在感を強めていく。

そして1997年7月1日——。

「一国二制度」の名の下に香港がイギリスから中国に返還されると、中国共産党の一党支配が及ぶのを恐れて、金銭的ゆとりのある香港人はカナダやドイツ、イギリスあるいはオーストラリアなどに逃れてチャイナ・タウンを拡大していった。

いま、民主主義のメッカであったはずのアメリカでは、トランプが「アメリカ第一主義」あるいは「一国主義」を唱えてグローバル経済に背を向け、その隙間を狙って習近平がグローバル経済の覇者になろうとしている。

しかし、アメリカは野党の民主党まで巻き込んで「香港人権・民主主義法案」（以後、「法案」）を米議会で通すのだと、6月に提起し、トランプは「北京が武力弾圧なら米中貿易協議は取り消す」と中国を威嚇した。「法案」は9月26日に米議会上下両院の外交委員会で、10月15日には米下院で可決された。アメリカは香港がイギリスから中国に返還されると同時に、国内法として「米国・香港政策法」を制定した。香港が「一国二制度」の下で中国に返還されたのちも、本当に「二制度」により「民主や自由や香港の自治」が守られているなら、これまで通り通商や投資においてアメリカの対香港優遇措置を続けるとしている。

それが破られるなら、当然のことながら返還時に約束した対香港優遇措置は認められなくなるので、アメリカ政府は「香港の自治が守られているか否か」を監督し、米議会に報告する義務があるというのが米議会の主張だ。

それだけではない。「法案」では行政長官や立法会議員（国会議員に相当）を選ぶ権利を香港市民に与え、「一人一票」の原則を守れということにまで踏み込んでいる。

中国政府が激怒しないはずがないだろう。「これは2014年（雨傘運動）で決着が付いたことであり、香港を司る、中国の最高立法機関である全人代常務委員会で決議した事項に抵触する」と、中国政府はアメリカを糾弾している。一方、「法案」をテコに米中貿易交渉への威嚇を強めようというアメリカの意図は明らかだ。その意味では香港は米中戦争の最前線と化したと言っても過言ではない。

それを先読みしている中国は、前述した「グレーターベイエリア経済構想」を構築し、中国の金融センターを香港、マカオ、深圳で共有しようとしている。そうすれば、アメリカが香港をテコに米中貿易に圧力を掛けてこようとしても、中国への影響を軽減できる。だから米中貿易戦争に関しての香港の役割には中国は怖気づいてないが、香港がもしかしたら中国共産党の一党支配体制を揺るがす砦になるのではないかということに関しては怖がっている。

特に武力弾圧などをすれば、国際世論が中国、北京政府を許さないだろう。どんなにそれを避けるためにグローバル経済でアメリカを除く他の諸国との連携を深めていても、再び天安門事件後の経済封鎖を受けないとも限らない。

それを避けるための「駒」が「日本」なのである。これに関しては本書の最後で述べる。

香港情勢は未だ流動的なので考察はここまでに留めるが、個人的見解を述べるならば、9月4日に林鄭月娥が改正案を撤廃すると宣言した時に、デモを一旦やめるべきだったと思っている。その時なら「遂に撤廃にまで追いやった！」という、抗議活動側の「大勝利」に終わったからだ。撤廃宣言が遅かったためにデモ側は5つの要求を出していたが、残り4つの要求を達成するのは基本的に困難で、それを貫こうとするとこの抗議運動は「失敗した」という結果を招いてしまう危険性がある。それは大きな損失であり、その間に尊い命が奪われてしまうかもしれない。

一方では天安門広場でくり広げられた軍事パレードは、私に小さい頃の経験を思い起こさせ、その苦しさは香港の若者たちの叫びと重なった。１９４７年、まだ八路《はちろ》軍と呼ばれていた中国共産党軍は、国民党が占拠している長春を食糧封鎖した。１９４８年10月に長春に攻め込んできて「長春解放」を成し遂げた八路軍だったが、それまでに数十万の無辜《むこ》の民が餓死している。その中には私の家族もいる。

後に長春に進軍する八路軍の隊列の映像を見たが、軍事パレードにおける軍靴の音は、否応なしに革命戦争（国共内戦）における無力な民に迫ってくる八路軍を思い起こさせた。軍事パレードはある意味、「中国人民」に見せるためのものでもあると痛感した。軍の威力を見せて、反抗できないようにさせる。習近平は自分が傷つかないように香港政府を裏で動かしているが、武器を持たない香港の若者の姿は、私には包囲網の中で無力に餓死していった長春市民（中国人）と重なるのである。思わず「香港の若者よ、頑張れ！」と叫ばずにはいられない。

「香港問題」で見えた「台湾の未来」

中国（北京政府）は、２０１９年が中華人民共和国建国70周年であることから、香港と台湾を一気に中国側に引き寄せたい。だから２０１９年元旦の「台湾同胞に告ぐ」スピーチの中で、習近平はこれまでの台湾との「92コンセンサス」（1992年に中台両岸で確認し合ったコンセンサスで、中台双方が「一つの中国」をそれぞれ「中華人民共和国」あるいは「中華民国」と解釈する。）から、台湾に対しても「一国二制度」を実施する方向に持っていくと宣言した。

「一国二制度」はもともと、鄧小平が台湾（中華民国）を説得するために思いついたアイディアで、最初は蔣経国総統に持ち掛けてみた。ところが蔣経国は一言の下に拒絶。そこで当時のサッチャー首相に香港返還に当たり「一国二制度」にしてはどうかと交渉したのが始まりだった。

また、1979年元旦、米中国交が正式に正常化すると、同じ日に鄧小平は「台湾同胞に告ぐ書」を発表している。習近平はそのことを記念して、スピーチをしたのである。そのため台湾では反共的動きが強まっていたが、香港デモが始まると激しさを増した。台湾の蔡英文総統は「一国二制度が台湾に適用されたら、いま香港で起きているような事態が台湾でも起きることになる」「香港の今日は台湾の明日だ」と若者に呼びかけ、15%と低迷していた支持率を一気に45%（9月21日）にまで急上昇させている。一方、7月8日にはアメリカが戦車や地対空ミサイルなど総額22億ドル（約2400億円）の台湾への武器売却を約束したこともあり、7月24日に発布された中国（北京）政府の「新時代の中国国防」白書に基づいて7月31日の中国国防部ウェブサイトは「祖国の完全統一を実現することは、絶対に阻害してはならない歴史的大勢である」というタイトルの論評を掲載した。その中には、もし外部勢力が台湾を中国から分裂させようとするならば、あるいは台独分裂分子が猛り狂った行動に出るならば、中国の軍隊は国家安全と国家統一と領土の保全を断固守るために、全ての準備を整え、戦略的支援をする覚悟ができている」と書かれている。

また「われわれは武力を使用することを放棄しない」と強調しているところを見ると、中国はいざとなったら武力を行使するということだ。２００５年に制定された「反国家分裂法」（台湾が独立行動を取れば武力で鎮圧する法律）を実行に移すことになる。

ところで、２０１９年4月、２０２０年1月の台湾（中華民国）総統選に鴻海《ホンハイ》科技・鴻海精密工業（フォックスコン）の創業者である郭台銘（テリー・ゴウ）氏が立候補を表明していた。中国に巨大な工場群を持ち習近平とも親しい郭氏は、やはり親中の野党国民党に入党し、総統選の指名候補を得ようとした。しかし魂を中国に売っているという批判が強いために、5月1日には中華民国とアメリカの国旗のワッペンを縫い付けた帽子をかぶって訪米し、トランプ大統領に面会するなど工夫を凝らしてみたが、支持率がどうにも上がらない。結果、7月15日の党内予備選で韓国諭《かんこくゆ》氏（高雄市長）に敗れ、9月12日に国民党を離党し、16日に総統選不出場を表明。何をやったとしても香港で一国二制度が崩壊の危機を迎えるような反中デモが燃え盛る中では、習近平と仲良しの郭氏の支持率が上がる公算は低かった。

郭氏は総裁選に臨むため鴻海の会長を6月21日に辞任してしまっているので、虻蜂《あぶはち》取らずになってしまっている。鴻海はファーウェイのスマホを製造する工場として大きな役割を果たしてきた。アップルの iPhone を製造しているのも鴻海だ。最近ではアップルの業績が落ちてきたので、ファーウェイに傾きつつあった。潰れていくアップル工場の従業員たちにファーウェイの任正非が手を差し伸べて雇用してあげたこともある。したがってトランプも郭氏の当選を歓迎はしなかっただろう。

郭氏は不出馬表明で「政治への関与を諦めたわけではない」とも言っているが、香港情勢を見る限り諦めた方がいい。それよりも中国から工場を引き揚げて台湾のハイテク産業振興に努めた方がいいのではないだろうか。台湾には世界最大の半導体製造ファウンドリであるTSMC（台湾積体電路製造）がある。本拠地を新竹市新竹サイエンスパークに置きながら中国事業を展開している。この2社が協力すれば台湾経済は興隆し、米中貿易戦争の中で大きなプレゼンスとなっていくのではないか。

２０２０年の総統選は、再選を目指す民進党の蔡英文総統と国民党の韓国瑜の一騎打ちになりそうだ。なまじ習近平が台湾にも「一国二制度」を適用するなどと言ってしまったために、香港でのあまりに激しい抗議運動も手伝い、今のところ独立傾向の強い民進党に有利に働きそうだ。

仮に台湾が独立の方向に動けば、中国の「国家分裂法」が火を噴くことになる。

中国が武力鎮圧に入れば、当然のことながらアメリカが黙っていない。アメリカは台湾への武器売却という形で台湾を支援し、台湾旅行法などを制定して米台双方の政府高官が互いに訪問し合うことを可能にさせた。トランプは大統領選の前に「一つの中国」に対して疑問を呈して習近平に圧力を掛けたことがあった。大統領就任後にそれを撤回したものの、本心はやはり違うようだ。最近になってまた「果たして一つの中国論は正しいのか」という疑問を投げかけ、米議会では台湾の国家承認などを各国に促す「台北法」までが浮上している。

もともとアメリカは中国との国交を正常化する代わりに中華民国（台湾）との国交断絶を強要されたので、同時に国内法として台湾関係法を制定し台湾への武器供与を続けてきた。トランプ政権になってからはアジア再保証イニシアチブ法（ARIA　2018年12月31日）や国防権限法2019などに基づき台湾防衛を強化している。

しかし中国も黙って見ているわけではない。もし台湾が中国に飲み込まれれば、次に狙われるのは第一列島線だ。

安倍首相は習近平国家主席に「一つの中国」を守ることを何度も誓っているが、これは即ち、「台湾の独立を絶対に認めず、台湾は北京政府のものだ」ということを誓っていることに相当する。日本はこのままでいいのだろうか。

なお、2019年年7月中旬から9月下旬にわたり台湾では数多くの民意調査が行われたが、特徴的なのは若者の意識だ。調査は「若年層（20歳から40歳までの選挙民）の国民党・韓国諭に対する支持率はわずか25・6％しかないのに対して、民進党・蔡英文に対する支持率は年齢層によって40％から80％もの開きがあり、特に20歳から29歳の選挙民の60％が蔡英文を支持している」という結果を示している。それに対して40歳以上となると韓国諭優勢になるという。香港でも同じだが、熟年層になればなるほどビジネスを重んじて、親中へと傾く傾向にある。台湾の総統選挙は「世代間対決」と言われている。選挙民の平均年齢は40・41歳（2016年12月末統計）。台湾の若者の未来は若者の手の中にあるということになろうか。

五、「米中二極化」のカギを握るのは「日本」

「日中友好ムード」が想起させる「かつての大失敗」

米中関係が悪化した時に日本に微笑みかけるのは、中国の昔からの常套手段だ。「産業としては沈没した」とは言え、日本の半導体の技術力はまだ高い。アメリアからの半導体輸入が困難となった今、中国がどうしても欲しいのが日本の半導体だ。

おまけに韓国と反目してくれた日本は、中国にとって宝物のようにありがたい。

何と言っても中国の長年の悲願だった日韓離間により「日米韓」の安全保障上の協力関係を崩壊させてくれるのだから。そんな「親中」の日本を中国が大事にせずにいられようか。

こういう時にこそ日本は中国に対して毅然とすべきなのに、「小国」韓国には毅然と行動することができても、「大国」中国にはへつらわんばかりだ。

かつて日本がどれだけ大きなチャンスを逃してしまったかを、よく思い出してほしい。

1989年6月4日に起きた天安門事件で、アメリカを中心とした西側諸国の経済封鎖を中国が受けたとき、最初に経済封鎖を解除したのは日本だった。

経済封鎖を受けた鄧小平は直ちに部下を使って、日本の政財界に働きかけて日中友好の重要性を説き、微笑みかけてきた。すると、同年（1989年）7月に開催された先進国首脳会議（アルシュ・サミット）で日本の当時の宇野首相は「中国を孤立させるべきではない」と主張し、

1991年には海部首相が円借款を再開し、西側諸国から背信行為として非難された。

さらに1992年4月、中共中央総書記になっていた江沢民は日中国交正常化20周年記念を口実に訪日し、病気療養中だった田中角栄元首相を見舞って、天皇陛下の訪中を持ちかけている。このころ江沢民は、「天皇訪中が実現すれば、中国は二度と歴史問題を提起しない」とさえ言っている。しかし天皇陛下訪中が実現すると、掌を反したように1994年から愛国主義教育を始め反日教育を強化していった。1995年9月には中国建国以来初めての国家規模の「抗日戦争勝利記念日祝賀祭典」を挙行し、愛国主義教育の基地などを全国に次々と設立していった。

このとき中国は「日本を陥落させて天皇訪中さえ実現させれば、他の西側諸国、特にアメリカの対中経済封鎖網は崩壊する」という戦略で動いていた。その戦略はみごとに当たり、1992年10月に天皇陛下訪中が実現すると、アメリカも直ちに対中経済封鎖を解除して、西側諸国はわれ先にと中国への投資を競うようになるのである。

事実、当時の中国の銭其琛《せんきしん》外交部長は回顧録で、天皇訪中を「対中制裁を打破する上で積極的な作用を発揮した」と振り返っているし、また「日本は最も結束が弱く、天皇訪中は西側諸国の対中制裁の突破口となった」とも言っている。

日本の天皇陛下がそこまで大きな力を持っていたのかと、不思議に思われる方もおられるだろう。しかし、改革開放を唱えていた中国は「市場」としては大きなポテンシャルを持っていた。天皇陛下の訪中という、戦後初めての出来事は、日本の本気度を表していると諸外国には

［図 7-1］中国における外国資本の平均増加率と平均規模（1984年以降）

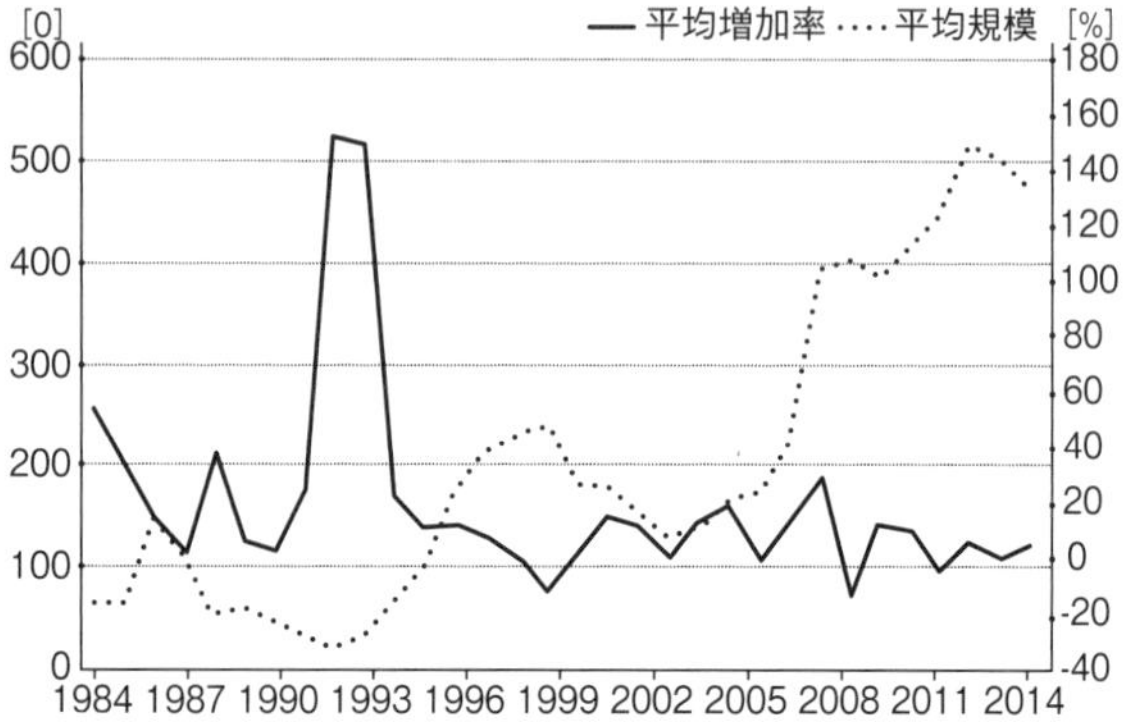

出典：中国商務部

映ったに違いない。そして日本が中国市場に本気で参入するのなら、わが国も参入しなければ損だという考え方が広まっていったという要素が一つある。

もう一つの大きな要因として考えられるのは、本章の三でも述べた「中国の社会主義市場経済」への突入である。１９８９年の天安門事件による対中経済封鎖と１９９１年末のソ連の崩壊。中国共産党の一党支配制度は瀕死の状況にあった。このままでは一党支配体制が崩壊するのは誰の目にも明らかだった。そこで鄧小平は92年が明けるとすぐに南巡講話に出かけて檄を飛ばし、その年の10月に党大会を開催して「社会主義市場経済」を中国の新たな指針として打ち出すと決断していた。

だからこそ天皇陛下訪中を同時期にぶつけて、相乗効果を狙ったのである。

こうして、天皇陛下訪中のときには、アメリカに次ぐ世界2位のＧＤＰを誇っていた日本は、２０１０年には中国に追い越され、今では中国の3分の1という体たらくだ。

図7－1は、中国の中央行政省庁の一つである商務部が描いた「１９８４年以降の外国資本の平均増加率と平均規模」に関する推移である。

この図から明らかなように、実線の動きを見ると92年～93年にかけて、まるで特異点のようなピークがある。これは、この瞬間に中国が突然獲得した外資の「増加」があったということを示す。経済成長ではなく、中国が外国からもらった資本の「増加率」が突然増大したことを意味する。外資の規模自身は点線で示すように、まだ大きくはない。２００８年あたりから外資の規模が急激に大きくなっているが、これを受けて、２０１０年には中国はＧＤＰ規模において日本を抜き始める。今ではアメリカに近づく勢いだ。それどころか、世界銀行統計や日本の総務省統計局にあるデータによると、購買力平価を用いた米中の名目ＧＤＰを比較すると、２０１８年段階で中国の名目ＧＤＰの方がアメリカを19％も上回っているという。

つまり、２０１８年段階で、中国経済は実質的に、アメリカを上回っているという。

この中国に安倍政権は低姿勢で迎合し、習近平の「微笑み」をありがたく頂戴し、大国に跪いている。そして、この2つのグラフがもたらしてきた「恐ろしい過去」よりも、さらに「恐るべき未来」をもたらすことに余念がない。

第五章で述べたように、世界はやがて「2つのブロック」に分かれようとしている。片や「アメリカを中心としたブロック」で、対するは「中国を中心としたブロック」だ。

日本はそのどちらに与《くみ》するのか。

加えて日本は韓国にGSOMIAを放棄させてしまった。これは圧倒的にアメリカに不利で、中国にこの上なく利する方向に持っていってしまったのは日本ではないのか。ある意味、「オウンゴール」と言っても過言ではない。

せっかくアメリカにトランプ大統領が現れて、いま二度とないチャンスを世界にもたらしている。そのチャンスを日本は捨てて、「小国」韓国と険悪になることによって中国を喜ばせ、アメリカの東アジア情勢を非常に不利な方向に持っていく結果を招こうとしている。

このような事態に至ってもなお、習近平国家主席を国賓として日本に招く際の赤絨毯を敷くことに余念がない。まさに中国の術中に完全にはまったとしか言いようがないではないか。

たしかに日本の対中貿易額は3500億ドルを超え、対米貿易額をすでに超えている。だから経済界の要望に応えて日中関係を重んじているのだろう。安倍首相は「日中関係はようやく正常な軌道に戻った」と自画自賛しているが、アジアに地殻変動をもたらし、中国を、アメリカを凌駕して世界一に持っていくことが、はたして国益に適うのだろうか?

繰り返しになるが、いまアメリカは日米豪印をつなぐインド太平洋戦略を強化し、できることならそこにフィリピンとベトナムを入れて対中包囲網を形成しようとしている。ワシントンポストなど多くのアメリカメディアが、韓国はGSOMIAを放棄しているので、アメリカの同盟から外す可能性がなくはないと報じている。在韓米軍の駐留費負担に関する最終協議で、韓国が「増額承認か米軍撤廃か」を選ぶことになろう。

せめて日本が、日本とアフリカが話し合う会議ＴＩＣＡＤ（アフリカ開発会議）を8月末に開催し、中国を意識して「量」より「質」をアピールしたのは評価したい。特に相手国を借金漬けにしないということを強調したのは良いが、残念なのは支援金額の規模の上で、とても中国には勝てないということである。日本が3年間で３００億ドルを目標にしているのに対して中国は既に６００億ドルを注いでいる。

アフリカ諸国としては漁夫の利を得て嬉しいだろうが、中国のアフリカへの力の入れようは尋常ではないので、日本は苦戦を強いられるだろう。それでも挑戦に値することには違いない。

日本はインドのＩＴ人材を取り込め！

注目すべきはインドだ。モディ首相である限り中国には毅然としているし、アメリカのシリコンバレーはトランプ政権までは中国人と同じ程度にインド人に満ち、理数系あるいはＩＴ関係の人材が豊富だった。ここで「だった」と過去形で表現したのは、トランプの移民政策によって、いまインドの人材に関して異変が起きているからだ。第一章の二で少しだけ触れたが、２０１９年7月16日、米移民局（日本の入管に相当）が発表したデータによれば、あんなに多かった在米のインド系人材が今アメリカで激減しているのだ。まず「**図7－2**」をご覧いただきたい。

これは在米のインド系ＩＴ大手3社（INFOSYS, TATA CONSULTANCY, COGNIZANT）のアメリカにおける人材受け入れの推移を示したものである。このインド系ＩＴ大手3社のう

［図7-2］インド系IT大手３社の米H1Bビザ承認件数推移

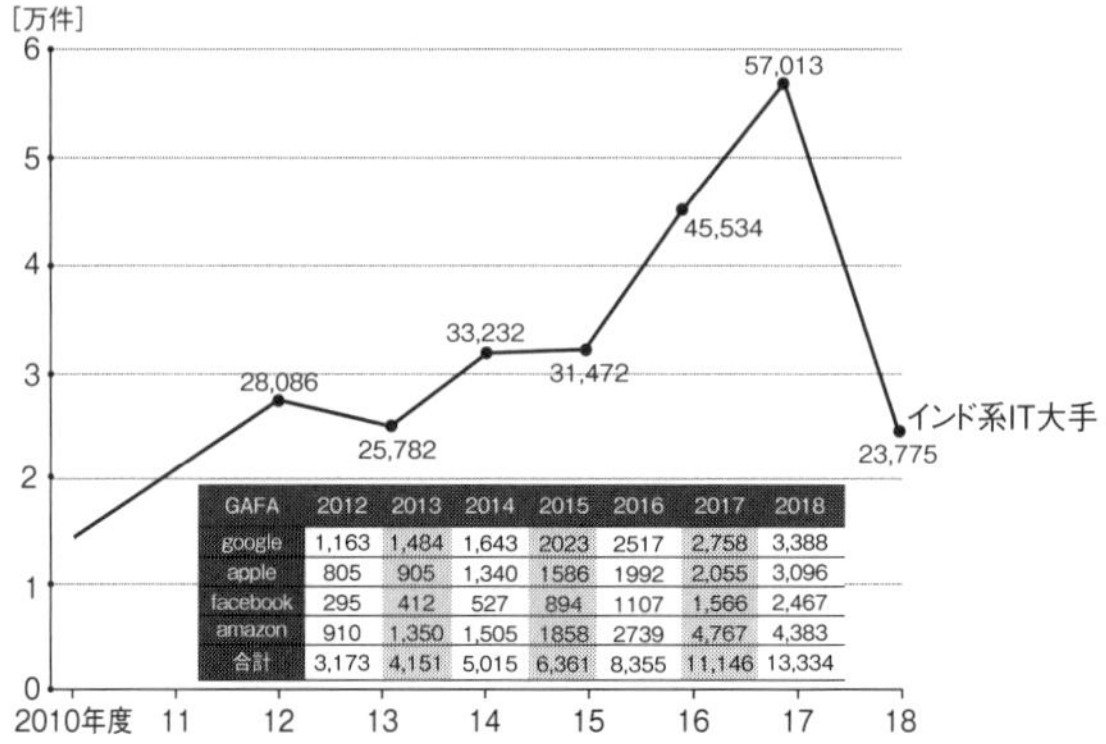

GAFA	2012	2013	2014	2015	2016	2017	2018
google	1,163	1,484	1,643	2023	2517	2,758	3,388
apple	805	905	1,340	1586	1992	2,055	3,096
facebook	295	412	527	894	1107	1,566	2,467
amazon	910	1,350	1,505	1858	2739	4,767	4,383
合計	3,173	4,151	5,015	6,361	8,355	11,146	13,334

出典：米移民局データ“Buy American and Hire American：Putting American Workers First”を元に筆者作成

ち２社はインドに本社を置きアメリカに支社を置いており、１社（COGNIZANT）はアメリカに本社があるが経営陣の多くがインド人で主力開発拠点もインドにある。基本的にインド人を多く雇用している。アメリカはＨ１Ｂビザなどを中心に外国人人材を受け入れてきたが、入国許可された外国人人材の人数の割合は国別ではインドが70％という、圧倒的多数を占めていた。

ところがトランプが２０１７年４月18日に「米国製品を購入し、米国人を雇用せよ：米国労働者を優先」という大統領令を発布して低収入移民を制限したため、米移民局もこの大統領令をタイトルとしてインドＩＴ人材の激減を示したリポートを出した。

さらにアメリカでは雇用ベースの永住権許可数には年間14万人という制限が設けられている。国別の制限もあり、国別上限は７％となってい

る。つまり年間９８００人を超えてはならない。ところがインドと中国のみが、早くからこの上限に達している。この永住権は

ＥＢ―１（卓越技術労働者）［28・６％＋未使用のＥＢ―４、５］

ＥＢ―２（知的労働者）［28・６％＋未使用のＥＢ―１］

ＥＢ―３（一般労働者）［28・６％＋未使用のＥＢ―１、２］

ＥＢ―４（特殊移民、宗教などが多い）［７・１％］

ＥＢ―５（投資移民）［７・１％］

に分かれている。永住権許可は基本的に Priority Date、つまり申請が受理された日の順番で発証される。問題は、この申請日と許可までの待機年月だ。待機日数という言葉では表現できない現状にある。

米移民局が２０１９年9月に発表したデータによれば、現時点で審査しているインドの申請者の申請日時は、なんと「２００５年7月1日」のものなのである。つまり Priority Date がこの日より前の人の申請処理を、いま米移民局は行っている。アメリカに移民したいと思っているインドの人材は14年間も許可が下りるのを待っているのである。

２０１８年5月のデータは、「中国はＥＢ―1とＥＢ―5ビザが一番多く未処理状態にあるが、それでもそれぞれ2万人程度でしかなく、インドは30万人もおり、特にＥＢ―2は20万人も未処理のまま残っている」ことを示している。

この問題を解消するために、今アメリカ議会で審議されている法案が「ＨＲ１０４４」（ハ

イテク移民公平法）である。法案の骨子は

1．国別の7％の制限を撤廃する。

2．天安門事件を受けて1992年に制定された「中国からの学生保護法」により決められた中国留学生のための1000名の優先的割り当てを撤廃する。

3．EB—2、EB—3、EB—5のために、3年間の移行期間を儲ける。2020年までに、中国とインド以外の国の割り当て合計を15％とし、中国とインドの割り当て合計を85％とする（この内の85％をインドに、残り15％を中国に割り当てる）。2021年、22年までに、中国とインドには90％（インドはその85％）、それ以外の国には10％を割り当てる。

「HR1044」法案が通れば、これまで未処理でいる圧倒的多数のインド人への許可が優先的に下りることになり、圧倒的にインドに有利で、中国人には不利だ。これは在米インド人による激しいロビー活動により実現に向かおうとしている法案で、中国人に不利に働くことも米議会で審議されるに至った一因となっている。2019年7月に米議会下院では圧倒的多数で議決されているが9月までの時点で上院では否決されているので、来期議会の審議を待つことになる。

現状では、一カ国の最大発行数は「EB—1：2803、EB—2：2803、EB—3：2803、EB—4：696、EB—5：699」で「合計：9800＝140000の7％」となっている。法案が通れば、移行期間に「インド籍のビザ発行数は2020年　101

150人（140000×85%×85%）、2021、22年　107100（140000×90%×85%）」になり、中国籍のビザ発行数は「2020年　17850（140000×85%×15%）、2021、22年　18900（140000×90%×15%）」となることが見込まれる。インド籍は9800人から10倍以上に増え、中国籍は2倍に増えることになるが、インド人の申請者数がとにかく多いので、この移行期間内ではインド人を消化しきれない。

従って私としては、日本は「インドのIT人材を取り込め」と建議したい。

但し、日本ではIT高度人材に対する給料があまりに低いために、高度人材を日本に惹きつけることができないという現実がある。「**図7－2**」からも明らかなように、GAFAなどは高報酬で人材を掻き集めているので、H1Bビザによる人材確保に関しては、むしろ増加傾向にある。

これは日本の半導体が沈没した時の「技術者への敬意の欠如」と共通する原因で、日本企業の経営者の方々にも、大変僭越ながら同様の進言を申し仕上げたい。

なお、2019年10月11～13日、習近平はインドとネパールを歴訪した。米日豪印の対中包囲網を意識して、一帯一路などでモディ首相を中国側に取り込もうという狙いだろうが、同時にインドの高度IT人材をアメリカが受け入れようとしない事実も念頭にあるに違いない。日本ではほとんど注目されていない米移民局関連の、中国に不利な法制定への動きに中国は非常に敏感に反応し、広く危機感を抱いている。

別の見方をすれば、それだけこの事実を重要視しているということだ。だからこそ、日本にはチャンスなのだ。日本政府も日本の経済界も、この現実に目を向けて欲しい。

それ以外にも人口ボーナスなど将来の発展のポテンシャルを考えてもインドは有望である。日本は対中国戦略という意味でも、インドとの協力関係を深めるといいとは思うのだが、一つネックがある。モディ首相はプーチン大統領と仲が良いのだ。2019年9月4〜6日にロシアのウラジオストクで開催された東方経済フォーラムで、モディは145億ドル（約1兆5千億円）相当の武器をロシアに発注し、プーチンを喜ばせた。北極圏開発に関しても実に積極的だ。ロシアは北極海航路を利用した液化天然ガスのアジア輸出を拡大させる方針で、プーチンは共同記者会見で「インドはロシアの最も重要なパートナーの一国だ」と指摘し、モディは「世界の安定のためには多極化が必要だ。その実現のために両国の協力が不可欠だ」と述べている。つまり「米日豪印」対中包囲網に与しないということになる。

だからなおさら日本はインドを重要視しなければならないが、日本の北方領土に関しては習近平が一帯一路の北極圏への航路として睨みを利かしてプーチンの背後にいるので、たとえ安倍首相が何十回プーチンと会談しようとも北方領土返還への道は、残念ながら阻まれるだろう。

一方、本書が出版された後の11月22日にGSOMIAの期限切れが実効性を持つ。それまでに、韓国が「ホワイト国除外」の撤廃を条件にGSOMIAへの復帰をする可能性が残ってはいる。しかし、日韓の間にはその根源となった徴用工問題や慰安婦問題などが溝として横たわっている。それに韓国企業は日本からいつまた同様の経済制裁を受けるか分からないと用心するだろうから、日韓関係が完全に元に戻ることはないだろう。

その意味では動き始めた東アジアの地殻変動もまた元には戻らないかもしれない。

思うに、中国共産党の誕生から今日の繁栄に至るまで、ソ連以外では、日本ほど中国共産党に貢献した国はないと言っても過言ではないだろう。そもそも1921年に中国共産党が誕生した時、その骨格を形成した人たちの中には日本留学者が多かった。中華民国時代に国民党の支配を逃れて日本に逃亡するような形で留学してきた彼らは、日本語を通してマルクス・レーニン主義を知り、それを中国語に翻訳し中国で広めていった知識人が少なくない。日本に逃れていた孫文を始め、どこにも留学したことのない毛沢東さえ、恩師が日本留学経験者だったことから明治維新に憧れ、中国には明治維新を模範とするムードが全体にあった。

中国共産党が誕生した後、日中戦争時にも中国共産党は常に国民党軍と戦ってきたのだが、拙著『毛沢東　日本軍と共謀した男』に詳述したように、もし日中戦争が大陸の上で展開されていなかったら、共産党軍は国民党軍に勝つことはできなかっただろう。国民党軍の蒋介石を倒すことしか考えていなかった毛沢東は、スパイを日本の外務省出先機関の岩井公館に派遣して、国民党軍の軍事情報を日本に高値で売っていた。西安事変（1936年）後の第2次国共合作以降は、国民との軍事情報を共産党軍は周恩来を通して共有していたからだ。日中戦争で日本が戦っていた相手は「中華民国」であり、蒋介石率いる国民党軍だったので、政敵を倒してくれる日本軍は、毛沢東にとって、どれだけありがたかったか、想像に難くない。

だから毛沢東は新中国（中華人民共和国）建国後も、常に「日本軍に感謝する」と言ってきたが、中国共産党としては、そのような「真相」が多くの人民に知られると中国共産党は信用を失い一党支配体制が崩壊する。だから必死で「日本軍と勇猛果敢に戦ったのは中国共産党軍なのだ」として抗日神話を人民に染み渡らせていった。

それでも日本はいつでも「中国共産党側の味方をして、中国共産党が繁栄するための応援をしてくれる」。

鄧小平が改革開放を急がせたのも、日中平和友好条約を締結するために1978年10月に訪日し、新幹線に乗って「後ろから鞭打たれるようだ」と焦り、北京空港に降り立って「それに比べて我が国は廃墟のようだ」と痛感したからだ。だから2カ月後の1978年12月に改革開放を宣言している。鄧小平もまたご多分に漏れず、「明治維新」を尊敬していた。そのため1983年から怒涛のように日本になだれ込んできた中国人私費留学生たちは（国費は1981年から）、みな異口同音に「シン・ガン・シェン（新幹線）」と「ミンズー・ウェイシン（明治維新）」と呪文のように唱えるという珍現象が起きていた。

天安門事件が起きて経済封鎖をされて困窮していた中国に手を差し伸べて今日の繁栄をもたらしてあげたのも日本なら、いまアメリカに追い込まれている中国に熱い手を差し伸べているのも日本なのである。

中国にとって、日本はどこまでも利用し尽くすことのできる存在だ。

10月1日の建国70周年記念の祝賀に関しても、ロシアを除き、国家の首脳が最も熱烈に中国に祝意を示した国は日本だけだった。安倍首相が9月26日の夜、駐日本国中国大使館で開催された建国70周年記念式典に寄せたビデオメッセージを基にして、9月27日に中国ではCCTV

を始め全ての主要メディアが安倍首相の顔を大きく映し出して、メッセージの全文を全国一斉に繰り返し報道した。香港の若者が民主のために命を懸け一党独裁を強化する習近平政権と闘っている最中、安倍首相は「来春に習近平国家主席を国賓として日本にお迎えすることについて首脳間で一致し、日中新時代を切り拓いていくとの決意を共有することができました」と、にこやかだ。これは香港弾圧に賛同し、台湾独立を打倒することに「私は賛同します」と言っているのと同じだということに気が付いているのだろうか。

それだけではない。公明党の山口那津男代表、慰安婦問題に関する「河野談話」で知られる河野洋平氏、日中議連（日中友好議員連盟）会長の林芳正議員（自民党）なども、中国への友情を表明している。

それに比べて、駐米中国大使館での祝賀式典にはアメリカの政界からは一人も参加していない。この違いをどう解釈するのか。

こういった情勢の中で日本がどの道を選択すれば日本国民の利益に資するかを考える上で、微力ながら本書がいくらかでもお役に立つことを祈ってやまない。

おわりに

ここ2、3年、何とかシンクタンクを立ち上げることができないかと考えていたのだが、2019年の春、以前から懇意にさせていただいていた実業之日本社の岩野裕一社長の紹介で、その社主である白井一成氏に会い、一瞬で意気投合して、シンクタンク「中国問題グローバル研究所」を設立することになった。日本人の中から中国研究者を集めても新鮮味がないので、中国に関係するいくつかの国から研究者を集めて、各国からの視点で中国問題を語ってもらうことにした。

手段としてウェブサイトを用いれば、どんなに遠くにいても投稿できるし議論もできる。国の数は徐々に増やしていくとして、まずはアメリカ、ロシア、そして何よりも肝心の中国からも研究者を選んで研究員になって頂いたのだが、この過程で思わぬ事実が見えてきた。

ロシアの代表がなかなか決まらない。どこまで明らかにしていいか迷うところだが、当初、プーチン大統領やラブロフ外相にも影響を与える中国研究者が推薦されて、このシンクタンクのアイディアに強い興味を持ってくれていたのだが、そのうち連絡が途絶えた。次に中枢から遠ざかりはするが著名大学の中国研究者が推薦された。その方も大きな関心を示してくれたが、やはり同様の運命をたどった。アメリカや中国の研究員がバリバリ論考を投稿しているというのに、ロシアだけは浮かんでは消え浮かんでは消えしていく。

大きな期待を抱いていただけに、心は焦るばかりだ。

しかし、どう考えてもその消え方が何かおかしい。そう感じる理由を考えているうちに、その「消え方」に一定のルールがあることに気が付いた。トランプ政権の周辺で活躍している対中強硬派のウォルドロン教授のプロフィールや論考を紹介した後、ロシアの中国研究者が遠のいていくことが分かった。

そこで仲介をして下さったモスクワにいる友人に聞いてみたところ、なんと彼らは「中国の顔色を窺っている」のだという。ロシア政府が中国の顔色を伺っているので、彼らも政府に嫌われたくないというのだ。

やはりそうだったのか……。

面白い――！

そこから日夜のメール交換が始まり、「ロシアの中国への忖度度」に関する議論が熱く燃え始めたのである。それは目を見張るようなリアリティに富んだ内容で、詳細は書けないが、これが「モスクワの現場」なのだということを痛いほどに思い知った。

ロシア代表が決まらない焦燥感は私の体力を奪っていったが、もしあの闘いがなかったら、私は決して「中露朝」の結束とそれが描くシナリオという概念に確信を持てなかったかもしれない。何が幸いするか分からないものである。

もう一つ、私に示唆を与えてくれた出来事があった。

今年の2月頃、拙著『「中国製造2025」の衝撃　習近平はいま何を目論んでいるのか』に関して取材を受けた某出版社の編集長から、「ファーウェイ日本法人の幹部が遠藤先生に会いたがっていて、一度、会食でもしながら交流を持ちたいと言っているのですが、いかがでしょうか」というオファーを受けていた。

「いえ、困ります！　お受けできません！　とんでもない話です！」と、即座に断った。

そうでなくとも、ただ客観的事実を書いているだけでさえ、まるで中国政府のスパイだといった類の心ない非難を受けている。もっとも、『毛沢東　日本軍と共謀した男』を書いてからというもの、「遠藤は反中だ、反共だ」「変節した」といった誹謗中傷も日本にいる中国研究者などから同時に受けはしているが……。

それでも、ファーウェイの幹部と会食など、わざわざ誤解を招きかねないような行動は慎まなければならない。その編集長からは、その後も何度か催促があったが、やはり断った。

そうこうしている内にファーウェイがエンティティ・リストに載ってしまい、その結果、第四章で書いたように、任正非が中国のメディアだろうと国際メディアだろうと、集団取材ではあるものの、至るところに顔を出すようになった。あれだけマスコミ嫌いの任正非が、むしろ積極的に前面に顔を出すようになったのだ。

それなら私がファーウェイ・ジャパンを取材するくらいは許されるかもしれない。

自分自身が堂々と、真正面から乗り込んでいって取材すればいいだけのことではないか。

そう考え直して、仲介してくれていた某出版社の編集長に「会います」と返事をした。

2019年6月7日、東京駅近くの大手町ファーストスクエアというビルの中にあるファーウェイ・ジャパンを訪れた。

取材に応じたのはファーウェイ・ジャパンの幹部で、名前は明かさないことを約束させられた。彼はすぐさま「まず、ファーウェイは、あくまでも水道管の役割しかしていないことをご説明したいのですが」と言いながら、ノートに絵を描き始めた。それは第三章で述べたのと類似の内容である。

私の方からは「ファーウェイにも中国共産党委員会があって、党書記が一番強い権限を持っているのではないのか」という質問をぶつけた。というのは、私はあちこちで講演をしているが、質疑応答の時間になると、よくこのことを聞かれるからだ。

すると、興味深い回答が戻ってきた。

「いいえ、党委員会の人たちは従業員ではありませんから、株主ではありません。株主でないと経営に関する発言権を持っていないので、党委員会の委員はもとより、党書記も経営に関しては一切関与することができません。株主総会は従業員によって構成されている工会《ゴンホイ》（労働組合）で成立しており、株主は工会と任正非だけです。もっとも、任正非も工会のメンバーではありますが。ともかく株主の権利を持っている組織は持ち株従業員代表大会だけなのです。持ち株従業員代表は、在職中の持ち株従業員によって選挙で選ばれ5年の任期があります。その中からさらに選挙で取締役会が形成されており、その中には従業員以外の中国共産党・党組織の人間は1人もいません」

このことは収穫だった。割合に友好的に、そしてスムーズに取材が進んだので、少し欲が出てきて、その後、いっそのこと任正非CEO本人を取材してみようかという気持になった。そこでファーウェイ・ジャパンの幹部に電話し、任正非本人を取材したい旨を告げた。驚いたことに、「わかりました。調整してみます」というではないか。

えっ？　調整してくれる？

それはありがたい！　考えられないような話だ。ならばパスポート……。最近は中国に行くのをやめている。中国共産党軍による長春の食糧封鎖を書いた『卡子《チャーズ》』に関しては中国語版（台湾）や英語版（アメリカ）も出版してしまった。日中戦争時代の毛沢東の真相も書いてしまったので、私は危険人物として中国政府のブラックリストに載っているに違いない。だから中国には行くまいと決めていたので、パスポートの残存期間にも留意していなかった。見れば後1カ月しかないので更新に行った。

しかし待てよ。中国の入管で検閲を受けて堰き止められるかもしれないので、ファーウェイからの招聘状をもらっておいた方がいいだろう。再度ファーウェイに電話して、招聘状を出してほしいと頼んだ。

「えっ？　なんで招聘状なんかが要るんですか？」

さて、この理由をどのように説明しようか。本当のことをそのまま言うのか、それとも適宜ぼやかすのか。いや、正直に本当のことを言うしかないだろう。事実を言うことによって、ファーウェイがどう反応するかを知ることは重要だ。

これは「危険なリトマス試験紙」なのだ。もし、その理由を知って私を警戒して遠ざかるようなら、ファーウェイは中国政府の顔を見ながら生きている企業だということになる。万一にも理解してくれるなら、ファーウェイの「ハート」は中国政府側になく、あくまでも「民」とともにあることになり、これは未来を先取りした、ある意味での「中国の民主化」の形になっていく可能性を秘めていることになろう。

真実を見たい。真実を見なければならない。私は「危険なリトマス試験紙」を投げかけた。なぜ招聘状が必要かを、ありのままに電話口で告げたのである。

沈黙が続いた。

しかし、その2、3日後、突然態度が変わってきた。どうにも日程調整がつかないなど、しどろもどろに言っているが、もういい。何も言わなくても分かっている。

中国政府に「いい顔をしておきたい」のだ。当然だろう。トランプ政権にここまで痛めつけられて退路を失えば、それまでは虐められてきた中国政府に頼るしかない。入国すれば中国政府に捕まるかもしれないような人に会うはずがないのである。

ファーウェイ、正体見たり――！

パスポートの申請から一週間経ったので、パスポートセンターに更新したものをもらいに行った。もう使わなくなったパスポート。有効期間は最大の10年にしてある。

10年後か……。

その時はもう90歳になっている。生きているのか否か。

生きていたとしても、言論が自由になった中国を見る日は来ないだろう。この闘いを続けるしかない。闘わない人生もあるかもしれない。もっと楽に生きていく道もあるのだろう。だが、餓死体の上で野宿したあの感触と、自分は餓死せずに生き残った者の使命感が、どこまでも真実を追跡する道へと私を追い込み、休ませてはくれない。その結果が、いくばくかの貢献を人類にもたらすなら、その運命に従おう。

１９９０年代、私はアメリカに群居している華人華僑の世界を見極めるべく、何度も各地のチャイナタウンに足を運んだ。蒋介石の夫人・宋美齢にいつまでも憧れを抱く薬屋の高齢女性もいれば、五星紅旗をたなびかせている中国共産党系列のビルもあった。そこがアメリカとは思えないほどの華人華僑の群れ、群れ、群れ……。

ある日、その中にたたずみ、ふと「私は何をしているんだろう」と我に返ったことがある。中国の正体を見極めようと、華人華僑という大海の中に足を踏み入れ、そこで溺れそうになり、「私は何のためにこんなことに自分の人生のすべてを賭けているのか」と、ふと恐ろしくなったのだ。あのころ息子たちはまだ成長盛りで、母親の愛を求めていただろうし、私は息子たちの教育や将来にも責任がある。だというのに、彼らを留守にしたまま、暮れなずむサンフランシスコの街を彷徨っている。

後悔するがいい。苦しむがいい。

自責の念に圧し潰されそうになっていた。

だというのに、今80近い歳になりながらなお、腱鞘炎で痛む指でキーボードを叩き続けている。

チャーズを潜り抜け、全身結核菌に侵されながらも餓死せずに生き残ってきた者の使命感。それに突き動かされながら、息が続く限り、こうしてキーボードに自分の思いを叩き続けていくのだろう。

私の旅は、まだ終わっていない。

本書出版に当たっては、シンクタンク「中国問題グローバル研究所」の孫啓明研究員にいろいろご意見をいただいた。同じくロシア代表の研究員、イーゴリ・デニソフ（Denisov, Igor）上級研究員とウラジミール・ポルチャコフ（Portyakov, Vladimir）教授は、モスクワからすてきなヒントに満ちたメールを送ってきてくれた。また同シンクタンクの事務局は、私が執筆するに当たってベストな環境を形成するために協力を惜しまなかった。お名前を出すことができないが、モスクワにいてロシアの研究員を獲得して下さるために尽力してくださった友人の存在があったからこそ、本書における視点の一つに確信を持つことができた。これらの方々に心からの感謝を申し上げたい。

最後に毎日新聞出版株式会社・図書第二編集部の名古屋剛氏は本書完成のために私を励まし支えて下さった。深い謝意を表したい。

２０１９年10月
遠藤　誉

[著者紹介]
遠藤誉（えんどう・ほまれ）
1941（昭和16）年中国吉林省長春市生まれ。国共内戦を決した「長春包囲戦」を経験し、1953年に帰国。中国問題グローバル研究所所長。筑波大学名誉教授、理学博士。中国社会科学院社会学研究所客員研究員・教授などを歴任。著書に、『ネット大国中国　言論をめぐる攻防』（岩波新書）、『チャイナ・ナイン　中国を動かす9人の男たち』『チャイナ・セブン〈紅い皇帝〉習近平』『チャイナ・ジャッジ　毛沢東になれなかった男』『卡子（チャーズ）中国建国の残火』（以上、朝日新聞出版）、『毛沢東　日本軍と共謀した男』（新潮新書）、『習近平VS.トランプ　世界を制するのは誰か』（飛鳥新社）、『「中国製造2025」の衝撃　習近平はいま何を目論んでいるのか』（PHP研究所）など多数。

米中貿易戦争《べいちゅうぼうえきせんそう》の裏側《うらがわ》
東《ひがし》アジアの地殻変動《ちかくへんどう》を読《よ》み解《と》く

印　刷　2019年11月1日
発　行　2019年11月15日

著　者　遠藤誉《えんどうほまれ》

発行人　黒川昭良

発行所　毎日新聞出版
〒102-0074　東京都千代田区九段南1-6-17　千代田会館5階
営業本部:03(6265)6941
図書第二編集部:03(6265)6746

印刷・製本　光邦

ISBN978-4-620-32609-2